U0509704

广视角·全方位·多品种

权威·前沿·原创

皮书系列为
"十二五"国家重点图书出版规划项目

教育部人文社会科学发展报告项目资助

云南大学大湄公河次区域研究中心
中国西部边疆安全与发展协同创新中心

大湄公河次区域蓝皮书

BLUE BOOK OF
THE GREATER MEKONG SUB-REGION

大湄公河次区域合作发展报告
（2014）

REPORT ON THE COOPERATION AND DEVELOPMENT IN
THE GREATER MEKONG SUB-REGION (2014)

主 编／刘 稚
副主编／卢光盛

社会科学文献出版社
SOCIAL SCIENCES ACADEMIC PRESS（CHINA）

图书在版编目（CIP）数据

大湄公河次区域合作发展报告. 2014/刘稚主编. —北京：社会
科学文献出版社，2014.9
（大湄公河次区域蓝皮书）
ISBN 978 - 7 - 5097 - 6397 - 1

Ⅰ. ①大…　Ⅱ. ①刘…　Ⅲ. ①湄公河 - 流域 - 国际合作 -
区域经济合作 - 研究报告 - 2014　Ⅳ. ①F127.74 ②F125.533

中国版本图书馆 CIP 数据核字（2014）第 193809 号

大湄公河次区域蓝皮书
大湄公河次区域合作发展报告（2014）

主　　编／刘　稚
副 主 编／卢光盛

出 版 人／谢寿光
项目统筹／宋月华　叶　娟
责任编辑／叶　娟

出　　版／社会科学文献出版社·人文分社（010）59367215
　　　　　地址：北京市北三环中路甲 29 号院华龙大厦　邮编：100029
　　　　　网址：www. ssap. com. cn
发　　行／市场营销中心（010）59367081　59367090
　　　　　读者服务中心（010）59367028
印　　装／北京季蜂印刷有限公司

规　　格／开　本：787mm × 1092mm　1/16
　　　　　印　张：20　字　数：248 千字
版　　次／2014 年 9 月第 1 版　2014 年 9 月第 1 次印刷
书　　号／ISBN 978 - 7 - 5097 - 6397 - 1
定　　价／79.00 元

皮书序列号／B - 2011 - 169

大湄公河次区域蓝皮书编委会

主要编撰者简介

刘　稚　云南大学大湄公河次区域研究中心主任，研究员、博士生导师，中国东南亚研究会副会长，主要研究领域为大湄公河次区域合作、中国与东南亚的跨界民族及非传统安全问题。

卢光盛　云南大学西南周边国家社会研究中心副主任，国际关系研究院东南亚研究所所长，教授、博士生导师，中国东南亚研究会常务理事。主要研究领域为东南亚经济、区域经济合作与国际关系。

摘　要

　　发源于中国青藏高原唐古拉山的湄公河（中国境内段称澜沧江），自北向南流经中国、缅甸、老挝、泰国、柬埔寨、越南六国，全长4880千米，是亚洲重要的国际河流。自1992年大湄公河次区域（GMS）合作机制建立以来的20余年间，由中国、柬埔寨、老挝、缅甸、泰国、越南六个成员国共同推动，国际社会和相关国际组织积极参与的次区域合作已在诸多领域取得了令人瞩目的成果，经济合作的深度和广度不断延伸和拓展，对促进成员国经济社会发展、提升次区域整体竞争力、推动亚洲区域经济一体化进程发挥了十分重要的作用，已成为亚洲区域经济合作及南南合作的一个成功范例。

　　2013年以来，次区域的政治、经济、国际关系发生了一些新的变化，中国参与GMS合作也取得了新的进展并面临着新的挑战。在此形势下，云南大学大湄公河次区域研究中心继2011年、2012年、2013年出版"大湄公河次区域蓝皮书"年度发展报告后，继续深入追踪分析该区域2013年以来的发展动向，以把握全面、突出重点为宗旨，推出《大湄公河次区域合作发展报告（2014）》，从三个层面系统介绍和研究2013年度大湄公河次区域合作的热点和重点问题，展望次区域合作的发展趋势。

　　报告分为三部分。第一部分"总报告"对2013～2014年大湄公河次区域合作的新进展、面临的新问题和发展的新态势进行全面分析、总结和展望。第二部分"专题篇"就命运共同体视角下的中国－东盟关系，中国与湄公河流域国家环境合作的成效与问题，

推进大湄公河次区域人民币区域化问题，密松事件后缅甸对中国在缅投资舆情分析以及印度、澳大利亚等域外国家对湄公河地区合作的介入及影响进行专题研究和深入分析，并对新形势下我国进一步提升参与次区域合作的层次和水平提出相关对策和建议。第三部分"区域篇"则从大湄公河次区域合作的相关国家和地区入手，着重分析 2013 年度各成员国的政治、经济、外交形势及对次区域合作产生的影响，介绍相关成员参与次区域合作的具体进展和政策措施，并展望这些举措对次区域合作的影响。

Abstract

The Mekong River is an important international river flowing through China, Myanmar, Laos, Thailand and Vietnam, with a total length of 4880 *km*. It originates in Tanggula Mountains on the Qinghai-Xizang Plateau and is known as the Lancang River in China. Since its establishment in 1992, GMS cooperation has yielded great accomplishment in many fields during the past more than two decades with the promotion of GMS countries and the participation of international community and relevant international organizations. With the extension in scope and depth, GMS cooperation plays a growing role in driving member countries' economic and social development, enhancing sub-regional competitiveness and promoting Asian regional economic integration process. It has become a successful model for Asian regional economic cooperation mechanism and South-South cooperation.

Since 2013, political, economic and international relations in the sub-region have undergone new changes. China's participation in GMS cooperation made new achievements while came across new challenges. Therefore, GMS Study Center of Yunnan University made in-depth study on GMS development trend since 2013 and published the fourth annual report on GMS, The *Report on the Cooperation and Development in the Greater Mekong Sub-Region* (*2014*). Making comprehensive studies while stressing the key points, this report analyzes GMS' hot and highlight issues in 2013 from three categories, and explores its future prospects.

There are three sections in this report. The first section "General

Report" makes an overall analysis on GMS cooperation's new progresses, challenges and development trends in 2013-2014. The second section "Special Topic" has several focuses, including China-ASEAN relations in the community of shared destiny, achievements and issues in China's environment cooperation with other GMS countries, promoting RMB regionalization in GMS, Myanmar's public opinions on Chinese investments after the Myitsone Event, and the intervention and influence of outside countries like India and Australia. This section also provides suggestions for China to promote its participation in GMS cooperation. The last section "Province and Country Report" analyzes political and economic situations in GMS countries, introduces the specific progresses made and measures taken by all members, and analyzes their impacts on GMS cooperation.

目 录

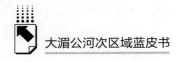
BⅢ 区域篇

皮书数据库阅读**使用指南**

CONTENTS

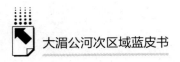
BⅢ Province and Country Reports

总 报 告

General Report

大湄公河次区域合作：进展与展望
（2013~2014）

刘 稚　邵建平*

摘　要：

2013 年以来，在各成员国的共同努力下，大湄公河次区域合作在能源、贸易与投资、农业、非传统安全、旅游、交通以及环境等各重点领域均取得了新的进展。与此同时，随着一些成员国进入政治经济转型期和亚太国际关系格局的变化，次区域合作的持续推进也面临着新的问题和挑战，需要根据形势的变化发展积极应对。

* 刘稚，云南大学大湄公河次区域研究中心主任，研究员，博士生导师，中国东南亚研究会副会长；邵建平，红河学院政治学与国际关系学院讲师，博士。

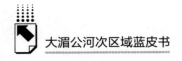
关键词：

    2013   GMS   区域合作   进展

    发源于中国青藏高原唐古拉山的湄公河（中国境内段称澜沧江）流经中国、缅甸、老挝、泰国、柬埔寨和越南，是亚洲一条重要的跨国河流。一直以来，缅甸、老挝、泰国、柬埔寨、越南和中国就因河流相通具有密切的文化和经济往来。1992年，为了加强相互间的经济联系、推动地区经济社会发展、提高次区域的国际竞争力，在亚洲开发银行倡议下，湄公河沿岸六国建立起了大湄公河次区域（GMS）经济合作机制。20多年来，GMS合作在平等、互信、互利的基础上取得了诸多成果，成为南南合作的典范，受到国际社会的广泛关注。

    2013年是GMS合作第三个十年的开局之年。2013年12月10~11日，以"做好新一代GMS合作规划，推动次区域快速发展"为主题的大湄公河次区域经济合作第十九次部长级会议在老挝万象召开。会议通过了次区域投资合作项目规划，签署了成立GMS铁路联盟备忘录，为推动次区域内硬件互联互通提供了制度安排。在各成员国的共同努力下，GMS在各个领域的合作得以继续推进。同时，随着一些成员国进入政治经济转型期和亚太国际关系格局的变化发展，次区域合作的持续推进也面临着新的问题和挑战。

一 大湄公河次区域合作各领域的新进展

    2013年以来，GMS合作在以项目为主导的合作方式下得以继续推进，各重点合作领域都取得了诸多新进展。

（一）能源合作

2013 年，GMS 国家在能源方面的合作成效显著。在电力领域，云南与越南、老挝和缅甸在电力互联互通方面进展突出，"云电外送"已经成为大湄公河次区域经济合作的标志性成果。从 2004 年开始，云南开始通过 110 千伏的线路从河口向越南老街送电，截至 2013 年底已经发展了 4 个通道 6 条线路。2013 年，越南从云南输入电力 31.92 亿千瓦时，同比增长 21.2%。截至 2013 年底，云南向越南送电量累计达 272.2 亿千瓦时，销售额达到 14.4 亿美元。自 2001 年起，云南电网先后通过 10 千伏、35 千伏线路对老挝北部地区供电，近几年对老挝送电量呈现高速增长的态势。2013 年对老挝送电量达到 2.04 亿千瓦时，与 2012 年相比增长了 97%。截至 2013 年底，云南对老挝送电量累计达到 4.73 亿千瓦时，销售额达到 3048 万美元。此外，2013 年云南还从缅甸回购电量 18.85 亿千瓦时。其中，向缅甸瑞丽江水电站购电 11.2 亿千瓦时，向缅甸太平江水电站购电 7.65 亿千瓦时。截至 2013 年底，两个电站累计向云南回送电量 95.4 亿千瓦时。为了推进次区域内的电力合作，2013 年 12 月 GMS 各成员国成立了 GMS 购电协调中心，签署了《政府间谅解备忘录》。GMS 购电协调中心的主要职责是为次区域内的购电合作进行中央协调与规定编制①。

在油气资源领域，2013 年中缅油气管道建设取得重大进展。2013 年 5 月，中缅天然气管道完工并具备投产条件；2013 年 7 月中缅天然气管道正式运营，中国开始从缅甸进口天然气。中缅天然气管道项目是 GMS 框架下中缅能源合作的标志性工程，中缅天然气管道设计输送量为 120 亿立方米/年，管道的正式运营不仅有助

---

① 《成立 GMS 购电中心　6 成员国签 MOU》，〔泰国〕《世界日报》2013 年 12 月 10 日。

于中国云南改善能源消费结构，也有助于缅甸政府增加财政收入。此外，与天然气管道平行的中缅石油管道的铺设工作也接近尾声，计划于 2014 年正式投产。

新能源领域的合作日趋得到 GMS 各国的重视。中国和 GMS 五国一样在水能、太阳能、风能、生物质能方面具有非常大的开发潜力。近年来，在 GMS 合作框架下，各成员国在新能源领域开展了一定的合作。2013 年 9 月，缅甸电力部与泰国 Gunkul 工程公司和中国三峡集团签署了关于风力发电项目的谅解备忘录。泰国和中国公司将用一年左右的时间就缅甸的商业风电开发进行可行性研究。其中，Gunkul 公司计划在孟邦、克伦邦、德林达依省和掸邦的 7 个地方建设风电机组，预计装机容量为 2930 兆瓦；三峡集团计划在钦邦、若开邦、伊洛瓦底省和仰光省选址建设风力发电机组，发电目标为 1102 兆瓦[1]。此外，中国依托自身新能源开发的技术优势，继续与缅甸等国开展新能源技术交流与人才培训合作。

（二）贸易和投资

2013 年，在 GMS 合作框架下，次区域内部成员国间的贸易、投资继续保持增长。2013 年，中国与 GMS 五国间的贸易量继续增长，总额达到了 1318.08 亿美元。据泰国海关统计，2013 年泰国与中国双边货物进出口总额为 644.4 亿美元。其中，泰国向中国出口额达到 268.3 亿美元，占泰国出口总额的 11.9%；自中国的进口额达到 376.1 亿美元，占泰国进口总额的 15.2%。中国成为泰国第一大出口市场和第二大进口来源地，是泰国的第一大贸易伙伴[2]。据缅方统计，2013 年中缅贸易额为 64 亿美元，其中缅甸对

---

[1] 《缅甸将与中泰合作开发风电》，http://news.bjx.com.cn/html/20131009/463559.shtml。
[2] 《2013 年泰国货物贸易及中泰双边贸易概况》，商务部亚洲司网站，http://countryreport.mofcom.gov.cn/record/view110209.asp?news_id=38362。

华出口额达到 29 亿美元，自华进口额达到 35 亿美元，中国是缅甸第一大贸易伙伴①。根据越南海关统计，2013 年中国继续是越南的最大贸易伙伴，双方贸易总额达到 502.1 亿美元，越南从中国进口商品的总额达 369.5 亿美元，出口至中国的商品总额达 132.6 亿美元②。截至 2013 年 11 月，中老贸易额达到 20.3 亿美元，同比增长 29.62%③。

其他成员国间的贸易额也获得了不同程度的增长，据缅甸统计，2013 年缅甸对泰国进出口总额为 56.6 亿美元，泰国是缅甸第二大贸易伙伴④。据柬埔寨商业部统计，2013 年，柬埔寨和越南双边贸易额为 35 亿美元。其中，柬对越出口 5 亿美元，自越进口 30 亿美元⑤。

中国对 GMS 国家（除缅甸以外）投资的持续增长也是次区域合作继续推进的亮点。2013 年，中国对越南投资额达到 22.8 亿美元，是越南第三大外资来源国⑥。2013 年，中国对柬埔寨投资总值约 4.27 亿美元，较 2012 年的 2.63 亿美元剧增 62%⑦。截至 2013 年底，中国累计对柬埔寨协议投资超过 96 亿美元，是柬埔寨最大的外资来源国。据老方统计，截至 2013 年 11 月，中国在老挝投资额累计 50.85 亿美元，已经成为老挝第一大外资来源国⑧。此外，

----

① 《缅甸 2013 年进出口贸易创新高》，中国驻老挝大使馆经商处网站，http://mm. mofcom. gov. cn/article/jmxw/201403/20140300510637. shtml。
② 《中国 2013 年仍为越南最大贸易伙伴》，《亚太时报》2013 年 1 月 28 日，http://www. apdnews. com/news/65244. html。
③ 《中国跃升为老挝最大投资国》，新华网，2014 年 1 月 29 日，http://news. xinhuanet. com/overseas/2014 - 01/29/c_ 126080313. htm。
④ 《缅甸 2013 年进出口贸易创新高》，中国驻老挝大使馆经商处网站，http://mm. mofcom. gov. cn/article/jmxw/201403/20140300510637. shtml。
⑤ 《2013 年柬越贸易额达 35 亿美元》，中国 - 东盟科技合作与成果转化网，http://www. caexpo. org/html/2014/zimaoqudongtai_ 0123/202762. html。
⑥ 《2013 年越南吸收外资情况》，〔越〕《经济时报》2013 年 12 月 25 日。
⑦ 《中国去年对柬投资总值近 4.3 亿美元》，〔柬〕《星洲日报》2014 年 1 月 22 日。
⑧ 《中国跃升为老挝最大投资国》，新华国际，2014 年 1 月 30 日，http://news. xinhuanet. com/2014 - 01/30/c_ 119188661. htm。

GMS 五国间的相互投资也得以继续发展。如截至 2013 年，越南在柬埔寨投资项目达到 127 个，协议资金总额达 30 亿美元，同 2010 年时相比投资项目数量增加了 2 倍，协议资金总额增加了 5 倍，越南已经是柬埔寨第五大外资来源国①。

（三）非传统安全合作

近年来，随着合作的持续推进，GMS 合作机制下面临的非传统安全问题越来越突出。2013 年，GMS 各国继续在非传统安全领域开展合作。

首先，GMS 各国继续加强在禁毒领域的合作。面对缅甸和老挝近年来罂粟种植面积持续反弹和次区域内新型毒品问题持续恶化的态势，各成员国在 GMS 合作框架下于 2013 年在打击毒品走私方面继续开展合作。为了进一步推动次区域内的禁毒合作，2013 年 5 月 9 日，中国和 GMS 五国在缅甸首都内比都发表禁毒合作《内比都宣言》。《内比都宣言》对 1993 年禁毒合作谅解备忘录签约国在减少毒品需求、防止艾滋病、发展替代种植、执法合作特别是跨境合作、刑事司法及国际协作领域所取得的成就表示赞赏，并表示要进一步加强合作，应对缅甸近年来罂粟种植面积有所反弹和新的化学合成毒品也有增长趋势的问题②。

在双边层面，为了协调中缅应对两国边境跨国毒品犯罪活动，2013 年 5 月，云南腾冲成立边境禁毒联络官办公室，使云南边境对外禁毒执法工作向国际化、规范化迈出了坚实的一步，也便于保山市与缅甸相关部门在禁毒领域的合作与信息交流。2013 年 10

---

① 《越南总理阮晋勇结束访柬　越柬两国将加强特殊关系》，http：//gb. cri. cn/42071/2014/01/14/7211s4390512. htm。

② 《东亚次区域六国发表禁毒合作〈内比都宣言〉》，新华网，2013 年 5 月 10 日，http：//world. huanqiu. com/regions/2013－05/3919855. html。

月，中缅禁毒合作第十一次会议在山西召开，中缅两国代表就共同面临的毒品形势、如何加强合作打击毒品犯罪问题进行了交流，双方表示将继续巩固和加强两国在禁毒领域的全面合作，共同推进解决"金三角"毒品问题，联手打击跨国毒品犯罪活动，切实维护两国边境地区的社会稳定①。2013 年 10 月 8 日，保山市禁毒委牵头举办了中缅边境警务合作会谈会晤，龙陵县禁毒委、龙陵县公安局、康丰公司等成员单位参加，缅甸果敢自治区政府相关官员出席了会谈会晤活动。会晤达成了一系列共识：一是警务信息互通，适时开展边境联合扫毒行动，实现边境安全和社会稳定。二是中缅双方在罂粟替代种植、医疗、矿产、技术、教育等领域开展广泛合作，努力改善边境地区人民群众的生活条件，推进边境地区经济社会快速发展。三是双方在打击枪、拐、赌等违法犯罪活动方面进一步加强警务合作，着力维护边境地区良好治安秩序。四是加强出入境管理，努力维护边民合法权益②。

为了推进西双版纳州企业继续到老挝北部开展替代种植，打造替代种植示范项目，2013 年 12 月，西双版纳州与老挝南塔省政府签署了《禁毒替代发展示范项目合作纪要》。《纪要》对 2014～2015 年替代种植重点支持示范项目的相关工作进行了安排。

其次，GMS 各国继续加强湄公河流域联合执法。2011 年"10·5 湄公河惨案"发生后，GMS 各国将联合执法作为打击次区域航道犯罪活动的重要手段。经过两年多的磨合，中老缅泰四国联合执法达 20 余次并取得明显成效，联合执法在维护湄公河航行安全、打击跨国犯罪活动等方面取得了重要的进展。

① 《中缅将继续巩固加强禁毒领域全面合作》，中国新闻网，2013 年 10 月 12 日，http：//www.chinanews.com/gn/2013/10 - 12/5372512.shtml。
② 《中缅边境警务合作会谈举行　跨境合作打击毒品》，中国警察网，2013 年 10 月 11 日，http：//626.cpd.com.cn/n2004584/c19703692/content.html。

最后，GMS 各国加强了在疾病防控方面的合作。2013 年 10 月 10 ~ 11 日，中华预防医学会与英国无国界卫生组织合作在云南省昆明市举办了第一届大湄公河次区域传染病预防控制研讨会。GMS 各国卫生部门、世界卫生组织（WHO）、盖茨基金会、澳大利亚国际发展署（AUSAID）、英国国际发展部（DFID）、救助儿童会（SAVE THE CHILDREN）、联合国项目事务厅（UNOPS）、世界公共卫生联盟（WFPHA）、英国卫生保护署（HPA）、全球卫生战略行动组织（GHSi）派员参加。与会代表就次区域内传染病防治的情况，特别是疟疾防治的情况进行了研讨。各方表示要建立一个多部门参与的传染病控制交流平台和工作网络，为 GMS 各国在疾控防治方面提供制度保障。

（四）农业合作

目前，农业合作是 GMS 合作较有发展前景的领域之一。成员国间经常就农业科技交流、环境友好型农业发展等议题开展合作。2013 年 10 月 12 日，GMS 各国在腾冲举行了大湄公河次区域农业科技交流合作组第五届理事会暨农业科技合作交流研讨会。会议取得了积极的成果。各方同意成立大湄公河次区域农业科技交流合作组农业经济工作组，为次区域内农业合作交流搭建平台。云南省农业科学院、柬埔寨国家农业科学院、老挝国家农林科学院、缅甸农业水利部研究司、泰国农业部、越南科技部的代表一致通过了《关于成立大湄公河次区域农业经济工作组的决定》。农业经济工作组计划在 2013 ~ 2015 年每年在成员国召开一次小组会议，就深化相互间农业方面的交流与合作进行研讨。

（五）旅游合作

旅游业作为先导产业，日益受到 GMS 各国的高度重视。

2013年，《GMS旅游发展战略》得以继续顺利实施，GMS旅游发展朝着总体长期目标迈进。为了推动次区域内旅游合作的发展，2013年6月18日，次区域各国在中国广西桂林举行了第31次大湄公河次区域国家旅游工作组会议和"2013湄公河旅游论坛"。泰国、缅甸、越南、老挝和柬埔寨各国纷纷表示欢迎中国游客到本国旅游。会议就巨大经济潜力和保护中国游客及区域安全、大量中国游客涌入大湄公河次区域国家对本地区的经济、社会以及环境等方面带来的影响进行讨论。论坛以"中国出境游的飞速发展——如何为大湄公河次区域国家带来最大利益化"为主题，次区域六国的旅游部门官员及专家学者围绕该主题展开讨论。柬埔寨旅游部官员帝斯·长塔（Tith Chanta）在会上表示希望与中国在旅游人才培训交流、旅游资源推介等方面开展更广泛的合作①。

2013年12月，越南-老挝-柬埔寨经济发展合作协会在越南河内举办了大湄公河次区域发展合作论坛。论坛以"2013年大湄公河次区域旅游发展"为主题，与会三国官员和学者对大湄公河次区域旅游合作进行评估，分析了本区域各国旅游潜力和投资发展机遇，同时就加强各国企业在旅游业上的合作与投资发展的措施交换了意见。

中国是次区域旅游合作的积极参与者和推动者。一方面，随着中国经济社会的发展、人均收入的提高，"出境游"的中国游客数量逐年增长。中国游客已经成为越南、缅甸、老挝、柬埔寨和泰国外来游客的重要组成部分。另一方面，中国继续帮助越南等国进行旅游人才培训。2013年9月，桂林旅游高等专科学校承办了对中

---

① 《大湄公河次区域多国向中国游客抛"橄榄枝"》，中国新闻网，2013年6月19日，http：//finance. chinanews. com/cj/2013/06–19/4947397. shtml。

国、缅甸、老挝、泰国、柬埔寨、越南 6 个大湄公河次区域国家的
22 名旅游官员的培训。此次培训主要围绕旅游是一个系统工程、
大湄公河次区域旅游发展战略、旅游价值链分析、旅游利益相关者
分析、旅游公私合营合作模式探讨等主题展开。

（六）交通合作

2013 年，次区域交通合作得以继续推进。在公路建设方面，
清孔 - 会晒大桥正式建成通车成为次区域交通领域合作的亮点。
2013 年 12 月 11 日，清孔 - 会晒大桥正式通车，彻底打破了昆
曼公路全线贯通的瓶颈。大桥的正式通车极大地改善了滇泰、滇
老贸易往来条件，对推动大湄公河次区域各国开展多领域的务实
合作，加强昆曼经济走廊建设具有重大意义。此外，2013 年 10
月 9 日，云南锁龙寺至蒙自高速公路全线正式通车，与滇东南、
滇东北高速公路实现联网收费运营。锁蒙高速公路的正式通车实
现了从昆明到河口全程高速化，大大缩短了从昆明到河口的时
间。

在铁路建设方面，蒙自至河口的铁路建设在 2013 年快速推进，
有望在 2014 年 9 月竣工。随着蒙自至河口铁路的完工，昆明至越
南的国际大通道将真正打通，将大大促进次区域人员、物资的往
来，推动成员国间贸易的发展。

此外，2013 年次区域各国还就交通合作机制建设继续进行了
合作。2013 年 11 月 22 日，在亚行的支持和协调下，大湄公河次
区域国家便利运输联合委员会（联委会）在缅甸首都内比都举行
了第四次会议。会议敦促各有关方加快批准 GMS 六国政府间《便
利货物及人员跨境运输协定》（《便运协定》）附件和议定书；推动
成员国之间商签和实施《便运协定》的双边或三边合作文件；继
续依据市场需求增加运输行车许可证配额；等等。

（七）环境合作

2014年4月5日，湄公河委员会第二届峰会在越南胡志明市举行。峰会发表了《胡志明市宣言》，承诺继续履行1995年通过的《湄公河流域可持续发展合作协定》，促进湄公河流域的可持续发展。宣言明确了湄公河委员会下一阶段与未来六个方面的工作重点，即加快流域可持续发展研究、规划与实施发展战略、避免与减少各类风险、继续完善落实相关进程、扩大与对话伙伴及发展伙伴的合作、加大减灾措施的力度。湄委会成员国越南、柬埔寨、老挝、泰国领导人，对话伙伴国和发展伙伴中国、缅甸代表与会。水利部部长陈雷率由外交部、水利部和国家能源局组成的中国代表团出席会议。陈雷表示，中国重视湄公河委员会的地位和作用，愿在水电开发、防灾减灾、应对气候变化和能力建设等领域进一步与湄委会加强合作，推动实现湄公河流域的强劲、包容、可持续发展。①

二 湄公河地区各国形势和地区国际关系走向

（一）湄公河地区各国形势

1. 政治形势

2013年，次区域内越南、老挝的政局基本保持稳定，但也出现稳中有变的趋势；缅甸各派政治力量围绕修宪问题继续展开博弈；泰国和柬埔寨则再次出现政局动荡的局面。

---

① 中新网4月5日电：《中国代表团出席湄公河委员会第二届峰会》，中国新闻网，2014年4月5日20：03。

随着越南政治改革的不断深入，各种政治力量日趋活跃。2013年8月，包括多名越共党员在内的人士公开呼吁建立多党制，与此同时，一个名为"民主社会主义党"的组织也在酝酿之中。2013年9月，老挝人民革命党围绕加强党的政治领导力提出了六个方面的工作重点，即加强党的思想政治建设、加强党的组织建设、提高党的执政能力、加强纪检监察工作、加强对党组织和党员干部的监管、培养高素质的干部队伍。

着眼于2015年大选，2013年缅甸各派政治力量斗争的焦点集中在2008年宪法的修改问题上。2013年12月28~30日，缅甸联邦巩固与发展党举行了第二次中央执行委员会会议，讨论修改《缅甸联邦共和国宪法》事宜。假如缅甸修宪成功，昂山素季获得大选资格，缅甸2015年大选将对缅甸的政治发展产生极为深远的影响。在民族问题方面，缅甸政府与克钦独立军在2013年实现了停火，并且致力于与各少数民族武装签署全国和平协议。但在如何在全国和平协议中体现1947年《彬龙协议》的精神、是否实行真正的联邦制、如何修改2008年宪法中有关少数民族权益的相关条款、如何安置少数民族武装力量等方面仍存在较大的分歧。

2013年7月的国会选举拉开了柬埔寨政治动荡的序幕。在2013年7月的选举中，执政的人民党获得68个议席赢得大选，在野的救国党仅获得55个议席落败。救国党认为人民党在选举中存在舞弊行为继而号召民众上街游行示威，要求洪森首相重新举行国会选举或辞职。尽管柬埔寨国会已于2013年9月24日投票通过成立由人民党领袖洪森为首相的新政府，但救国党始终不接受选举结果，其55名当选议员拒绝进入新一届国会，还继续组织民众进行游行示威活动。从2013年12月15日起，救国党更在柬埔寨掀起了"天天示威"活动，继续要求"柬埔寨重新举行大选，现首相洪森下台"。面对反对派的咄咄逼人之势，首相洪森声称将不会辞职或重新举行国会选举。

2013 年 11 月 1 日，泰国下议院通过了为泰党提出的特赦法草案，反他信势力认为该法案是英拉总理为他信量身定做的，意在保证为泰党在下次选举中获得绝对优势。特赦法草案事件成为泰国政治再次陷入动乱的导火索，泰国国内反他信势力从 11 月 11 日持续地进行反政府游行示威，导致泰国多个政府部门瘫痪，造成流血冲突。12 月 9 日，英拉宣布解散国会下议院并于 2014 年 2 月 2 日举行了大选，但大选遭到了反政府势力的抵制和破坏，泰国再次陷入了街头政治的困局。

2. 经济形势

受全球经济增速放缓大环境的影响，GMS 国家 2013 年经济增长速度普遍低于预期。据亚行统计，老挝、柬埔寨、缅甸、越南和泰国 2013 年的经济增速分别达到 7.6%、7.2%、6.5%、5.2% 和 3.8%。

从各个国家的情况来看，老挝经济增速快于 2012 年。据老挝方面统计，因为政局稳定，老挝 2013 年经济继续保持快速发展势头。2012～2013 财年，老挝 GDP 为 101.9 亿美元，人均 GDP 达到了 1534 美元①，人民生活水平显著提高。根据柬埔寨中央银行公布的《2013 年柬埔寨经济报告》，柬埔寨通货膨胀率为 4%，继续处于经济增长的良好时期。其中建筑业和旅游业成为柬埔寨经济的重要支柱产业。在外汇储备方面，柬埔寨中央银行管理的外汇储备从 15 年前的 3.78 亿美元增加到 2013 年的 41 亿美元，达到了历史最高水平②。2013 年，缅甸国内生产总值达到 594 亿美元。随着国内政治经济改革的推进，2013 年来自西方国家的外来投资日渐增

---

① 《老挝 2013 年经济增长率达 8%》，〔老挝〕《万象时报》2014 年 1 月 16 日。

② 《柬埔寨 2013 年经济增长 7%》，大公网，http://finance.takungpao.com/q/2014/0122/2200275.html。

多。此外，据缅甸官方统计，2013 年缅甸全年的贸易进出口总额达 229 亿美元，同比增长 26.9%。其中，进口 118.5 亿美元，出口 110.5 亿美元①。2013 年是越南实行第五个五年计划的关键之年，尽管世界经济复苏缓慢，但越南经济硕果累累。越南政府在抑制通货膨胀、保持宏观经济稳定方面都取得了积极的成效。尤其是在吸引外资方面，越南 2013 年吸引外资达 200 亿美元，同比增长 65%；在改善民生方面，越南 2013 年新增就业岗位 100 多万个，劳务输出 7 万多人，同比增长 7.7%②。2013 年泰国经济是 GMS 国家中表现最差的，在内外负面因素影响下，增速急剧放缓。

展望 2014 年，GMS 各国经济增速将有所回升。据亚洲开发银行预计，柬埔寨将从 7.2% 提升到 7.5%，老挝将从 7.6% 提升到 7.7%，缅甸将从 6.5% 提升到 6.8%，泰国将从 3.8% 提升到 4.9%，越南将从 5.2% 提升到 5.5%。

（二）次区域内的国际关系

1. GMS 五国间的关系

2013 年，GMS 五国间关系平稳发展。首先，各国间高层互访继续保持密切势头。2013 年 1 月，老、越在河内召开首届两党理论研讨会，老党中宣部部长征·宋本坎、越共中央宣教部部长丁世兄出席。2 月，越南副总理阮春福访问老挝。3 月，越南总理阮晋勇到万象出席中南半岛系列合作会议并访问老挝。5 月，老挝建国阵线中央主席潘隆吉访越。6 月，越南外长范平明访老。2013 年 2 月，老挝总理通邢赴柬埔寨出席西哈努克太皇葬礼。3 月，柬埔寨首相洪森、越南总理阮晋勇、泰国总理英拉和缅甸副总统赛茂康到万象出席中

---

① 《缅甸 2013 年贸易额创新高》，〔缅〕《金凤凰》中文报 2014 年 3 月 10 日。
② 《越南经济 2013 年表现良好》，每日经济中文网，2014 年 2 月 9 日，http://cn.dailyeconomic.com/2014/02/09/10462/。

南半岛系列合作会议。4月，老挝国会主席巴妮访问泰国。5月，泰国诗琳通公主访老，老挝总理通邢、泰国总理英拉共同出席在清迈举行的老泰政府间第二次非正式会议。6月，越共总书记访问泰国，两国宣布建立战略合作伙伴关系，提升两国关系层次。12月26~28日，赢得第五次大选的柬埔寨首相洪森首次出访选择了越南，洪森与阮晋勇就深化越柬传统友谊、全面合作睦邻关系与发展方向交换意见并达成共识。两国表示要在国防安全和防止与打击恐怖主义、跨国犯罪、跨国毒品走私、贩卖人口犯罪等领域开展合作。

其次，GMS 五国在处理边界问题上不断取得新进展。2013 年7月，越南与老挝完成了《加密及改造越南老挝边境界碑》项目，在越老长达 2067 千米的边界线上共设置 834 块界碑，两国政府还签署了有关解决边境地区自由移民和非法婚姻问题的协议。7月8日，越南总理阮晋勇在越南宜安省荣市会见了老挝总理通邢·塔马冯，双方就完成两国边界实地勘界立碑工作暨设在越南宜安省清水口岸—老挝波里坎塞南安口岸位置的 460 号大界碑落成庆典一事表示祝贺。两位总理高度评价两国完成此次边界实地勘界立碑工作，并将其视为两国关系中的重要政治事件，双方重申力争于 2014 年全面完成两国勘界立碑工作。2013 年 9 月 25~27 日，泰国和缅甸召开了泰缅边界委员会第 8 次会议，双方表示要加快解决边界问题，减少边界冲突。2013 年 11 月，随着海牙国际法院裁定的公布，泰国和柬埔寨持续了数年的柏威夏寺及其附近领土争端得到了比较好的控制。尽管海牙国际法院没有明确规定寺庙周围领土的界线，但是柬埔寨和泰国都表示满意。两国成立了专门委员会，负责向两国边境地区人民宣传海牙国际法院的判决，避免引发冲突。柬埔寨首相洪森在接到海牙国际法院判决后在国家电视台表示"满意"；泰国总理英拉随即对全国民众发表讲话，阐述了海牙国际法院的裁决中对泰国有益的方面，强调泰柬为友好邻国，应以友好相处为重。

2. 中国与 GMS 五国的关系

2013 年，中国和 GMS 五国的关系继续推进，相互之间高层互访不断，政治关系得以继续深化。

2013 年，随着两国高层领导人的互访，中越在南海的争端得到了管控，两国关系获得了发展。2013 年 6 月，越南国家主席张晋创访问中国，两国发表了《中越联合声明》，表示要坚持"长期稳定、面向未来、睦邻友好、全面合作"的方针和"好邻居、好朋友、好同志、好伙伴"的精神，全面落实《中越全面战略合作伙伴关系行动计划》，开展全方位合作。对于两国在南海海域的争端，双方同意在争议最终解决前，保持冷静和克制，不采取使争端复杂化、扩大化的行动，全面有效落实《南海各方行为宣言》，共同维护南海的和平与稳定①。此外，两国还签署了《中越两国政府落实中越全面战略合作伙伴关系行动计划》《中越国防部边防合作协议（修订版）》《中国农业部与越南农业与农村发展部关于建立海上渔业活动突发事件联系热线的协议》《中国质量监督检验检疫总局与越南农业与农村发展部关于动植物检验检疫合作协议》《中越陆地边境口岸管理合作委员会工作条例》《中越两国政府关于互设文化中心的谅解备忘录》《中国人民对外友好协会和越南友好组织联合会 2013~2017 年合作备忘录》《中国海洋石油总公司和越南油气总公司关于北部湾协议区联合勘探协议第四次修改协议》及多项经济合作文件。2013 年 10 月 13~15 日，李克强总理对越南进行了友好访问，双方于 15 日在越南河内发表了《新时期深化中越全面战略合作的联合声明》。中国和越南同意成立"陆上"、"海上"和"金融"三个工作组，进一步深化两国全面战略合作。

---

① 《中越联合声明（全文）》，新华网，2013 年 6 月 21 日，http：//news. xinhuanet. com/politics/2013 – 06/21/c_ 116238537. htm。

尤其是要通过海上工作组的工作，力争在北部湾湾口外海域的共同开发取得实质进展，为探索在更大范围开展海上共同开发积累经验，最终解决两国在南海海域的争议。

2013年，老挝人民革命党中央总书记、国家主席朱马里对中国的友好访问推动了中老关系的发展。9月26～30日，朱马里对中国进行了友好访问，习近平主席、李克强总理、张德江委员长先后会见了朱马里，双方共同发表了《中华人民共和国和老挝人民民主共和国联合声明》，签署了《落实中老全面战略合作伙伴关系行动计划》《中老两国政府经济技术合作协定》及多项经济合作文件。双方表示要重点推进基础设施、农业、自然资源开发加工、能源、旅游、扶贫、通信和广播电视、中小企业、人力资源、水资源与环境十大领域的合作①。

2013年4月6～10日，柬埔寨首相洪森对中国进行友好访问。两国发布了《中华人民共和国和柬埔寨王国联合新闻公报》，回顾了2010年中柬关系提升为全面战略合作伙伴关系以来两国在政治、经济、社会、人文等各领域合作取得的新进展，并表示要继续深化全方位合作，推动两国关系进一步发展。

2013年4月，缅甸总统吴登盛访问中国，两国发表了《中华人民共和国和缅甸联邦共和国联合新闻公报》，两国表示要继续深化合作，推进两国全面战略合作伙伴关系的发展。

2013年10月，李克强总理对泰国进行了正式访问。两国发表了《中泰关系发展远景规划》，表示要加强政治、经贸、投资和金融、防务和安全、文教和旅游、科技和创新、能源、海洋、国际和地区合作，为推动两国全面战略合作伙伴关系发展指明了方向。

---

① 《中华人民共和国和老挝人民民主共和国联合声明》，新华网，2013年9月30日，http：//news. xinhuanet. com/world/2013－09/30/c_117573158. htm。

三 GMS 合作面临的挑战

尽管 GMS 合作仍然以强劲的势头在推进,但一些成员国政局变动、次区域内资源民族主义继续发酵和域外大国介入等因素,使大湄公河次区域合作面临一些新的问题和挑战。

(一)部分成员国政局动荡的影响

成员国政局稳定是其积极参与(次)区域合作的基础和动力。一方面,政局稳定能够使成员国具有更多的精力来参与(次)区域合作;另一方面,成员国政局稳定能够吸引外来投资和游客,推动(次)区域相互投资、旅游业的发展。然而,2013 年以来,次区域内泰国和柬埔寨的政局都出现了不同程度的动荡,尤其是泰国的政局动荡已经导致流血事件的发生。政局动荡对泰国参与次区域合作的信心和精力造成了影响。次区域内的合作项目也成为泰国政治力量角力的牺牲品,如中国和泰国签署的"大米换高铁计划"在泰国政府和反对派的角力中被迫搁浅。此外,泰国政局动荡不仅使外来投资者望而却步,也导致外国游客改变旅游线路避开泰国,直接影响了中泰两国免签的实现。曼谷的旅行团运营商国泰旅运有限公司的董事大卫斯通·塞克(Davidstone Sek)说,2014 年春节期间中国赴曼谷及其邻近的海边度假胜地芭提雅的旅行团预订数量相比去年下降了 90%[①],其中大部分游客是因为泰国政局动荡而放弃"泰国游"。

(二)次区域内资源民族主义和环境民族主义继续发酵

资源民族主义是一种对国家资源的民族主义情绪,认为资源国

[①] 《美媒:泰国政局动荡影响旅游 中国游客避之不及》,中国新闻网,2014 年 1 月 30 日,http://www.chinanews.com/gj/2014/01-30/5799719.shtml。

政府应牢牢掌控国家的战略资源，不让外国资本榨取本国资源并从中获得高额利润。环境民族主义是泛环保主义的产物，是一种对国家生态环境问题的民族主义情绪，认为外国投资者不能为了盈利而对投资国的生态环境造成任何影响。近年来，缅甸的资源民族主义和环境民族主义都有所抬头。尤其是在具有西方国家背景的国际非政府组织煽动、挑拨下，缅甸的资源民族主义者和环境民族主义者都变得更加活跃，他们通过游行示威向政府当局施加压力，最终导致外来投资项目停工、搁置。中国企业在缅甸投资的标志性项目密松电站的搁置、莱比塘铜矿的停工都与缅甸的资源民族主义和环境民族主义高涨密不可分。

目前，中缅天然气管道已经全线铺通并投产，中缅石油管道也即将竣工投产。中缅油气管道不仅是中缅两国合作的标志性项目，也是次区域内能源合作和互联互通的标志性工程。然而，国际非政府组织和缅甸国内的环境民族主义者从来没有停止过对中缅油气管道的指责和批评。他们认为"中缅油气管道将经过缅甸许多村庄，引发强制拆迁、环境破坏及人权侵犯"①。以泰国为基地的瑞天然气运动组织除了到中国驻清迈领事馆前对中缅油气管道的建设进行抗议外，还致信缅甸总统吴登盛，称"中缅油气管道将对缅甸的经济、环境造成严重的负面影响"，"缅甸政府应该停止中缅油气管道的建设，确保缅甸国家经济的可持续发展"②。此外，为了防止密松电站重启，缅甸环境民族主义者在西方 NGO 的支持下在2013 年继续对大坝建设进行妖魔化宣传。

---

① The Burma-China Pipelines: Human Rights Violations, Applicable Law, and Revenue Secrecy, Earthrights International, Situation Briefer No. 1, March 2011, http://www.earthrights.org/sites/default/files/documents/the-burma-china-pipelines.pdf.

② China-Burma Pipeline Faces Local and International Opposition, http://www.ooskanews.com/international-water-weekly/china-burma-pipeline-faces-local-and-international-opposition _ 21616, 14 Mar 2012.

能源领域的合作一直是 GMS 合作重点推进的项目。然而，能源领域的合作必然涉及能源资源的开发和开发地生态环境保护的问题，具有很强的敏感性。从今后发展趋势看，GMS 合作下的能源项目将会继续成为一些伪环保势力的攻击对象，这些势力与缅甸等国的资源民族主义和环境民族主义势力相结合，势必会对大湄公河次区域能源合作项目的开展造成压力，阻碍 GMS 合作的推进。

（三）域外大国的持续介入

在中国不断崛起的背景下，近年来大湄公河次区域在亚太国际关系格局中的地位和作用日益凸显，GMS 合作被一些域外大国视为中国控制东南亚地区的重要机制。因此，近年来美国、日本和印度都加大了对大湄公河次区域的战略投入，以期达到削弱中国影响力的目的。美国借助美国－湄公河下游合作机制于 2013 年 4 月在越南召开第四次工作组会议，并参加了 2013 年 7 月在文莱举行的第六次"湄公河下游行动计划"部长级会议。日本也借助日本－湄公河首脑会议继续加强与越南等国的关系。印度则借助其"东向政策"谋划推动建设印度－湄公河区域经济走廊。

域外大国的介入对大湄公河次区域合作的影响具有双刃剑作用。就积极方面来看，美国、日本和印度等国与湄公河国家之间在一些功能性领域的合作有助于 GMS 合作的推进，因为这些合作一定程度上缓解了湄公河国家资金、技术短缺的问题。就消极方面来看，由于中国与 GMS 合作的成绩斐然，域外大国想方设法打着"环保""人权"等旗号干扰中国与湄公河国家之间的合作。如在第六次"湄公河下游行动计划"部长级会议上，美国国务卿克里就一直强调湄公河流域开发的环保问题和可持续发展。一些域外大国还通过支持 NGO 在缅甸等国开展活动，反对中国与这些国家之间的项目合作。

四　进一步推进大湄公河次区域合作
面临的形势与任务

　　近年来，在全球金融危机与欧债危机相互交织下，世界经济增长乏力、贸易保护主义抬头，全球性多边贸易体制建设难度增加，全球体制在世界经济合作中的地位有所下降，世贸组织甚至面临被边缘化的风险，而区域经济合作机制越来越重要，区域经济合作逐渐成为国际经济合作的主流。与此相呼应的是，近期中国推出了一系列周边合作框架或方案，包括签署中国－东盟国家睦邻友好合作条约，建设丝绸之路经济带和21世纪海上丝绸之路，打造中国－东盟自贸区升级版，筹建亚洲基础设施投资银行，建设孟中印缅经济走廊、中巴经济走廊等。这一系列"小多边区域合作计划"的实质是以周边、地缘为依托推行以我为主的区域经济合作，表明中国区域合作的理念正从"融入国际体系"向"建立自己主导的区域合作"转变，这一转变将使中国的发展更好地惠及周边，促进中国同周边国家的共同发展。在区域经济合作成为国际经济合作和中国与周边合作主流的新形势下，大湄公河次区域合作正面临重要的发展机遇。

　　大湄公河次区域是中国连接东南亚、南亚乃至印度洋的通道和前沿，该地区从陆上把中国西南地区与东南亚连起来，直接辐射东南亚、南亚大市场，其走向不仅与历史上连接中国与东南亚、南亚的"南方陆上丝绸之路"基本重合，还将打通我国从陆上进入印度洋的"21世纪海上丝绸之路"。因此，大湄公河次区域是"一带一路"建设的重要组成部分。通过次区域互联互通与深化合作，将促进中国与东南亚地区经济一体化，由此形成一个连接"三亚"（东亚、东南亚和南亚）、沟通"两洋"（太平洋和印度洋）的跨国、跨地区经济增长带。有鉴于此，今后一段时期应从以下几个方面进一步提升大湄公河次区域合作的层次和水平。

（一）将 GMS 合作作为"亲、诚、惠、容"周边外交新理念的实验田

中共十八大后，中国更加重视周边外交工作，相继提出了一些周边外交新理念和新倡议。2012 年十八大报告指出，"我们将坚持与邻为善、以邻为伴，巩固睦邻友好，深化互利合作，努力使自身发展更好惠及周边国家"。新一代领导集体高度重视周边外交，积极打造中国周边外交的"升级版"，着力推进周边外交工作的"顶层设计"。2013 年 10 月 24～25 日，党中央专门召开了周边外交工作座谈会，对中国的周边外交工作做出进一步的部署。习近平总书记在会上指出，我国周边外交的基本方针，就是坚持与邻为善、以邻为伴，坚持睦邻、安邻、富邻，强调中国梦"同周边地区发展前景对接"，突出体现亲、诚、惠、容的理念。"亲、诚、惠、容"周边外交新理念是"三邻"周边外交政策的升级版，并推广成为"地区国家遵循和秉持的共同理念和行为准则"，"让命运共同体意识在周边国家落地生根"。①

经过 20 多年的发展，GMS 合作取得了巨大的成就，成为南南合作的典型范例，也是中国参与的最成功的次区域合作机制，因此大湄公河次区域国家是当前我国实践"亲、诚、惠、容"周边外交新理念的重要对象。中国将坚持互利共赢的原则，通过"变国

① 《为我国发展争取良好周边环境，推动我国发展更多惠及周边国家》，《人民日报》2013年 10 月 26 日。

之交为民之亲"，以诚相待、为次区域合作提供更多的公共产品，将自身的发展惠及次区域其他国家、包容大湄公河次区域国家的多样性等理念，推动 GMS 合作向纵深发展。

（二）将 GMS 合作作为"中国－东盟命运共同体"建设的重要依托

2013 年 10 月 3 日，习近平主席在印尼国会演讲时提出要与东盟一起构筑"中国－东盟命运共同体"。"命运共同体"理念强调中国和东盟要坚持互利共赢、安危与共。2013 年 10 月 9 日，李克强总理在出席中国－东盟（10＋1）领导人会议时提出了中国－东盟"2＋7 合作框架"，为"中国－东盟命运共同体"理念的实施提供了方向。"2＋7 合作框架"不仅涉及中国和东盟的政治互信建设，还专门提出了 7 个重点合作领域，包括积极探讨签署中国－东盟国家睦邻友好合作条约、启动中国－东盟自贸区升级版进程、加快互联互通基础设施建设、加强本地区金融合作与风险防范、稳步推进海上合作、加强安全领域交流与合作和密切人文、科技、环保等交流。

一直以来，GMS 合作都是中国发展和推进与东盟关系的窗口和前沿，在中国－东盟睦邻友好合作关系的推进中发挥着桥梁作用。在"2＋7 合作框架"下，GMS 合作迎来了新的发展机遇，尤其是在互联互通基础设施建设领域，因为次区域一直是中国－东盟互联互通的先行区。因此，要将 GMS 合作作为"中国－东盟命运共同体"的重要依托，打造大湄公河次区域合作升级版，发挥好 GMS 在"中国－东盟命运共同体"建设中的高地作用，进一步深化战略沟通与互信，推进次区域经济一体化进程，力争在更高层面、更大范围内发挥合作潜力，共建"发展共同体"和"命运共同体"。

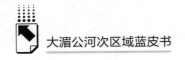

（三）着力推进次区域安全合作

中国同次区域国家毗邻而居，安全是次区域各国都迫切需要的公共产品。在推进 GMS 合作过程中，要坚持新型安全观，在规划经济合作项目的过程中，认真考虑该地区的传统安全和非传统安全问题，深化有关合作机制，增进战略互信，维护大湄公河次区域的安全环境和合作环境。要进一步加强边境治安整治，加大对贩枪贩毒、非法入境等突出问题的查处力度，强化边境维稳情报信息收集研判，建立健全与周边地区的警务合作、协调联络、互助救援、应急响应等机制。要深入推进境外替代种植，不断深化禁毒国际执法合作，坚决打击跨境制贩毒活动。要协同推进边防基础设施、处突维稳装备、救助安置设施及物资储备、卫生及疫病防控等能力建设。

值得警惕的是，近年来随着国际恐怖活动持续高发和宗教极端思想持续活跃，东南亚地区恐怖主义活动频繁发生，中国面临的反恐形势也十分严峻。中国与次区域缅甸、老挝、越南、泰国等国家在禁毒、湄公河联合巡逻执法等非传统安全领域已开展了卓有成效的合作，要在此基础上尽快将安全和警务合作拓展到反恐防恐领域，与周边国家着力开展反恐情报交换、反恐技术交流及反恐法律协作方面的合作，尤其要加强边境口岸地区联合查缉涉恐人员的力度，并在适当的时候同周边相关国家举行联合反恐演习。

（四）进一步深化次区域金融合作

以构建次区域金融网络为平台，保障次区域内发展资金的有效供给。推进构建多层次的发展融资体系，统筹利用公私合作伙伴（PPP）模式、联合融资等创新融资机制。加快筹建亚洲基础设施投资银行，为 GMS 基础设施建设提供重要的资金支持。加快推进人民币区域国际化进程，推进多边贸易结算合作，建立中国与次区域国家间以人民币为中心的跨境资金支付结算体系，逐步推动次区域内经济体签订货币互换协议，并积极推动金融机构互设分支机构，构建次区域人民币结算机制，进一步提升人民币在次区域内的地位与作用。

（五）促进 GMS 与相关机制的战略对接

在推进大湄公河次区域合作特别是互联互通的进程中，要认真研究 GMS 合作与中国 – 东盟自由贸易区、孟中印缅经济走廊及"一带一路"建设的相互关系和战略结合点，遵循开放包容、相互促进的原则，充分利用已有的基础条件和合作机制，实现相关战略规划的相互衔接和最优化配置，助推更大范围、更高层次的跨区域合作。要注重次区域合作与中国泛珠三角、长江经济带建设的对接，打造新南方丝绸之路经济带。要深化次区域合作，努力使周边国家与中国政治关系更加友好、经济纽带更加牢固、安全合作更加深化、人文联系更加紧密，切实推动形成中国与东盟"讲信修睦、合作共赢、守望相助、心心相印、开放包容"的命运共同体。

专 题 篇

Special Topics

B.2

命运共同体视角下的中国－东盟关系

刘 稚*

摘 要：

建设"中国－东盟命运共同体"是近期中央对中国与东盟关系提出的战略新构想，引起了国内外的高度关注。本报告对中国－东盟命运共同体的历史依据、现实基础、发展方向进行了探讨，并就新形势下如何构建中国－东盟命运共同体提出思考和建议。

关键词：

中国 东盟 命运共同体

* 刘稚，云南大学大湄公河次区域研究中心主任，研究员，博士生导师，中国东南亚研究会副会长。

2013 年 10 月 3 日，习近平主席在印度尼西亚国会发表的重要讲话中提出了建设中国－东盟命运共同体的战略新构想，主要内涵包括五个方面，即"讲信修睦（政治上）、合作共赢（经济上）、守望相助（安全上）、心心相印（文化上）、开放包容（对外关系上）"。① 这一构想对于巩固和提升中国与东盟的睦邻友好合作关系具有十分重大和深远的战略意义，引起了国内外的高度关注。所谓"命运"，包括双方过往历史的共同经历和未来发展的共同追求，而"共同体"则包括政治、经济、社会、安全、文化等领域。在世界多极化和经济全球化、区域化的大背景下，建设命运共同体既是中国－东盟关系的发展方向，同时也面临着诸多需要克服的问题和挑战。

一　中国－东盟命运共同体的历史审视

中国和东盟国家山水相连、血脉相亲，自古以来就有着密切的政治、经济和文化上的往来，在诸多方面形成了一定的相似性甚或共性，从而为双方"命运共同体"的形成奠定了历史的和现实的发展基础。

（一）在政治上，中国和东南亚国家有着相似的历史命运

中国和东南亚国家近代以来都曾经沦为殖民地或半殖民地，都经历过反帝反殖、争取民族独立的建国历程，在 20 世纪争取民族独立和解放的历史进程中，始终相互同情、相互支持；都是在二战后建立独立的民族国家。中国在 1840 年鸦片战争后沦为半殖民地

---

① 习近平：《携手建设中国－东盟命运共同体——在印度尼西亚国会的演讲》（2013 年 10 月 3 日，雅加达），人民网，2013 年 10 月 4 日。

半封建社会，历经一百多年的抗争，最终在中国共产党领导下，经过国内革命战争、抗日战争和解放战争艰苦卓绝的奋斗，在1949年建立了新中国。

16世纪到18世纪末，西方殖民者对东南亚地区进行了约300年的殖民掠夺，把大多数东南亚国家变成了自己的殖民地。近代东南亚历史是一部被西方列强侵略、占领、统治的复杂纷繁的殖民地历史。除泰国之外，其他东南亚国家都被不同的西方帝国主义国家侵略和统治过，只是时间的长短和宗主国不一样而已。葡萄牙、西班牙、荷兰、英国、法国、美国作为殖民者都在这里留下了侵略的足迹。

从第二次世界大战结束到20世纪50年代中期，东南亚地区的原殖民地国家通过不同的方式，先后赢得了独立。从1945年8月印度尼西亚和越南掀起八月革命建立了印度尼西亚共和国和越南民主共和国开始，大部分国家在此后几年到十几年中纷纷摆脱了殖民统治，进入了建设民族独立国家、发展民族经济的新阶段。

由于这种共同的历史遭遇，中国与东南亚国家都具有反帝反殖的光荣传统。在当今国际政治斗争中，反对霸权主义、强权政治和各种各样借口的外来干涉，维护国家主权和民族独立成为中国与东南亚国家的共同立场。

（二）在经济上，中国与东南亚国家经贸交往源远流长，并有着共同的发展愿景

东南亚地区自古以来就是中国"南方陆上丝绸之路"和"海上丝绸之路"的重要枢纽，也是中国明代著名航海家郑和七次远洋航行的必经之地，千百年来双方互通有无，商贸交往从未中断。20世纪80年代以来，在和平与发展成为时代主题的背景下，中国与东南亚国家都更加重视发展本国经济，各国都把发展经济作为中

心任务，并且围绕发展经济对各自的内外政策进行重大调整。中国与东南亚国家发展经济的基本思路和战略有一些重要的共同之处。一是提出雄心勃勃的跨越式发展目标，经济增长速度较高，大多保持在年均增长 5%～9%。二是加紧进行经济体制改革或经济政策的重大调整，建立和完善市场经济体制。三是扩大对外开放，加强国际经济合作，积极推进区域和次区域合作，在经济国际化、区域化进程中发展本国经济。四是双方都致力于维护世界和平和地区和平，为经济发展创造良好的国际环境和地区环境。中国支持东盟一体化进程和在东亚地区合作中发挥主导作用，双方都希望通过合作更加有效地维护发展中国家的利益，在推动建立公平合理的国际经济和政治新秩序方面，中国与东盟有着相同或相近的立场。

中国和周边国家的最大共同点之一就是不断探索适合本国特色的现代化进程。在经济发展道路方面，中国和东南亚国家也相互借鉴、学习。如新加坡、马来西亚、泰国等亚洲"小龙""小虎"大力发展出口导向型经济方面的成功经验在中国改革开放之初起到了一定的示范作用；而中国的改革开放也成为越南、老挝、柬埔寨等国学习的榜样，特别是越南和老挝，作为世界上硕果仅存的社会主义国家，其革新开放的方针政策更是处处可见中国的直接影响。"中国现代化进程以改革开放为基本精神，其发展模式的逐步形成，在某种意义上，也是全球化时代东方文明和西方文明交流融合的产物。"[1] 中国模式越来越彰显出巨大影响力。

（三）在文化上，中国与东南亚国家文化的交往源远流长

由于特殊的历史和地理条件，中国文化通过官方往来、经商贸易、宗教传播及迁居海外的华侨华人的交流等多种形式对东南亚国

---

[1] 崔立如：《和平崛起：中国追求现代化的旅程》，《现代国际关系》2012 年第 7 期。

家文化产生了广泛而深远的影响，在物质文化、精神文化和制度文化三个层面上都有体现。在物质文化层面，历史上中国输入东南亚国家的有丝绸、陶瓷、铁制农具、茶叶、食品、服饰等物品以及建筑艺术等。在精神文化层面，中国文化对东南亚国家影响的核心体现为儒学的传播。儒学的核心价值是围绕仁义展开的，可以拓展为仁爱、敬诚、忠恕、孝悌、信义等基本观念。这些观念在东南亚国家主要体现在以四书五经、朱子思想为教材以及对孔子和朱子的祭祀上，越南和新加坡两国是实践儒学文化的典型范例。此外，中国儒学文化的影响还渗透到泰国和马来西亚等华人较多的东南亚国家。在制度文化层面，中国古代的礼制、官制、法制、学制、科举制度、税制等制度文明，也曾为越南等国家所学习和借鉴，对其历史发展产生过深远的影响。

古代连接中国与东南亚地区的"南方陆上丝绸之路"、"海上丝绸之路"和"茶马古道"等，既是商贸通道，同时也是文化交流、传播的通道。它们的出现，说明中国与东南亚地区文化交往源远流长。一个典型的例子是，云南古代铜鼓文化就是通过此途径广泛传播到东南亚地区的。同时，古代东南亚地区民族文化对中国西南地区也产生过重要的影响。相关研究表明，东南亚地区民族文化特征在许多方面与云南境内各民族及其先民有着重要的相同或相近之处，如刀耕火种、梯田、干栏式建筑、文身、凿齿、点蜡印花布、父子连名、万物有灵、祖先崇拜等。

（四）在价值观念上，双方都不同程度地具有"亚洲价值观"的特征

命运共同体，意味着有共同的身份，也就是有某种价值认同。按照国际学术界的观点，所谓"亚洲价值观"是"东亚某些发展中国家的具有威权主义特色的官方意识形态及其所倡导的'主流

价值观'的代名词"。其核心内容可以概括为："在政治上是保守主义，在经济上是自由主义，在文化领域是世俗主义。"学术界认为，由于历史的原因，这种"亚洲价值观"是一种适合于新加坡、马来西亚等东南亚国家国情的治国哲学和治国策略。它以家庭伦理和集体伦理为基础，以经济发展为中心，以个人纪律与社会稳定为辅助，以提高人民的物质生活水平为目标，并在实践中获得了良好的效果。它是一种成功地结合了西方"发展理性"和东方集体主义的混合型意识形态。实践证明，它有助于维护这些国家的社会政治稳定和促进经济发展。而在中国的发展模式中，也不难看到"亚洲价值观"的理念与实践。

综上所述，中国与东盟国家都是亚洲的发展中国家，双方文化背景相同，认同感强，在价值观、人权观及国际事务中的许多问题上都有相近的看法，彼此合作，互相支持，反对强权政治。一方面，东盟不是对手，更不是敌人，而是中国可以长期合作的好邻居、好伙伴，这应是东盟在中国外交战略中的基本定位。另一方面，多样性和不平衡性特点突出的东南亚现在还面临多种多样的问题，这些问题的解决以及维持东盟在东亚地区合作中的领导地位，也离不开中国。东盟国家也普遍认为中国的发展对东南亚是一个机遇，期待中国在促进地区和平、稳定和发展中发挥更重要的作用。

二 中国－东盟命运共同体的现实发展

20 世纪 90 年代以来，在双方的共同努力下，中国与东盟的关系迅速发展，双方合作规模和领域不断扩大。中国是第一个与东盟建立战略伙伴关系的区域外大国。2003 年中国正式加入《东南亚友好合作条约》，同年，双方签署了《中国与东盟面向和平与繁荣的战略伙伴关系联合宣言》，决定建立战略伙伴关系。10 年来，中国与东盟在经济、政治、社会、安全以及地区和国际事务中的合作持续推进，双方关系总体保持良好发展势头。总的来看，经济是双方合作最卓有成效的领域，也可以说是中国－东盟共同体建设的"早期收获"。但政治、安全领域的合作相对滞后，南海问题则是中国－东盟关系的最大障碍。

（一）经济共同体成为双方共同体建设的最有成效的领域

自 2002 年双方签署《中国与东盟全面经济合作框架协议》，正式启动了中国－东盟自由贸易区建设的进程，中国与东盟的经贸合作进入快车道，双方经贸联系日益紧密，实现了互利共赢、共同发展的目标，基于中国－东盟自由贸易区的经济共同体已初步形成。

第一，双边贸易快速增长。在 2002～2012 年的 10 年间，中国－东盟双边贸易额从 547.67 亿美元增长至 4001 亿美元，年均增长速度高达 22%。2002 年，中国是东盟的第三大贸易伙伴，东盟则为中国第五大贸易伙伴；而在 10 年后的 2012 年，中国已跃升为东盟的第一大贸易伙伴，而东盟也成为中国的第三大贸易伙伴。同时，双方在服务贸易领域的市场相互开放和交流合作也取得了重要进展。

第二，双向投资合作明显扩大。在 2002～2012 年的 10 年间，中国与东盟双向投资额从 301 亿美元增长至 1007 亿美元，其中东盟国家对华投资 771 亿美元，中国企业对东盟投资 236 亿美元。截至 2013 年 6 月底，中国对东盟国家直接投资累计近 300 亿美元，东盟已成为中国对外直接投资的第四大经济体。同时，东盟对华实际投资规模也从 2002 年的 32.6 亿美元增长至 2012 年的 71 亿美元。

第三，经济合作成效显著。双方在交通等基础设施建设、制造业、农业、加工业等诸多领域正在建设或计划推进一批大型合作项目，东盟国家已成为中国重要的海外承包工程和劳务合作市场，中方相关金融机构也积极为此提供各种融资便利。2009 年和 2011

年，中方先后宣布向东盟国家提供 150 亿美元和 100 亿美元信贷，其中优惠贷款超过 100 亿美元。

第四，双向旅游规模持续扩大。2012 年，中国赴东盟游客高达 732 万人次，仅次于欧盟，为东盟第二大游客来源地，较 10 年前的 2002 年增长了 2.6 倍；东盟游客来华则达 589 万人次，成为中国主要的游客来源地之一。[①]

2013 年中国和东盟发表的建立战略伙伴关系 10 周年联合声明提出，争取到 2015 年双方双向贸易额达到 5000 亿美元，到 2020 年达到 1 万亿美元，今后 8 年双向投资 1500 亿美元。中国和东盟已经决定，提升贸易便利化水平，深化产业合作，共同打造中国－东盟自贸区"升级版"。

（二）影响中国－东盟命运共同体建设的主要问题

从内部因素看，影响中国与东南亚国家关系的老问题包括南海主权争端、华人华侨问题以及"中国威胁论"，新问题则是美国"亚太再平衡"战略的挑战。

南海主权争端尤其是南沙岛礁的归属问题非常复杂，涉及中国、越南、菲律宾、马来西亚、印度尼西亚、文莱和中国台湾"六国七方"。近年来，菲律宾、越南等东盟国家在南海海洋划界和岛屿开发等问题上频频发难。一是在政治上以多种方式宣誓主权，二是强化对已占海域的控制和资源开发，三是以国内立法的方式强占中国南海海域。美国、日本、印度等区域外国家也力图介入南海争端，南海问题国际化、多边化的趋势不断增强。如何解决南海主权争端直接关系到中国－东盟命运共同体建设。

[①] 高燕：《十年来中国东盟经贸合作成效显著》，中国国际网络广播电视台，国际在线，http://www.cri.cn，2013 年 7 月 23 日。

东南亚华人华侨问题虽趋于缓和，但近年在缅甸、老挝、柬埔寨、泰国以及马来西亚等国逐渐凸显出来的新移民问题，印尼、马来西亚等国家中华人问题的深层次矛盾还将长期存在，并且是影响中国与这些国家关系的重要因素。同时，随着中国国力的迅速增强以及历史的原因、社会制度和意识形态的差异，以及在经济发展、吸引外资和拓展外贸等方面存在的竞争关系，认为中国"国强必霸"的"中国威胁论"在东南亚仍有一定的市场。

从国际关系特别是大国博弈来看，影响中国与东南亚国家未来关系发展的因素还包括东盟的大国平衡外交，美国、日本和印度与中国竞争对东盟的影响，等等。域外大国加大对东南亚的战略投入已经成为影响中国与东南亚国家关系继续深化的不确定性因素。

谋求建立大国在东南亚的平衡一直是东盟重要的外交战略，而近年来美国"重返东南亚""亚太再平衡"的战略指向也正是为了遏制中国在该地区的影响。在此背景下，2009 年以来美国与东盟签署了《东南亚友好合作条约》，举办美国－东盟领导人峰会，加强与湄公河流域国家的合作，与东盟的关系进一步加强。在政治外交领域，美国公开插手南海问题，特别是加强与越南、印尼等东盟国家的安全合作，为菲律宾、越南等国在南海问题上与中国对抗撑腰。此外，印度、日本等域外大国也继续深化与东南亚国家间的关系。域外大国与东南亚国家关系的深化必将对我国与东南亚国家关系的发展造成一定的影响。

三　新形势下推进中国－东盟命运共同体建设的若干思考

命运共同体，是一种理念，需要坚实的制度予以支撑。正如一些学者所说的那样，亚洲地区存在的中国与其他国家之间的力量对比的不对称是巨大的和永久性的，因此周边国家对于中国的不确定感也是不可避免的，中国主动将自身的力量（power）放在地区框架的"金丝笼"里，能在很大程度上让本地区国家感到安心。要发挥中国经济外交的优势，以中国－东盟自由贸易区、大湄公河次区域合作及21世纪海上丝绸之路为抓手，积极推进中国与东盟（包括陆上东盟与海上东盟）的经济一体化，有利于以经促政，形成利益捆绑，推进"命运共同体"建设。

（一）积极推进中国与东盟合作的顶层设计和制度创新

作为双方合作机制中唯一的大国，在未来的地区一体化的进程中，中国应本着互利共赢的原则推动区域次区域合作的顶层设计和合作创新，为中国和东盟构建睦邻友好的命运共同体提供法律和制度上的保障。要通过加强对区域经济合作新形势、新问题的前瞻研究，发现合作各方利益交汇点以及实践的方式，提出具有可操作性的倡议，构建区域经济一体化新格局。以多边经济合作制度为依托，命运共同体就有了更多的制度性依靠。事实上，近期中国和东盟双方共同启动自贸区升级版谈判进程、加快互联互通基础设施建设、构建地区金融合作与风险防范网络、加强安全交流与合作并积极探讨签署中国－东盟国家睦邻友好合作条约等务实措施被归纳为"2＋7合作框架"，已勾勒出媒体所说的"中国与东盟未来钻石十年的路线图"。

（二）参考和借鉴东盟共同体建设的经验

如何与东南亚国家就构建命运共同体从概念走向共识，进而探索从共识走向实践的路径，需要研究和借鉴在经济、政治和文化上都有很大差异的东盟内部构建经济、政治安全与社会文化共同体的一些做法，在此基础上提出构建与周边国家命运共同体的步骤和措施，使得命运共同体建设更加容易被有关各方接受和共同推进。

（三）着力推进区域安全合作，增进政治互信

命运共同体意味着共同的安全。我国同东南亚国家山水相连，守望相助，开展安全合作是共同需求。要坚持互信、互利、平等、协作的新安全观，倡导全面安全、合作安全、共同安全理念，倡导国际安全合作模式的灵活多样性，包括具有较强约束力的多边安全机制、具有论坛性质的多边安全对话、旨在增进信任的双边安全磋商，以及具有学术性质的非官方安全对话等，深化有关合作机制，增进战略互信。除了传统安全领域之外，在信息、灾害、环境保护、公共卫生、打击毒品犯罪和恐怖袭击等非传统安全领域，中国也将努力开展国际合作，提升提供国际公共产品和服务的能力。

（四）大力加强人文交流和公共外交

命运共同体是文化的包容和谐与相互借鉴，具有共同的价值观也是建立命运共同体的重要前提。一方面，要促成中国、东盟双方有更多的文化和价值认同，有更多的共同爱好和兴趣，这需要人文、教育方面的互动，在不断的交流与切磋中形成更多的价值认同。另一方面，在国家作为外交活动唯一主体的时代，命运共同体只是外交活动要达到的一种理想境界，因为这与威斯特伐利亚体系的主权原则截然有别。[①] 但是在信息化时代，公共外交、民间外交在政府之外开辟出新的外交领域，个体成为外交的参与者，命运相连的感觉也是可以逐渐培养的。要着力加强对东盟国家的公共外

---

① 孙兴杰：《中国周边大外交如何打造命运共同体》，《青年参考》，2013 年 10 月 30 日 A02 版。

交、民间外交、人文交流，深入开展旅游、科教、地方合作等友好交往，巩固和扩大我国同周边国家关系长远发展的社会和民意基础，让命运共同体意识在周边国家落地生根。

（五）从多边和双边各个层次推进中国 – 东盟命运共同体建设

在实践上，可以在区域和次区域、多边和双边不同层面上推进共同体建设，并且形成互动。第一个层面是在中国 – 东盟合作层面上的整体推进，加强政策沟通、道路联通、贸易畅通、货币流通、民心相通多个方面的互联互通。第二个层面是在大湄公河次区域合作层面上推进，充分发挥山水相连、人文相通的优势，在 GMS 合作中注入命运共同体建设的相关内容。第三个层面是在中国与东南亚各国双边关系的层面上推进，推进与我关系密切、基础扎实、互信度高的国家的命运共同体建设，取得突破，形成示范。

（六）妥善处理南海问题，坚持和平协商解决

虽然南海问题涉及的是中国与东盟部分国家间的双边分歧，不是中国与东盟之间的问题，但南海争议的长期化总是难以让东盟与中国建立政治和安全互信关系。从整个国际形势发展的趋势看，我们也要从维护中国与东盟关系的大局来看待南海问题。中国与东盟应携手继续维护南海和平稳定，为和平解决争议创造良好环境，维护双方关系和地区稳定大局。

B.3

中国与湄公河流域国家环境
合作的进展、机制与成效

卢光盛 邓 涵*

摘 要：

环境合作是中国与大湄公河次区域（GMS）合作的重
要方面。本文在对中国与湄公河流域国家环境合作的
背景与进展做简要梳理的基础上，分析 GMS 环境合
作形成的机制特点以及中国与湄公河流域国家环境合
作的成效，并就未来如何提升中国与 GMS 环境合作
的层次与水平提出思考与建议。

关键词：

中国 大湄公河次区域国家 环境合作

1995 年 10 月，湄公河流域国家柬、中、缅、老、泰、越在
亚洲开发银行（Asian Development Bank，ADB）总部马尼拉共同
参与并见证了大湄公河次区域（Greater Mekong Sub-region，GMS）
环境合作项目启动会，次区域环境合作机制正式建立。自此以
后，六国政府以具体的环境合作项目为契机，在环境保护领域开
展了一系列卓有成效的务实合作。通过这些环境合作实践，相关

---

* 卢光盛，云南大学西南周边国家社会研究中心副主任，云南大学东南亚研究所所长，教
授、博导；邓涵，云南大学国际关系研究院硕士研究生。

国家的环境保护工作取得了积极进展和丰硕成果，中国与其他各国在环境保护方面的协调合作得到了明显增强，直接参与合作的地方政府（云南和广西）在深化环境管理与环境保护等方面的能力建设水平也有了显著提高。但现阶段 GMS 环境合作仍未从根本上扭转次区域因经济发展、人口增长、交通条件改变等带来的环境问题。中国与 GMS 环境合作仍有许多有待加强和提升的地方。

一　中国参与 GMS 环境合作的背景与进展

（一）中国与 GMS 环境合作的缘起及发展

1992 年，在亚洲开发银行的发起下，柬、中、缅、老、泰、越六个湄公河流域国家在亚行总部马尼拉召开首次部长级会议，宣布建立大湄公河次区域经济合作机制。该合作机制力图在平等、互信、互利的基础上，通过密切各国的经济交往与合作，促进湄公河流域国家经济社会发展，最终实现次区域的共同繁荣。这次会议成为湄公河流域各国就环境保护与可持续发展携手合作的重要渊源。六国政府在首次对 GMS 环境与可持续发展的关系进行明确阐述的基础上，决定加强次区域环境合作。各国一致同意将可持续原则渗透到地区经济社会的发展规划中，同时承诺采取行动保护共有的流域生态环境。

1995 年，GMS 经济合作机制将"环境"确定为主要的合作领域之一，并且成立了 GMS 环境工作组（WGE），使 GMS 环境合作开始步入正轨。同时，这一年也标志着中国与 GMS 实质性的环境合作正式开始。1997 年，中国通过了次区域环境计划，奠定了参与次区域环境合作的基本框架。2002 年，在柬埔寨首都金边举行的首次 GMS 领导人会议批准了指导次区域各国未来 10 年合作的纲领性文件《次区域发展未来十年战略框架》。同时，会议发表的联合宣言还决定，GMS 成员国自 2002 年起在各国轮流举行每三年召开 1 次的领导人峰会，中国与湄公河流域国家环境合作也由此进入一个新的阶段。2005 年，首届大湄公河次区域环境部长会议在中国上海召开，GMS 六国环境部长及相关官员代表出席会议并发表了支持次区域自然资源与环境可持续发展的环境部长会议联合宣言。宣言批准启动次区域核心环境项目（Core Environment Program，CEP）及其重要组成部分生物多样性保护走廊计划（Biodiversity Conservation Corridors Initiative，BCI）。

（二）中国与 GMS 环境合作的重点

中国与 GMS 环境合作是以具体的合作项目为基础的。在前期的合作过程中，中国积极参与了湄公河流域扶贫和环境改善、上湄公河航道改善工程、大湄公河次区域环境培训和机构强化（SETIS）、大湄公河次区域环境监测和信息系统建设（SEMIS）I&II 和大湄公河次区域战略环境框架（SEF）I &II 等一系列 GMS 环境合作项目。在此基础上，中国于 2006 年参加了 GMS 环境合作以来规模最大的合作项目——核心环境项目，特别是第一期核心环境项目（CEP－I）成为中国与 GMS 环境合作的重点。

核心环境项目是 GMS 环境合作中首次吸引发达国家大规模资金援助的合作项目，同时也是发起 GMS 环境合作以来流域内各国规模最大的合作项目。该项目于 2005 年 5 月和 7 月分别获得大湄公河次区域第一届环境部长会议和第二次领导人会议的批准，并于 2005 年 12 月得到亚洲开发银行批准后，2006 年在柬埔寨、中国（云南和广西）、老挝、缅甸、泰国和越南相继正式启动。核心环境项目共涵盖了 5 个重要组成部分，它们分别是 GMS 经济走廊战略环境影响评价（SEA）与经济部门战略、环境绩效评估（EPA）和可持续发展计划、次区域环境管理能力建设、可持续财政项目以及生物多样性保护走廊计划。① 核心环境项目的预期目标主要是：（1）评价在次区域各国即将实施的经济发展战略与生物多样性保护走廊建设项目对环境可持续性可能造成的潜在影响；（2）在 GMS 建立起制度化的环境绩效评估机制以及可持续的发展战略与规划；（3）提高次区域各国的环境管理能力，提升 GMS 环境管理的制度化水平；（4）保障 GMS 环境项目的发展、传播并提供持续的经济援助；（5）在湄公河流域选定至少五个试点进行生物多样性保护走廊建设。项目一期执行时间为 2006 年 12 月至 2009 年，执行总金额为 2500 万美元。2009 ~ 2011 年为一期增资阶段，增资总金额为 660 万美元。项目二期（2012 ~ 2016 年）于 2011 年底得到亚行批准，主要包括战略环评、生物多样性保护、气候变化和低碳发展以及可持续环境管理等内容。②

作为核心环境项目的旗舰项目，生物多样性保护走廊计划由中国政府率先提出，得到了次区域各国和国际机构的积极响应。从项目内容看，生物多样性保护走廊计划由三个阶段的工作组成，项目执行期为 10 年。

第一阶段（2005 ~ 2008 年）的主要工作是在选定的项目试点区建立生物多样性保护走廊，修复和维持已有国家公园与野生生物保护区之间的联系，保护野生动物栖息地，加强生态服务功能，通

---

① 李霞：《中国参与的大湄公河次区域环境合作》，《东南亚纵横》2008 年第 6 期。

② 广西壮族自治区环境保护厅：《亚洲开发银行专家到广西考察大湄公河次区域核心环境项目二期筹备情况》，http://www.gxepb.gov.cn/zrst/swaqydyx/201210/t20121017_12820.html。

过减少贫困和自然资源可持续利用提高当地社会福利。中国云南省西双版纳和香格里拉德钦地区、广西百色市靖西县被确定为试点区。

第二阶段（2009～2011 年），各国在对试点项目第一阶段进行评估后，同意扩大建设规划，在生物多样性保护的重点地区建立更多的走廊。项目除恢复栖息地之间的联系外，还包括减少生物多样性保护走廊内以及周边社区的贫困人口、制定更加完善的土地使用和管理制度。截至目前，生物多样性保护走廊计划的前两个阶段已顺利完成。次区域各国已在多个选定的生物多样性保护试点地区建立了生物多样性保护的重点区域，在努力恢复并维持现有次区域国家公园与野生生物避难所之间联系的同时，有效地开展了对 GMS 东部野牛、黑冠长臂猿等珍稀生物物种的保护工作，对生物多样性保护走廊计划试点项目的评估工作也已于 2011 年顺利完成。

第三阶段（2012～2014 年）的工作重点是巩固自然资源的可持续开发利用以及生物多样性保护带来的收益。

（三）中国参与 GMS 环境合作的新进展

GMS 核心环境项目生物多样性保护走廊计划一期项目在亚行和中国政府的大力支持和推动下，已于 2011 年下半年顺利完成。2011 年 7 月 28 日，第三次大湄公河次区域环境部长会议在柬埔寨金边举行。各国就《大湄公河次区域核心环境项目生物多样性保护走廊计划二期框架文件（2012～2016）》达成原则一致。2011 年底，总额为 2840 万美元的二期项目得到批准，项目由大湄公河次区域六国实施。生物多样性保护走廊计划二期项目主要包括四部分内容：一是做好跨境生物多样性保护走廊规划和建设，完善规划建设的体系、方法和保障机制；二是加强湄公河流域各国跨境生物多样性保护走廊景观的管理，利用村级发展基金改善当地居民生计；三是制定 GMS 各成员国适应气候变化和低碳发展的经济发展战略；四是提高各成员国机构间开展可持续环境管理的能力建设，加大对可持续环境管理所需的资金支持力度。同时，生物多样性保护走廊计划二期项目还包含几十个不同专题的子项，这是亚行历史上最大的区域项目。[1]

2014 年 1 月，亚洲开发银行、中国环境保护部对外合作中心以及中国云南省环境保护厅共同签署了 GMS 核心环境项目生物多样性保护走廊计划（CEP－BCI）二期北京子项目暨云南子项目的执行协议。该项目执行期为 3 年，主要内容包括：一是在西双版纳开展纳板河－曼稿保护区生物多样性保护走廊建设示范和中老跨边界自然保护区合作示范；二是开展德钦生态旅游减贫和生态保护示范。[2]

2014 年 3 月，GMS 核心环境项目生物多样性保护走廊计划二期项目规划广西启动会在南宁召开。生物多样性保护走廊计划二期项目目前已进入实质性实施阶段。[3]

表 1　CEP－BCI 项目二期简介

时间	2012～2016 年
资金投入	2840 万美元
共同出资方	亚洲开发银行、芬兰政府、瑞典国际开发署、北欧发展基金

---

① 广西新闻网：《大湄公河次区域核心环境项目第二期在广西启动》，2014 年 3 月 13 日，http：//news.gxnews.com.cn/staticpages/20140313/newgx5321ae1b－9858666.shtml。

② 云南省环境保护厅：《大湄公河次区域核心环境项目二期北京子项目暨云南子项目启动会在昆明召开》，2014 年 3 月 17 日，http：//www.ynepb.gov.cn/zwxx/xxyw/xxywrdjj/201403/t20140317_42724.html。

③ 广西壮族自治区环境保护科学研究院：《大湄公河次区域核心环境项目二期启动会在南宁召开》，2014 年 3 月 17 日，http：//www.gxhky.org/xwzx/xmdt/201403/t20140318_18346.html。

项目监督	大湄公河次区域环境工作组 柬埔寨:环境部 中国:环境保护部 老挝:自然资源与环境部 缅甸:环境保护和林业部 泰国:自然资源与环境部 越南:自然资源和环境部
行政管理	亚洲开发银行:区域技术援助:(RETA)7987
秘书处	大湄公河次区域环境运营中心(EOC)

资料来源:大湄公河次区域环境合作中心:Chinese CEP Brochure,http://www.GMS-EOC.org/uploads/resources/126/attachment/Chinese%20CEP%20brochure.pdf。

二 GMS 环境合作形成的法律与安全合作机制

(一)GMS 环境合作形成的法律机制

目前,GMS 环境合作法律机制初步形成了以《湄公河流域可持续发展合作协定》《次区域发展未来十年战略框架》《大湄公河次区域环境部长联合宣言》《大湄公河次区域经济合作第三次领导人会议领导人宣言》《2008~2012 年 GMS 发展万象行动计划》和《大湄公河次区域经济合作新十年(2012~2022)战略框架》为主体,辅之以《大湄公河次区域环境培训和机构强化》《环境监测和信息系统建设(SEMIS)I&II》《湄公河流域扶贫和环境改善》《大湄公河次区域环境战略框架(SEF)I & II》《第一期核心环境项目(CEP-1)》等具体项目实施规定为一体[1]的环境合作法

---

① 杨建学:《大湄公河次区域环境合作法律机制分析》,《太平洋学报》2009 年第 3 期。

律机制。

1995 年 4 月，越南、老挝、柬埔寨和泰国 4 个湄公河中下游国家政府代表在泰国北部城市清莱签署通过《湄公河流域可持续发展合作协定》。该合作协定认为湄公河流域所拥有的自然及环境资源是沿岸各国保障经济社会发展和提高人民生活水平的宝贵资产。2002 年 11 月，《次区域发展未来十年战略框架》将关注自然环境和社会因素、促进次区域可持续发展作为三大战略发展目标之一，为 GMS 环境合作指明前进方向。2005 年 5 月，《大湄公河次区域环境部长联合宣言》在中国上海召开的首届 GMS 环境部长会议上成功发表。《宣言》强调各成员国应更加重视湄公河流域的环境保护与可持续发展工作，协力保护次区域脆弱的生态环境及生物多样性。2008 年 3 月，大湄公河次区域经济合作第三次领导人会议在老挝万象举行，与会各国领导人签署了《领导人宣言》，并核准了《2008～2012 年 GMS 发展万象行动计划》。《领导人宣言》在充分认识到社会和生态环境是可持续发展的重要因素的同时，达成了"合作对于促进经济增长、社会进步、消除贫困、保护环境具有重要意义"的共识。《2008～2012 年 GMS 发展万象行动计划》对包括环境在内的 9 个领域共 200 多个项目的投资总额为 200 亿美元。2011 年 12 月，GMS 第四次领导人峰会在缅甸首都内比都举行，会议审议并通过了《大湄公河次区域经济合作新十年（2012～2022）战略框架》，提出了包括"促进农业领域可持续发展、加强环境领域合作"在内的八大优先合作领域，为次区域未来十年合作发展确定了大方向，规划了新蓝图。

1994 年 4 月次区域经济合作第三次部长会议批准了《大湄公河次区域环境培训和机构强化（SETIS）项目》，亚行于 1996 年 5 月正式批准该项目。项目的宗旨是协助次区域各成员国制定和实施环境政策法规；在成员国建立环境与自然资源管理培训中心；

为各国环境能力建设提供交流网络；促使各国在环境标准和自然资源管理方面达成协议。1994年9月次区域经济合作第四次部长会议签署了《环境监测和信息系统建设SEMIS I&II项目》，亚行于1996年5月正式批准该项目。该项目由亚行、联合国环境规划署（UNEP）与湄公河委员会共同合作，由各成员国环境机构实施。项目目标是促进大湄公河次区域国家环境信息交流，加强支持环境决策能力。1996年8月次区域经济合作第六次部长会议提交了《边远大湄公河次区域（GMS）流域扶贫和环境管理项目》草案，1997年1月亚行正式批准该项目。项目第一阶段于1998年6月启动，于1999年7月结束。第二阶段于2000年1月启动，周期为12个月。主要是通过讨论农村贫困与环境退化的关系问题，增强大湄公河次区域国家保护生物多样性的建设能力。1998年12月《大湄公河次区域环境战略框架（SEF）项目》获得批准，1999年4月正式启动。该项目主要对次区域自然资源开发等活动对环境的影响进行宏观评估，实现GMS环境与经济、社会发展决策的一体化。2005年获得批准的核心环境项目一期的实施以及2006年GMS环境运营中心（Environmental Operation Center，EOC）的设立，加强了GMS环境工作组项目发展、环境监测以及项目管理与协调的能力。

（二）GMS环境合作形成的安全合作机制

GMS环境合作已形成三个主要的环境安全合作机制：环境工作组会议、大湄公河次区域环境部长会议、大湄公河次区域六国领导人峰会。

环境工作组会议创建于1995年，每年召开年会，具体协调环境项目的开展和执行。2006年，GMS环境运营中心在泰国首都曼谷正式设立，主要承担环境工作组的秘书处工作。中国环境保护部代表中国参加环境工作组，并负责中国参与 GMS 环境合作的组织协调工作。在工作组会议的推动下，合作机制设立了次区域环境部长会议。环境部长会议是一种高层环境对话形式，自 2005 年开始，每三年召开一次，至今共召开了三次。环境部长会议是 GMS 环境合作的最高决策机制，会议的召开丰富了领导人会议的内涵，为各成员国开展环境合作奠定了良好的合作平台与基础。领导人峰会是次区域各国经济合作的最高决策机构，自 2002 年开始每三年召开一次，至今共召开过四次。领导人会议的成功召开，不仅有利于深化 GMS 各领域合作，为流域各国开展形式多样的高层政策对话提供有益借鉴，同时也反映了各成员国在推动次区域环境保护方面加强合作的良好政治意愿，进一步丰富并增强了 GMS 环境合作的内涵与实效。

（三）GMS 环境合作机制的特点

环境合作机制主要是通过制度安排在环境领域内实现区域合作。制度（regime）可以通过规范行为者的行为，降低交换中的不确定性、抑制信息的不对称性，从而形成稳定的决策预期，减少行为者之间的冲突，加强彼此间合作，最终实现共同利益。[①] GMS 环境合作形成的法律与安全合作机制为次区域各国在环境可持续发展能力等领域开展一系列富有成效的双边及多边合作奠定了良好的政治互信与制度基础，使 GMS 各成员国在地区环境管理与经济社会可持续发展等合作议题上更加积极主动地相互帮助、协力推进，共同促进湄公河流域的可持续发展与生态环境保护。此外，GMS 环境合作机制的建立对于次区域各国环境立法

---

① 于宏源：《国际机制中的利益驱动与公共政策协调》，《复旦学报》（社会科学版）2006年第 3 期。

的发展与完善、环境保护能力的加强与提高等也起到了十分重要的推动作用。

但与此同时，次区域各国也应当清醒地意识到，虽然近年来GMS环境合作不断走向务实，形成了多领域、多层次、多渠道的格局，环境领域的机制化建设逐步明显，但是GMS环境合作机制建设仍然处于起步阶段，还需要长期有效的建设和完善。

首先，GMS环境合作机制具有协商一致、互不干涉内政的特点。互不干涉内政是从国家主权直接引申出来的一项国际法的基本原则，同时也是主权国家间进行合作与交往应该遵守的重要准则。[①] 互不干涉内政原则运用于次区域各国环境合作机制时，有利于保障这些合作机制在运行过程中的某种稳定性。但是，这一原则也削弱了次区域各国在参与环境合作的过程中加强行为监督以及对破坏环境的行为进行强制执行的意愿。在具体的环境合作实践过程中，已有的合作机制只是制定了一些约束性的原则和指导性的方针要求各参与方遵守。更不用说，这些指导性的合作机制也只是依据一些诸如行动计划、宣言、决议、谅解备忘录等"软法"而建立，缺乏具有普遍性和强制性特征的环境立法。在开展务实的环境合作过程中，已有合作机制的依据文本显得缺乏实用性和可操作性，更缺乏约束力和解决环境问题的惩罚监督机制。[②] 例如，湄公河委员会（Mekong River Commission，MRC）成员国于1995年4月签署的《湄公河流域可持续发展合作协定》目前已经生效。该协定第四条规定：签署该协定的各成员国在互相尊重主权和领土完整的基础上对湄公河流域的资源开发利用与保护进行合作。[③] 这项规定意味

---

① 夏林、江雪晴：《东盟会取消互不干涉内政原则吗?》,《环球时报》2006年4月20日。

② 曲如晓：《东盟环境合作的现状与前景》,《当代亚太》2002年第2期。

③ Agreement on the cooperation for the Sustainable Development of the Mekong River Basin（EB/OL），http：//www. mrcmekong. org/assets/Publications/agreements/agreement – Apr95. pdf.

着，在没有统筹考虑湄公河流域国家河岸权①和相关利益的前提下，其他国家不能否决或推进流域内的环境或建设项目。但实践证明，湄公河委员会在没有成员国授权的情况下，难以解决流域环境监测与管理过程中面临的实际问题。有证据显示，《湄公河流域可持续发展合作协定》并不能在湄公河委员会各成员国国内的相关环境立法中获得支持。事实上，老挝 1996 年的《水资源法》以及越南 1998 年的《水资源法》的相关法律条款都没有履行其政府在 1995 年所签署的《湄公河流域可持续发展合作协定》中做出的承诺。②

其次，GMS 环境合作是以项目为基础的，缺乏制度保障。GMS 环境合作的运作机制是在亚洲开发银行的直接资助和鼓励联合资助背景下，以合作项目做牵引，鼓励在亚行的"地区合作和一体化战略"机制（The Regional Cooperation Strategy and Program, RCSP）以及六国高峰共识基础上开展的务实合作。目前，次区域各国在制度建设方面，仍过于依赖领导人峰会、正式或非正式的环境部长会议等机制开展合作，可以用来协调和约束各成员国环境政策的环境合作常设机构长期缺位。

最后，GMS 环境工作组之间缺乏有效的沟通与协调。目前，GMS 经济合作机制主要涵盖了能源、交通、贸易与投资、环境、农业等多个重点领域，每个领域均设立具有针对性的工作组或论坛，形成了多条合作主线分类并行的局面。在这种情况下，各个合作领域在机制内容上不可避免地会出现交叉。尽管多条合作主线均由亚行秘书处进行统一协调，但总体来看，该协调机制的运作效果

① 河岸权与土地密切相关，其原则是临近某条河流的土地所有者拥有该河流一定数量和质量的天然径流。河岸权的所有者在两方面受到法律保护：禁止上游地区抽取其拥有的水量或向其所属地区排泄洪水。换言之，禁止上游地区大幅度增减河流水量，致使下游地区受到不利影响。

② Antonio P. Contreras, Transboundary Environmental Governance in Southeast Asia, Amit Pandya and Ellen Laipson, *Transnational Trends: Middle Eastern and Asian Views*, 2008.

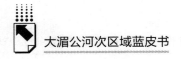

并不是很好，对于各合作领域现存工作组之间以及工作组内部的沟通和协调力度仍然不够，这种状况势必也影响到了环境工作组之间在环境合作与管理过程中的政策协调。

可以看出，大力推进和不断深化 GMS 环境合作机制建设，需要次区域各国以环境领域的共同利益为基础，灵活把握"协商一致、互不干涉内政"的原则，在此基础上进一步完善合作机制的框架和内容，切实发挥 GMS 环境合作机制应有的效能。

三　中国参与 GMS 环境合作的成效分析

（一）促进了湄公河流域国家的可持续发展

作为推动次区域可持续发展的坚定支持者和实践者，中国政府高度重视并积极参与 GMS 环境合作，为湄公河流域国家环境保护与可持续发展做出了积极贡献。

首先，促使 GMS 各国将环境保护的要求融入经济发展规划和引进外来投资的过程之中。流域各国加强了经济竞争力和环境管理效率，将环境考虑融入土地和资源的使用规划、开采、生产和加工（如基础设施建设和采矿业）过程中，减少对次区域自然生态系统的损害，积极应对气候变化对次区域生物多样性、生活和经济竞争力产生的环境风险。同时，加强了湄公河流域国家的环境保护能力建设，为环境部门和相关机构配备合适和充足的人力和技术资源，使它们能够有效地影响重要发展部门，从而支持次区域各国的经济合作项目。根据 GMS 万象行动计划（2008～2012 年）的建议，次区域各国通过加强对环境部门的支持确立并已体现在 CEP – BCI 项目中的"环境保护促进发展"目标，建设消除贫困、生态资源丰富的大湄公河次区域。

其次，为 GMS 各国生物多样性保护走廊计划提供经验支持。次区域各国基本是《生物多样性公约》《气候变化框架公约》《保护臭氧层维也纳公约》《关于持久性有机污染物的斯德哥尔摩公约》等多个重要的国际环境公约的缔约方或签署国。中国在上述环境合作领域，相对于 GMS 其他成员国拥有相对丰富的多边国际环境合作经验。特别是在生物多样性保护领域，中国不仅是《生物多样性公约》《卡塔赫纳生物安全议定书》的缔约方，同时在生物多样性保护、自然保护区建立、退化生态系统恢复重建、环境监测与管理等方面也具有一定的优势。① 中国率先倡议并积极参与 GMS 生物多样性保护走廊计划，有利于充分发挥中国在多边环境履约方面的优势，促进次区域六国"经济走廊"内生物多样性资源的保护与可持续利用。

最后，作为大湄公河次区域合作成员中唯一的大国，中国对 GMS 环境合作的态度和参与力度已成为影响次区域环境合作取得进展和成效的重要变量。由于环境资源具有公共性，最终的利益分配不可能完全取决于投资者的投资比例，因此，可能会出现"搭便车"的投机行为。作为次区域环境合作的倡导者和积极推动者，中国积极参与 GMS 环境合作不仅有利于促进湄公河流域国家的环境保护与可持续发展能力，同时也有利于推动解决次区域内环境合作的"搭便车"问题，加强彼此沟通、交流，消除各国在环境合作中的矛盾与误解，使次区域环境合作进一步深化。

（二）增强了中国相关省区的环境保护能力

中国积极推动核心环境项目生物多样性保护走廊计划及其合作机制化的建设，并以生物多样性保护走廊的规划为工作核心，建立

---

① 李霞：《中国参与的大湄公河次区域环境合作》，《东南亚纵横》2008 年第 6 期。

了国家和地方项目实施机构和区域项目工作机制，通过国家和地方项目实施机构组织的一系列能力建设、宣传推介、走廊规划等活动，各级项目实施机构的生物多样性保护能力和环境管理能力显著提高，参与环境合作的地区在生态建设、能力发展、增强环保意识等方面取得了明显成绩。公众的生物多样性保护意识也得到有效加强，进而促进了当地自然生态保护区和生物多样性保护走廊的建设。[1]

云南从起步阶段就积极参与到 GMS 合作中，成为我国参与该机制的窗口和前沿省份，探索和积累经验，不断成长。2011 年，在环境保护部的支持、指导下，云南省环境保护厅积极参与第三次大湄公河次区域环境部长会议和第十七次环境工作组会议，全面参与 GMS 环境合作云南示范一期项目的实施和二期项目（2012～2016 年）的准备，一期项目包括亚洲开发银行援助的大湄公河次区域生物多样性保护走廊建设云南示范项目（一期）、大湄公河次区域金四角旅游规划战略环评、大湄公河次区域环境绩效评估云南能力建设等项目，通过这些环境项目的实施，地方环保局和科研机构在生物多样性保护、战略环评和环境绩效评估等方面的能力得到了加强，促进了云南省与大湄公河次区域国家的交流与合作。其中西双版纳生物多样性保护走廊建设示范项目探索出了一条生物多样性保护的新途径，有效促进了云南省生物多样性保护工作的创新发展，切实提升了地方政府部门联动和公众参与保护生物多样性的能力，为今后云南省、中国乃至次区域和全球进行生物多样性保护走廊建设提供了可借鉴的经验，为我国参与 GMS 环境合作做出了积极的贡献。[2] 2011 年 4 月，云南成功举办了"大湄公河次区域核

---

[1] 广西新闻网：《大湄公河次区域核心环境项目第二期在广西启动》，2014 年 3 月 13 日，http://news.gxnews.com.cn/staticpages/20140313/newgx5321ae1b-9858666.shtml.
[2] 云南省环境保护厅：《2011 年大湄公河次区域环境合作》，2012 年 11 月 2 日，http://222.221.5.177/dwhz/dmghcqyhz/201211/t20121102_36243.html。

心环境项目生物多样性保护走廊项目一期中方成果推介会"，扩大了中国参与 GMS 环境合作和生物多样性保护走廊建设的积极影响。

广西于 2006 年开始实施大湄公河次区域核心环境项目，经过多年核心环境项目的实施，推动了靖西县邦亮长臂猿省级自然保护区的成立，目前该保护区已晋升为国家级自然保护区。[1] 同时在省级和县级成立了项目管理办公室和由各政府部门组成的项目指导委员会，在项目示范区开展了参与式农村社会经济调查、完成了走廊地区土地利用规划和走廊设计方案、更新了生物多样性调查的数据。该项目还将生物多样性保护与扶贫相结合，投入了 3 万美元村级滚动资金以改善当地居民的生产生活质量。[2] 通过参加生物多样性保护走廊计划项目，项目区社会经济调查、生物多样性调查、走廊地区土地利用评估、生物多样性保护走廊建设等工作取得有效进展，为广西的自然保护事业引进了资金、技术和管理经验，造就了大批的专业和管理人才，有效地促进了广西的生物多样性保护。此外，GMS 核心环境研究项目《广西环境绩效评估报告—2010》在核心环境项目生物多样性保护走廊计划项目的资金和技术支持下已于 2012 年 7 月最终完成。[3] 此次环境绩效评估，有助于广西发现本地区经济活动对环境造成的各种不良影响，描述经济社会发展过程中出现的各种环境问题，识别各级环保机构在环境管理中存在的问题与不足，改善与提高自治区环境状况，促进本地区可持续发展。

---

① 《靖西邦亮长臂猿自然保护区晋升国家级自然保护区》，百色新闻网，http://news.bsyjrb.com/content/2014 - 01/29/content_ 35424. htm。

② 广西壮族自治区环境保护厅：《亚洲开发银行专家到广西考察大湄公河次区域核心环境项目二期筹备情况》，http://www.gxepb.gov.cn/zrst/swaqydyx/201210/t20121017_ 12820. html。

③ 广西壮族自治区环境保护厅：《大湄公河次区域核心环境项目成果——广西环境绩效评估报告（EPA）》，http://www.gxepb.gov.cn/xzfw/wdxz/201207/t20120723_ 11677. html。

四　关于进一步提升中国与 GMS 环境合作的几点思考

（一）进一步强化生物多样性保护走廊计划项目的旗舰项目地位

作为 GMS 核心环境项目中的旗舰项目，中国首先倡议并积极参与的生物多样性保护走廊计划一期项目的顺利完成虽然取得了一系列令人瞩目的进展和成效，但仍未从根本上扭转次区域因经济发展、人口增长、交通条件改变等造成的生态环境破坏问题，已经取得的进展和成果也亟须进一步巩固。在此背景下，进一步强化生物多样性保护走廊计划项目的旗舰项目地位就显得尤为重要。因此，时任国家总理温家宝在第二届、第三届 GMS 六国领导人会议的讲话中都分别强调要深化 GMS 环境合作，"积极实施生物多样性保护走廊计划"，"执行好生物多样性保护走廊项目"。[①] 环境保护部吴晓青副部长在第二届 GMS 六国环境部长会议上代表中国政府的发言中也强调：GMS 环境合作要以 CEP 项目为主导、进一步强化实施生物多样性保护走廊建设旗舰项目。[②]

目前，核心环境项目生物多样性保护走廊计划二期项目已进入实质性实施阶段。云南和广西两省区应就如何加强机构和能力建设，做好跨境生物多样性保护走廊计划和建设，利用村级发展基金改善地区生计，编制好生物多样性景观管理的投资计划等工作内

---

① 云南省环保厅：《大湄公河次区域环境合作》，http：//www.ynepb.gov.cn/dwhz/dmghcqyhz/201211/t20121106_36318.html。

② 广西壮族自治区环境保护科学研究院：《大湄公河次区域核心环境项目二期启动会在南宁召开》，2014 年 3 月 17 日，http：//www.gxhky.org/xwzx/xmdt/201403/t20140318_18346.html。

容，制定出切实可行的工作计划，以保障项目的顺利实施，促进本地区的经济社会与生态环境的和谐发展。[①]

　　作为湄公河流域环境合作的参与方和积极推动者，中国今后在积极参与 GMS 环境合作的过程中，应进一步全面参与核心环境项目，积极推动实施生物多样性保护走廊计划，强化其作为次区域环境合作的旗舰项目地位。在此基础上，积极促进次区域各国在流域扶贫与环境改善、生态系统恢复与生物多样性保护、国际环境公约履约等方面加强合作，提高自身各级环境管理机构环境保护的能力建设水平。

（二）进一步重视加强同环境 NGO 的合作与协调

　　近年来，环境 NGO 在 GMS 的影响力不断上升，规模不断扩大。一方面，环境 NGO 的参与和实践促进了政府间的环保合作，提高了企业的环保自觉性和民众的环保意识，有利于推动 GMS 的经济、社会和环境协调发展。另一方面，环境 NGO 在 GMS 的活跃也给中国参与该地区经济合作带来了前所未有的环保压力。中国只有充分认识 GMS 环境 NGO 的双重影响，进一步重视加强同环境 NGO 的合作与协调，才能与 GMS 国家在环境领域迈上合作共赢的新台阶。

　　在与国际环境 NGO 合作与协调方面，早在 1997 年第三次环境工作组会议上，亚洲开发银行行长特别顾问、会议主席洛哈尼博士就强调了与环境 NGO 进行对话的重要性，并鼓励世界自然保护联盟（IUCN）、大自然保护协会（TNC）、世界自然基金会（WWF）、加拿大国际发展研究中心（IDRC）、国际鹤类基金会、湿地国际等

[①]　广西壮族自治区环境保护科学研究院：《大湄公河次区域核心环境项目二期启动会在南宁召开》，2014 年 3 月 17 日，http：//www.gxhky.org/xwzx/xmdt/201403/t20140318_18346.html。

参会的环境 NGO 代表们执行他们的各项使命并开展活动，尽可能多地关注大湄公河次区域。各与会环境 NGO 也对 GMS 环境战略表现出浓厚的兴趣，纷纷表示愿意与 GMS 环境项目合作，并提供帮助。① 当前，参与到湄公河流域生物多样性保护的国际环境 NGO 主要有四个，分别是世界自然保护联盟、世界自然基金会、国际野生生物保护学会（WCS）、全球环境研究所（GEI）。这些环境 NGO 不仅积极地参与 GMS 环境合作机制下各国政府主导的生物多样性保护走廊计划，而且在次区域各国国家公园和自然保护区等试点区域的跨界项目研究上也投入了大量的人力、物力、财力，为湄公河流域生物多样性保护工作做出了积极贡献。② 例如，世界自然基金会通过与 GMS 相关研究机构开展项目合作，在湄公河流域新物种的发现等工作中起到了令人瞩目的积极作用。③ 针对国际环境 NGO 在 GMS 环境治理中的积极作用，中国可以通过网络信息技术协调彼此活动。同时，通过共同设置一些环境培训项目或举行研讨会等形式，与国际环境 NGO 分享在 GMS 环境合作以及治理过程中的知识、经验、信息。针对近年来国际环境 NGO 通过制造舆论压力和影响政府决策等方式给中国参与 GMS 经济合作带来前所未有的环保压力这一新的趋势和现象，我国可以通过发布环境监测情况说明、召开环境保护与可持续发展学术研讨会、参与多边机制下环境项目研究立项等方式加强与环境 NGO 的沟通与联系，并适时地与这些环境 NGO 建立制度化的沟通渠道，解惑释疑，为我国政府与企业争取有利的政策与舆论环境。

---

① 环境保护部国际合作司：《中国参与大湄公河次区域环境合作回顾》，中国环境科学出版社，2008。
② 刘昌明、段艳文：《论国际环境非政府组织（NGO）在大湄公河次区域经济合作（GMS）生物多样性保护中的作用》，《东南亚纵横》2011 年第 9 期。
③ 刘瑞、金新：《大湄公河次区域非传统安全治理探析》，《东南亚南亚研究》2013 年第 2 期。

在与中国国内环境 NGO 的合作与协调方面，首先，中国可以利用国内环境 NGO 拥有较高的公信力、非政治性和道德性等特点，积极和国内的环境 NGO 进行合作，借助"NGO 外交"的独特作用，帮助政府与湄公河流域国家进行沟通和交流，澄清误解，树立中国在次区域环境合作中的负责任的国家形象。其次，中国可以利用本土 NGO 在环境保护中"第三极"的角色和作用，对"走出去"参与 GMS 经济合作的中资企业的商业行为进行监督，督促并帮助企业严格履行在湄公河流域投资所在国及其地区的环境保护标准与政策要求。最后，支持中国本土环境 NGO 与 GMS 环境 NGO 加强合作，积极参与 GMS 环境治理。目前，位于北京的一家中国本土环境 NGO 全球环境研究所在这方面已经进行了许多有益的尝试。该环境 NGO 通过帮助社区居民发展社区林业、沼气利用等可持续发展模式，积极参与受到中国水利水电建设股份有限公司与老挝电力公司合资的水电站南俄 5（Nam Ngum 5）项目影响的社区的环境治理工作，避免当地居民因为水坝建设导致家园被淹后出现生计困难。① 同时，该环境 NGO 还凭借自身的专业知识和环保经验，积极为 GMS 各国政府更好地参与环境保护与区域环境合作建言献策。② 中国国家发改委气候司司长苏伟在"应对气候变化——非政府组织在行动"主题边会上致辞时表示，"NGO 的实践是对政府行动的有益补充，中国政府将进一步加强与 NGO 的交流和合作"③。2011 年，中国环境保护部出台《关于培育引导环保社会组织有序发展的指导意见》，《意见》指出近年来环保社会组织在提

---

① 吴敫祺：《"NGO 外交"的中国使命》，2012 年 2 月 29 日，http：//opinion. huanqiu. com/1152/2012 – 02/2482464. html。

② 刘瑞、金新：《大湄公河次区域非传统安全治理探析》，《东南亚南亚研究》2013 年第 2 期。

③ 中国新闻网：《苏伟：中国将为 NGO 参与应对气候变化开拓更多途径》，2013 年 11 月 16 日，http：//www. chinanews. com/gn/2013/11 – 16/5510849. shtml。

升公众环境意识、促进公众环保参与、改善公众环保行为、开展环境维权与法律援助、参与环保政策的制定与实施、监督企业的环境行为、促进环保国际交流与合作等方面发挥了重要作用。①

（三）进一步加强同次区域各国在水资源开发管理上的沟通与合作

当前，湄公河流域各国都制定了规模宏伟的水电设施修建计划，希望以此促进国家经济社会的迅速发展，从而消除贫困、提高本国人民的生活水平。中国在湄公河流域地理位置中占据的主动与优势地位又使得湄公河下游国家对与我国开展包括水资源开发在内的经济合作既充满热情，又心存疑虑。这些国家对中国可能利用自身在湄公河流域中所处的有利位置，对流域的径流水量进行控制从而使湄公河流域国家生态环境遭到破坏并造成下游国家农业和渔业损失这一不利状况表现出深切的担忧和疑惧。2010 年，中国西南地区遭遇百年不遇大旱，湄公河下游国家也出现了不同程度的旱情，流域各国视为生命线的湄公河水位更降至 20 年来的最低点。湄公河下游国家越南、老挝、柬埔寨、泰国的部分社会舆论将此归咎为中国在湄公河上游地区修建大坝工程。中国则认为是极度干燥的气候导致了旱灾。事实上，中国境内的澜沧江出境处的径流量仅占到整个湄公河总径流量的 16%，上游地区修建大坝并不会对湄公河下游的径流量产生决定性的影响。虽然之后这一事态趋于缓和，但这种争端使得湄公河流域国家包括环境领域在内的良性合作受到了干扰和阻碍。一定程度上，也对中国与流域其他国家的政治、经济关系产生了消极影响。水资源的治理问题俨然已成为中国

---

① 《环保部给力环境 NGO　十二五构建社会组织体系》，腾讯财经，2011 年 1 月 10 日，http://finance.qq.com/a/20110111/000101.htm。

与湄公河流域国家间发展友好关系一个绕不开的核心问题与"试金石"。因此，在提升中国与 GMS 环境合作的过程中，中国必须进一步加强在水资源开发管理上同次区域各国的沟通与合作。

首先，中国在参与湄公河水资源开发管理的过程中，应更加关注保护湄公河流域的生态环境、兼顾好河流的上下游利益，将水资源开发与环境保护紧密联系起来，从流域整体的角度共同开发、管理、保护好这一跨境河流。① 针对目前流域各国对水资源开发重点存在结构性差异、合作开发协调难度较大的现状，中国应与湄公河委员会积极开展对话与合作，努力推进湄公河流域水资源开发与治理的制度建设。例如，可以考虑将水资源问题适时纳入 GMS 合作机制，建立以项目为主导的水资源合作模式，使该机制成为湄公河各国参与水资源开发管理的制度化平台。

其次，中国在参与湄公河水资源开发管理的过程中，应积极参与构建流域水资源开发的利益共享机制，转变传统上由国家主导的垂直化的"管制"模式，采取一种涵盖多个利益攸关方共同参与的平行化的水资源"治理"模式。2012 年 11 月，老挝宣布正式开工建设湄公河下游的沙耶武里水电站，这是湄公河干流上的第一座大型水电站。从反对建设水电站，到主张利益分享，地区内相关利益主体在水资源开发管理问题上的态度发生了一些微妙的变化，该项目的启动也标志着湄公河水资源开发进入"后沙耶武里"时代。一些国家和国际组织近年来发布的调研报告，也都开始强调利益分享机制在湄公河水资源开发管理中的重要性。② 湄公河流域一直是中国周边外交的重要方向，作为一个负责任的地区大国，中国应与

---

① 刘稚：《环境政治视角下的大湄公河次区域水资源合作开发》，《广西大学学报（哲学社会科学版）》2013 年第 5 期。
② 郭延军：《湄公河水资源治理的新趋向与中国应对》，《东方早报》2014 年 1 月 17 日，http://www.dfdaily.com/html/51/2014/1/17/1107154.shtml。

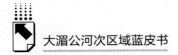

湄公河流域国家一道着眼于构建"后沙耶武里"时代湄公河水资源的利益分享机制，通过参考国际通行的最佳做法，构建湄公河流域相关利益主体共同参与的利益分享机制，积极推动次区域伙伴关系建设，确保对湄公河流域开发管理的过程中利益分享机制具有可持续性。同时，还应积极拓展湄公河流域水资源合作开发的深度与广度，建立畅通的信息共享渠道，及时就有关问题进行沟通协调，坚持以坦诚、务实的态度解决相互间可能出现的争端和分歧，消除疑虑，增进互信。通过对湄公河流域水资源开发与保护进行通盘战略性规划，努力将潜在的负面影响保持在可控范围，避免这一问题影响到中国与湄公河流域相关国家间的睦邻友好关系。

B.4
推进大湄公河次区域人民币
区域化的环境与路径分析

刘思遥 *

摘　要：

在人民币跨境流动的范围不断扩大、规模与日俱增的背景下，推进人民币区域化将成为提升大湄公河次区域合作水平和扩大人民币国际影响力的重要步骤。因此当前应积极促进跨境人民币业务创新，构建区域性人民币结算机制、双向贷款机制和直接投资机制，进一步提升人民币在次区域内的地位与作用，使大湄公河次区域成为推进人民币周边化、区域化的先行示范区。

关键词：

大湄公河次区域　人民币　区域化

一　大湄公河次区域人民币区域化的背景

大湄公河次区域经济合作中人民币区域化的推进是指发展和促进人民币在大湄公河次区域内行使自由兑换、交易、流通、储备等职能。在当前次区域合作条件下，人民币区域化并非指人民币在次

---

* 刘思遥，香港理工大学会计与金融学院，2014届金融硕士研究生。

区域内替代他国货币成为类似欧元的唯一的流通货币，即人民币区域化并不是人民币的货币一体化，而是通过与次区域内货币以及美元和日元的长期合作以及竞争成为区域内的关键货币，在区域内金融、贸易中发挥其关键货币的职能。次区域合作中的关键货币是指在该区域国际收支中使用最多、外汇储备中占比重最大，同时又可以自由兑换、在国际上被普遍接受的货币。

大湄公河次区域经济合作除中国外，还有柬埔寨、越南、老挝、缅甸、泰国五个成员国。从关键货币的三个主要衡量指标来看，目前人民币区域化的发展还处于有待推进的初级阶段。第一，次区域内各国间收支目前主要还是使用美元，但人民币结算量不断提升。第二，各国外汇储备主要以美元为主。截至 2013 年上半年，次区域内国家外汇储备情况分别为：柬埔寨 34.48 亿美元，泰国 1718 亿美元，越南 230 亿美元，缅甸 81.3 亿美元，老挝在 2011 年底时外汇储备为 6.63 亿美元，后持续下降。[①] 五国外汇储备国际收支情况不同，但外汇储备均以美元为主。第三，人民币目前只实现了国际收支经常项目下的可兑换，资本项目上还未实现自由兑换。

虽然人民币目前还未成为大湄公河次区域的关键货币，但由于中国是 GMS 国家主要的对外贸易伙伴，贸易与投资推动下的人民币跨境流动规模与范围不断扩大。大湄公河次区域国家长期外汇短缺，加之 1997 年东南亚金融危机后美元不断贬值，以及此后中国经济总体实力的提升与人民币币值稳健等因素作用下，人民币在越南、老挝、缅甸等 GMS 国家乃至其他周边国家开始被大量使用，甚至在这些国家的民间也形成了一定的存量。有资料显示，当前在越南、泰国、老挝、缅甸、柬埔寨五个 GMS 国家中的人民币存量

---

① 和讯网，http://calendar.hexun.com/，2014 年 5 月 16 日。

有 3000 亿~4000 亿元。① 云南、广西两省区在 2010 年 7 月正式启动跨境贸易人民币结算试点，国务院在 2013 年 11 月对此批复同意，之后中国人民银行等总共 11 个部委一同印发《云南省广西壮族自治区建设沿边金融综合改革试验区总体方案》。这个方案的颁布与执行将有助于加快提升云南与广西的投资贸易的便利化，促进大湄公河次区域合作进程中的人民币区域化进程。

从发展趋势上看，中国目前已和包括泰国在内的 20 个国家签订了货币互换协议，货币互换规模达到 22062 亿元人民币。货币互换一方面可以维护金融稳定，另一方面则为人民币跨境贸易结算提供资金基础，从而促进人民币区域化发展。在国际支付方面，根据环球银行间金融通信系统 2013 年公布的数据，截至 2013 年 6 月，人民币在全球支付货币排行榜上列第 11 位，而在 2012 年人民币作为国际支付货币仅排在第 20 名，上升速度极快。在全球支付市场的占有率方面，人民币占有率两年增加了 3 倍以上，目前达到 0.87% 的历史最高值，虽然与美元和欧元（合计占有率为 73%）等主要货币相比，人民币还有不小的差距，但发展趋势良好。

二 推进次区域人民币区域化的可行性

（一）中国总体经济形势向好，外汇储备充足

货币的区域化是一国经济实力发展到一定程度的结果，同时又将促使经济实力和国际竞争力的进一步提高，一国的经济实力是其货币是否可以成为关键货币的重要影响因素。从各国货币发展历史

---

① 参见胡列曲《大湄公河次区域货币实践》，财经网，http://www.caijing.com.cn，2012 年 1 月 13 日。

来看，美元、英镑、日元、马克等货币成为关键货币时其发行国经济均处于高速发展中并作为当时的经济中心在世界经济格局中占有重要地位。GDP 是衡量一国经济发展的重要指标，从历史数据来看，中国近 20 年来经济高速发展，根据国家统计局数据计算，中国自 1992 年以来名义 GDP 年均增长率为 10.4%。而同期美国名义 GDP 年均增长率为 2.73%，世界平均 GDP 年均增长率则一直处于 2% 左右。从经济走势上看，中国 GDP 仍保持平稳增长，根据中国社会科学院经济研究所宏观经济计量模型的测算，中国 GDP 年均增长率在"十三五"期间大概保持在 6.7% ~ 7.5% 的水平，到"十四五"期间，即 2021 ~ 2025 年则大概维持在 6% ~ 6.9%，虽 GDP 年均增长率有逐渐下降的趋势，但经济总体仍将保持快速平稳的增长，足以为人民币区域化提供稳定的经济基础。

充足的外汇储备是一国货币在国际上保持稳定的基础，从图 1 可以看出我国 20 多年来外汇储备大幅增加，截至 2013 年底我国外汇储备已达 38213.15 亿美元，是世界上外汇储备最多的国家。而充足的外汇储备可以增强国际交易者对我国货币的信心，给人民币区域化提供保障。

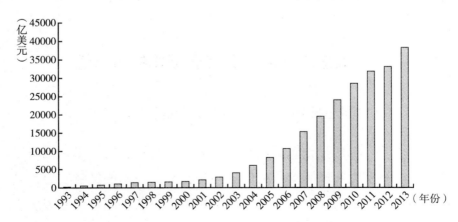

图 1　1993 ~ 2013 年中国历年外汇储备

资料来源：国家外汇管理局 2013 年统计数据。

（二）区域内部环境——中国在次区域经贸合作中占主导地位

次区域内中方市场占主导地位为人民币区域化提供了良好的内部环境。大湄公河次区域经济合作中，我国在与越老缅泰柬五国的双边贸易中均长期处于贸易顺差地位，且随着次区域内贸易的快速发展，次区域内其他五国对中国的进出口额均逐年增加。金融投资方面，随着我国内部金融市场的发展完善，对外投资不断增加，中国投资资本的绝对优势保证了中方在次区域内投资的主导地位。表1为中国与大湄公河次区域内其他五国2012年贸易数据，通过这些数据可以直观地看出我国在大湄公河次区域经济合作中具有主导性的贸易地位。

表1 中国与大湄公河次区域五国2012年贸易数据

单位：亿美元

次区域其他国家	与中国贸易情况				
	双边贸易额	增长率（%）	中方出口	中方进口	中方贸易情况
泰 国	639.6	13.1	372	267.6	顺差
越 南	410	14.9	289	121	顺差
缅 甸	69.7	7.2	56.7	13	顺差
老 挝	5.17	63.1	4.46	0.71	顺差
柬埔寨	29.23	17	27.08	2.15	顺差

资料来源：根据中国商务部相关统计数据整理。

从总体来看，中国在与次区域其他五国的贸易往来中，金融投资方面均占有重要地位。（1）泰国：中国是泰国的第二大贸易伙伴，也是泰国第一大出口市场和第二大进口来源地。（2）越南：越南的煤炭、橡胶、大米等主要商品的第一大出口市场是中国，而中国则是越南建材、机械设备、纺织原料、家电和农资产品的主要来源地。（3）缅甸：中国是缅甸的最大投资国，截至 2012 年，中国对缅甸投资总额达到 141.4 亿美元。（4）老挝：中国为老挝第二大贸易伙伴、第二大进口市场及第四大出口市场。（5）柬埔寨：中国是柬埔寨最大的外资来源国，截至 2012 年底，中国累计对柬协议投资 92 亿美元，占柬埔寨吸引外资总额的 34%。[①]

虽然在 GMS 国家的外汇储备中美元与欧元仍旧占有重要地位，但一般贸易结算采用人民币已成为大势所趋。首先，中国自改革开放以来，金融体系日益完善，资本积累也较为丰裕，且中国与其他五个 GMS 国家在投资、贸易等方面已经有了良好的合作基础，这为推进金融合作提供了良好的合作环境。此外，大多数 GMS 国家经济相对落后，对工业化、现代化、城镇化发展的需求日益加深，需要充足的资金供给以及完善的金融服务，这也为人民币的区域化提供了有利的外在因素。巨大的市场以及不断完善的金融体系为人民币区域化在大湄公河次区域的发展提供了良好的区域内部环境，保证了市场对人民币的需求以及人民币在区域内的高频率使用。

（三）外部环境——人民币地位不断上升

国际货币体系的格局是以国家经济和金融实力为支撑达到相对平衡的。[②] 虽然美元的国际本位和国际储备货币地位由于 1973 年布雷顿森林体系的崩溃遭到削弱，但其在随后的 40 多年里仍发挥着国际储备货币的职能，在国际货币体系中的领导地位也得以延续。美元至今仍是国际上主要贸易结算货币，2013 年占比大约为 60%~70%，而人民币占比不到 5%。但随着美国次贷危机而来的

---

① 高歌：《东盟各国 2012 和 2013 年经贸数据以及与中国的贸易往来》，价值中国，http://www.chinavalue.net/，2013 年 12 月 3 日。

② 范祚军、凌璐阳：《基于后危机时代国际金融竞争格局转换的人民币区域化策略调整》，《东南亚纵横》2010 年第 4 期。

国际金融危机中美元的波动和贬值，人们对于美元的信心逐渐下降。同时，人民币不仅在危机中保持稳定，而且近20年来币值稳定，汇率稳中有升，各国对人民币的信心不断增加。从发展趋势上看，人民币在未来可能同美元、欧元一样，成为新的主要国际储备货币之一，在国际货币体系中发挥越来越重要的作用。

随着大湄公河次区域经济合作和贸易往来的不断发展，次区域各国对人民币的需求不断上升。目前中国已和越南、老挝、缅甸签订了自主选择双边货币结算协议，与泰国签署了货币互换协议，另外中国与越南、老挝的银行还签署了双边结算合作协议。

综上，人民币作为区域大国货币在大湄公河次区域内的地位随着贸易的深化快速上升，作为贸易结算货币和国际储备货币的职能不断增强，为人民币在次区域内的区域化发展提供了有利的内部和外部环境支撑，借力大湄公河次区域合作推进人民币区域化已具备较为成熟的条件。

三　推进大湄公河次区域人民币区域化的战略意义

（一）促进大湄公河次区域经济合作，增强中方影响力

人民币区域化所带来的风险降低对中方企业以及其他五国企业参与大湄公河次区域经济合作的积极性有着正面影响。同时，人民币作为区域性货币在次区域内履行交易、支付、储备等职能可以加强中国与越老缅泰柬五国的经济、贸易、金融联系，增强中国在次区域内的经济金融影响力，保持次区域内的金融稳定，促进次区域合作。

大湄公河次区域经济合作以项目合作为主导，主要在交通、能源、电信、环境、农业、人力资源开发、旅游、贸易便利化与投资

九大重点合作领域开展。开展项目合作均需要投入大量资金，目前仍主要以美元为主，如果以人民币作为投资货币将促进人民币与次区域内五国货币之间的联系与互动，加快各国间金融合作，提高我国金融机构的地位与影响力。而对于五个 GMS 国家而言，人民币的区域化也将在降低资产错配风险、节约外汇储备、降低对外投资与贸易汇率风险等方面带来便利。[①]

（二）降低次区域内贸易汇率风险及第三方货币结算风险

国际贸易和投资面临的汇率风险会抵消一部分贸易投资利润，甚至导致负利润，从而影响各国企业的战略决策，对双边贸易和跨国投资造成负面效应。例如，中方企业在越南的投资以人民币计算的收益为 $Ri_{¥}$：

$$Ri_{¥} = (1 + Ri) * (1 + e_i) - 1 [②]$$

其中 Ri 是中方企业在越南市场投资以越南盾计算的收益率，e_i 是汇率变动。如果在投资期间越南盾相对于人民币贬值，即 e_i 为负，中方企业将遭受汇率变动带来的损失。除此之外，汇率风险会给中方企业的应收账款、应付账款等资产带来不确定的波动，另外汇率波动也会对进出口造成影响，而这些风险和波动都会削弱中方企业参与次区域贸易和投资的积极性。所以如果在大湄公河次区域可以使用人民币作为结算货币，并可以使用人民币进行直接投资，将起到为中方企业规避汇率风险的作用。由于人民币币值稳定，人民币区域化同时可以减少美元波动对次区域的影响，规避第三方货币结算风险，增加其他国家参与次区域经济合作的积极性。

---

① 参见胡列曲《大湄公河次区域货币实践》，财经网，http：//www. caijing. com. cn，2012年1月13日。

② C. S. Eun, B. G. Resnick, and S. Sabherwal：*International Finance：Global Edition*，6th Edition，McGraw - Hill，2012，p. 78.

（三）控制外汇储备，强化人民币的国际地位

截至 2013 年，中国外汇储备已达 38213.15 亿美元，美元资产约占 70%，其中 1.1 万亿美元为中国政府所持有的美国国债。中国外汇储备数额巨大，主要是长期以来的双顺差加上近年来由于预期人民币升值而涌入的大量热钱所导致。但从根本上说，中国从发展之初通过大量廉价出口积累外汇正是由于人民币不能用于偿付外债，为了在全面融入国际体系的过程中防范金融风险，所以不得不持有大量以美元为主的外汇储备。数额巨大的外汇储备已给中国经济金融带来巨大负担，目前仍没有比购买美国国债更好的方法来保值。但大量购买美国国债相当于给美国提供了大量的廉价资金，在一定程度上支持了美国经济的发展、巩固美元的国际地位的同时，削弱了人民币的地位。[①]

人民币的区域化发展可以减弱我国对外汇储备的需求，同时增强人民币的国际地位，人民币在国际支付、交易职能的发展虽然不能解决我国目前巨额外汇储备存量的问题，但是可以控制未来外汇储备的流量。一方面，虽然大湄公河次区域只包括六个国家，但有着十分有利于人民币区域化发展的环境条件，而在大湄公河次区域助推人民币区域化也将为人民币的国际化奠定基础，从而起到控制外汇储备的作用。另一方面，人民币区域化可以促进经济合作与投资，从而增加我国对外投资，减少资本项目逆差。在我国与越老缅泰柬五国的贸易与投资中，虽然资本项目基本是逆差，但经常项目均为顺差，从而促进了国际收支的平衡。

---

① 刘颖、马智伟、张爽：《人民币区域化的现实条件和战略机遇》，《国际经济合作》2009年第 10 期。

（四）推动人民币国际化发展

人民币区域化有助于提高人民币在国际上的地位，为人民币国际化的推行创造良好的环境。中国将拥有领先于其他 GMS 国家的投资优势、贸易优势、制造业优势等，通过市场来使对方受益，同时又得以拓展产业与贸易的国际发展空间。所以，人民币国际化成为国家对外发展的必然选择。此外，人民币区域化也将有助于应对美元竞争性约束的不利影响，成为推动人民币国际化的一种最佳发展路径。

货币的国际化一般都要经过货币区域化的发展阶段，即货币首先成为相关地区贸易和金融交易的计值、结算和流通货币，这是货币国际化的必经阶段，可为货币成为储备货币、实现真正的国际化奠定基础。鉴此，人民币的国际化要循序渐进、稳扎稳打，从区域货币逐渐过渡到国际货币，再由国际货币向世界货币演进。① 因此推动人民币的区域化是推动其国际化的最佳选择路径，而中国－东盟自由贸易区，尤其是大湄公河次区域将会是推动人民币区域化的理想之所。

四　影响人民币区域化的因素

（一）汇率制度

中国目前实行的是以市场供求为基础、参考一揽子货币进行调节、有管理的浮动汇率制度。虽然随着我国汇率制度的不断改革调整，形成了目前比较富有弹性的人民币汇率制度，但人民币仍然不

---

① 参见胡列曲《大湄公河次区域货币实践》，财经网，http://www.caijing.com.cn，2012年1月13日。

是可自由兑换的货币，这就限制了人民币在国际上的流通和使用。人民币的不可自由兑换意味着大湄公河次区域内其他国家的居民不能自由兑换手中的人民币，这会减少次区域内人民币的使用，从而阻碍人民币区域化。

货币的自由兑换会对一国经济造成冲击，加大外部因素对该国经济的影响，会影响到经济的稳定。一般来说，货币的自由兑换应具备稳定的宏观经济、健全的微观基础、完善的金融体系、有效的金融监管和良好的国际环境等先决条件。[①] 然而，我国目前资本账户未完全开放，金融体系并不完善，金融监管也不健全，整体金融环境比较脆弱，货币自由兑换的条件尚未成熟。

从长期发展来看，中国目前已具备稳定健全的宏观经济和微观基础，资本账户也逐渐开放，随着金融体系和监管体系的完善，人民币最终会成为可自由兑换的货币。

（二）回流机制与监管

一方面，随着次区域内贸易的发展，以人民币作为结算货币的情况越来越普遍，人民币在次区域内逐渐流通，由于人民币币值稳定且有上升趋势，人民币在次区域内的存量不断增加。另一方面，人民币境外流通没有相对应的管理体系，也没有健全的投资渠道，完善的回流机制的缺乏加大了持有境外人民币的风险，同时增大了央行管理调控的难度，不利于人民币的区域化。香港离岸人民币市场的建立以及人民币债券的发行给人民币在境外的流通和回流提供了渠道，有利于人民币的区域化，但目前债券发行规模很小，香港离岸市场对于大湄公河次区域内的人民币区域化起到的支持作用也不大。

---

① 侯高岚主编《国际金融》，清华大学出版社，2005，第162页。

不过根据央行公布的数据来看，2010年跨境贸易人民币结算收付比为1∶5.5，2011年收付比降到1∶1.7，到2012年已达到1∶1.2。随着对外贸易的深化，境外人民币稀缺程度下降，人民币流出与流入不平衡的情况已得到有效改善。但我国目前经常账户已经开放，经常账户下的人民币结算是自由程度很高的市场行为，货物贸易和服务贸易所带来的回流可能会带来套利机会，造成热钱涌入投机，破坏市场稳定，所以完善的回流机制以及监管体系是人民币区域化健康发展的必要条件。

五　促进大湄公河次区域人民币区域化的路径与策略

（一）积极推动跨境人民币业务创新

云南和广西于2010年获国务院批准开设跨境贸易人民币结算试点，意味着位于两省区的经过国家审批的试点企业在进出口贸易中可以选择以人民币结算，从而规避汇率风险。截至2013年10月，云南跨境人民币累计结算金额近1200亿元，广西累计结算金额为1804.89亿元，为促进跨境贸易投资便利化和人民币区域化创造了重要前提。但从云南省实施人民币跨境结算工作的实际情况来看，目前还存在一些有待解决的问题，主要是：跨境人民币结算业务处理的相关规定尚不完善，具体业务操作还不顺畅；人民币跨境结算方式缺乏统一出口；与周边国家金融系统沟通不够，现金跨国调运问题难以解决，部分进出口企业仍未享有人民币结算的优惠政策；等等。另外，跨境人民币业务虽在投资服务等方面也有所进展，但是大多停留在结算功能层面，还有待于在人民币定价（贸易和投资）和储备货币层面拓展。

人民币贸易结算试点设立至今已有 4 年，两省区应总结经验，积极扩大试点的影响力，并在此基础上，强化人民币跨境业务创新。一是支持银行开立境外机构人民币结算账户，办理跨境人民币国际结算业务；将跨境人民币业务创新扩大到投资和信贷领域，加快人民币实现资本项目下可自由兑换。二是通过完善制度和调控，建立有效促成人民币区域化的推进机制。加快推进多边贸易结算合作，推动中、柬、老、缅、泰、越六国签订《货币流通和清算协议》，建立中国与次区域国家间以人民币为中心的跨境资金支付结算体系，推动构建区域性人民币结算机制、双向贷款机制和直接投资机制，进一步提升人民币在次区域内的地位与作用。三是逐步推进次区域内经济体签订货币互换协议，并积极推动金融机构互设分支机构，构建区域性人民币结算机制，以建立健全通畅的人民币回流机制。四是拓展人民币跨境直接投资、人民币债券、人民币跨境金融产品创新等服务项目，为各国的经贸合作提供全方位的金融支持与金融服务，使大湄公河次区域成为推动人民币周边化、区域化的先行示范区。

（二）加快人民币境外直接投资的发展

大湄公河次区域人民币区域化实践仍处于非全面的边境贸易中的简单计价和结算的初级阶段，这使得企业的跨国投资积极性受到很大束缚。在大湄公河次区域内使用人民币进行境外直接投资可以提高人民币在次区域内的认同度，扩大人民币结算使用，同时降低投资个人或企业所面临的汇率风险和交易成本，减小投资成本和收益的波动，从而促进次区域内直接投资，推动人民币区域化的发展，为次区域经济稳定提供保障，联动次区域经济整体发展。

2011 年 1 月，中国人民银行发布了《境外直接投资人民币结算试点管理办法》，规定位于跨境贸易人民币结算试点地区的银行和企业可开展境外直接投资人民币结算业务。2013 年底，云南省出台了

《关于建设沿边金融综合改革试验区的实施意见》，提出大力促进贸易投资便利化，争取实施推动个人境外直接投资试点。尽快落实以上《管理办法》和《意见》，提供便利快捷的人民币境外直接投资渠道，将对人民币在大湄公河次区域的区域化具有积极的促进作用。

（三）拓展便利的外商直接投资渠道

境外人民币在境内的直接投资与境内人民币在境外的直接投资相对应，既给境外的人民币提供了有投资收益的回流渠道，保证了境外人民币持有者的利益，也提高了人民币的使用率，是人民币区域化的关键环节之一。人民币要成为大湄公河次区域的关键货币取决于次区域的市场选择，而币值稳定、为货币持有者提供可获利渠道是市场选择的重要因素。目前，广西已开展了包括外商直接投资、境外项目贷款等资本项下跨境人民币结算业务。在此基础上，如能在云南和广西设立外商直接投资人民币结算试点，提供快速投资的便利通道，合并审批流程和手续，同时进行严格监管，就可以促进次区域内的相互投资，提高人民币的使用率，发挥人民币作为次区域货币的投资、储备职能，推进人民币的区域化。

（四）设立人民币自由兑换试点

人民币自由兑换可以促进人民币区域化，但目前中国还不具备人民币自由兑换的条件。在目前金融体系不成熟的条件下，如在全国范围内突然放开人民币自由兑换会对我国经济造成冲击，破坏经济稳定。

但在大湄公河次区域内，特别是与我国云南、广西相邻的国家，它们对人民币的认同已达到较高程度，人民币流通也比较普遍。[1] 如

---

① 范祚军、黄立群：《"10+3"框架下的人民币区域化推进策略》，《东南亚纵横》2011年第9期。

果在两地边境设立人民币自由兑换试点，通过银行提供相邻国家货币与人民币的自由兑换，同时进行严格监管、控制投机行为，在促进人民币区域化的同时也可以为未来更大范围内的人民币自由兑换做一些铺垫和试验并积累经验，保证我国经济的平稳运行。

（五）开放次区域内外国金融机构参与同业拆借

金融机构间同业拆借的目的在于调剂头寸和临时性资金余缺。随着大湄公河次区域经济合作的深入，区域内各国银行已逐渐开始办理人民币业务。例如，越南国家银行已开展人民币存储业务，老挝银行已和中方签署双边结算协议。人民币业务的开展会给各国金融机构带来头寸余缺，不能参与同业拆借使得境外银行无法平衡人民币的供求，同时也会降低人民币业务在金融机构中的运营效率，不利于人民币区域化。

2010 年，中国人民银行发布了《中国人民银行关于境外人民币清算行等三类机构运用人民币投资银行间债券市场试点有关事宜的通知》，允许相关境外机构进入银行间债券市场投资试点。2012年中国人民银行年报数据显示，中国人民银行已批准境外中央银行（或货币当局）、人民币业务清算行、境外参加行、境外保险机构、国际金融机构、主权财富基金和人民币合格境外机构投资者（RQFII）试点机构等机构投资银行间债券市场。截至 2012 年末，共有 26 家试点机构累计获批投资额度为 670 亿元。[1] 目前次区域内尚无机构获批进入试点，允许次区域内有资质的银行等金融机构参与人民币同业拆借，进入银行间债券市场投资可以提高境外金融机构办理人民币业务的积极性，提高人民币外汇的使用效率，促进人民币区域化发展。

---

① 《2012 年中国人民银行年报》，2013，第 43 页。

B.5
密松事件后缅甸对中国在缅
投资舆情分析*

金 珍 卢光盛**

摘 要:

缅甸新政府推行政治经济改革以来,中国在缅投资的
经济合作项目不断遭到缅甸民众的质疑和媒体的攻
击。关于缅甸各界反对中国投资的理由,除了对环保
和民生问题的担忧,其背后的政治因素也同样不能忽
视。由此,分析中国在缅投资的舆情,了解中国在缅
投资项目频遭攻击的原因,把握其对中缅经贸关系造
成的影响,对于维护中国在缅经济利益、巩固中缅经
贸合作有着积极作用。

关键词:

中国对缅投资 社会舆情 密松事件

在当代社会,公共舆论和大众对国家对外政策的影响已经越来
越大,公众日益成为国家外交中的重要角色。近年来,中国对缅甸
投资在缅甸遭遇了舆情危机,特别是缅甸新政府执政半年后,即以

  * 本文是 2013 年国家社科基金项目"缅甸政治经济对中国在缅投资的影响与对策研究"
    (编号:13BGJ007)的阶段性成果。
 ** 金珍,云南师范大学社会发展学院讲师;卢光盛,云南大学西南周边国家社会研究中心
    副主任,云南大学东南亚研究所所长,教授、博导。

"顺应民意"为由搁置了中国在缅的大型水电项目——密松电站,该事件对中国在缅投资及中缅关系都产生了非常负面的影响。当前,缅甸仍处于急剧变革时期,舆情民意成为社会状态的指示器和晴雨表。深刻理解缅甸民众对中国在缅投资的好恶与取舍,准确把握中国在缅投资项目的舆情态势,对于巩固和发展中缅关系、推进中缅经贸合作有着重要的意义。

一 缅甸社会各界对中国在缅投资的舆情

(一)缅甸政界对中国在缅投资的舆情

吴登盛政府执政以来,缅甸政界对中国及中国在缅投资的舆情趋于多元化。一方面,缅甸高层认识到中国能为缅甸的发展提供资金、技术和发展经验,需要搞好与中国的关系。缅甸不少高层官员多次公开表示欢迎中国到缅甸投资。[①] 吴登盛政府还曾多次公开表态支持中缅油气管道项目。

但另一方面,缅甸新领导层认为,在过去20多年中,缅甸军政府过分依赖中国,导致中国在缅影响力过大。为此,缅甸新政府大力发展与美国、日本、印度等国的关系,采取大国平衡外交政策。2011年9月30日,缅甸政府做出了令中国尴尬的决定:单方面叫停伊洛瓦底江上在建的密松电站项目。吴登盛总统也同时强调要与中国政府进行友好协商,不希望此举伤害两国关系和友谊。吴登盛表示:"缅甸政府是民选政府,因此,我们必须注意人民的意愿,我们有义务把重点放在解决人民的担忧和顾虑上。"[②]

---

① 宋清润:《当前缅甸对华认知分析》,《国际研究参考》2013年第6期。
② 《缅甸搁置中缅密松电站项目》,人民网,2011年10月2日,http://nb.people.com.cn/GB/200889/15803638.html。

密松电站被搁置后，中国投资企业一直希望能够尽快重启项目，但遭遇越来越多的困难，还激发了缅甸国内更多的利益纠缠，尤其是一些民间组织坚持渲染"中国掠夺缅甸资源"的舆论。[①] 目前，缅甸政府仍然没有给出密松电站的最终处置方案，只是不断强调中缅两国的友好关系，这也显示出其中的政治微妙。

另外，随着民主化进程的推进，缅甸现已党派众多，并且各党派十分活跃。由昂山素季领导的全国民主联盟（简称民盟）是缅甸最大的反对党。尽管昂山素季曾参与反对密松电站的抗议示威，民盟部分成员也曾参与对莱比塘铜矿的抗议，但是从公开的资料来看，昂山素季本人对中国在缅投资的认知基本正面。特别是 2012 年下半年，缅甸部分人士抗议中缅合资的莱比塘铜矿项目，迫使其停产并接受调查。昂山素季领导的调查委员会经过科学调查和实地走访，于 2013 年 3 月 11 日公布调查报告，认为铜矿项目在做出增加征地补偿、改善环保等改进措施之后可以重启。昂山素季在报告公布后，还亲自到铜矿工地安抚民众，她表示：中缅合资铜矿是签约项目，如果停止将损害缅甸信誉，破坏缅甸与邻国的关系，从而影响缅甸未来的经济发展。越来越多的村民接受昂山素季的解释，接受调查报告的结论和建议。在正面舆情民意的影响下，铜矿地区一些顽固的当地和外来示威者偃旗息鼓。在仰光的多个反项目组织也基本转向，不是保持沉默，就是表态支持。[②]

2013 年 9 月 21 日，昂山素季在结束对新加坡访问后在记者会上称，中国无须为投资额下滑感到担忧，但也呼吁中国企业对缅甸进行更负责任的投资，并更多地了解人民的需求。她还表示，在过去几十年里，缅甸内部存在着相当强烈的对中国企业的不满情绪，

---

① 尹鸿伟：《密松水坝复工之难》，《凤凰周刊》2014 年第 6 期。
② 《昂山素季力挺中资铜矿再出发》，《国际先驱导报》2013 年 3 月 22 日。

因为人们认为这些企业对缅甸投资其实是在帮助军政府维持政权。对中国企业投资缅甸遭遇的问题，昂山素季婉转地表示要更侧重于投资的质量而非数量。[①] 2014 年 2 月，缅甸民盟中央执委会书记吴年温也表示"缅中两国是邻邦，合则两利"。他建议中资企业今后在与缅甸政府签约时要透明，即使遭遇违约，也可以按照合同去办，因为每个国家都有能接受的法律。[②]

不过缅甸也有一些政党有着比较强的民族主义情绪，通过反对军人利益和抨击中国在缅投资项目来扩大影响力，这也加剧了缅甸社会对中国在缅投资的负面舆情。

（二）缅甸民间对中国在缅投资的舆情

中国在缅投资促使不少民众生活条件改善、当地经济社会发展水平提高，获得了不少民众的称赞和感谢。但是，这些收益很难平均体现在缅甸国内，中国在缅甸巨额的投资也并未收到完全的预期效果。与中国投资惠及缅甸百姓并存的，则是中国多年来在缅投资资源板块居多的现实，这也使得不少缅甸人对中国资本有较大的偏见。部分缅甸学者、官员和少数民族上层人士视中国为"新殖民主义国家"，认为中国通过投资来掠夺缅甸的资源，破坏了缅甸的生态环境，加速了传统价值观的瓦解，他们对政府对华政策和中国投资颇为不满。缅甸民间对中国在缅投资项目的负面舆情增长，使得抗议活动频发。

自政治经济转型以来，缅甸本土的 NGO 日益活跃。其中，有些 NGO 接受了国外资金支持，还与西方 NGO 进行密切的合作，借

---

① 《昂山素季呼吁中国更负责任投资缅甸》，BBC 中文网，2013 年 9 月 23 日，http：//www. bbc. co. uk/zhongwen/. . . /130923_ suukyi_ china_ investment. shtml。

② 《访缅甸民盟执委会书记：缅甸发展与中国息息相关》，《环球时报》2014 年 2 月 7 日，http：//news. 163. com/14/0207/08/9KFFGTU000014JB6. html。

重西方媒体的话语优势攻击中国政府、企业，抹黑中国在缅甸的投资，使缅甸部分民众产生了对中国的疑虑、疏离心理。在密松电站事件中，缅甸生物多样性与自然保护协会公开的一份所谓的密松大坝环境影响评估报告，被西方舆论认为是缅甸政府被迫搁置密松大坝的关键因素。① 事实上，缅甸的 NGO 在反坝运动中扮演着重要角色，其影响力可能会随缅甸经济和社会改革的深入而进一步增强。在密松电站停建后，包括中缅油气管道在内的其他重大中缅合作项目也受到攻击。但是，仔细分析这些报告就可以发现，其提供的证据非常具有选择性和诱导性。在缺少来自中国有关方面的澄清、反驳的情况下，这些报告造成了非常恶劣的影响。

在缅甸，一些民间媒体为了提高销量，刻意报道中资企业负面新闻，例如环境污染、资源破坏等。有些媒体往往戴着有色眼镜看中国、夸大歪曲事实，故意引起群众的不满，造成非常不良的影响。② 例如，"缅甸的主要经济企业以及水力发电工程都被中国垄断。这些遭到质疑的工程项目，肯定仅仅是对中国有利，但是对于缅甸，造成环境污染的水力发电大坝工程，以及危害民众的挖矿工程，与其说有利，不如说弊大于利，而只会让中国获益"。"前任政府也在修桥筑路等保障交通顺畅方面做过努力，但是今天回顾一下他们的宗旨，与其说是为了经济发展，不如说是为了他们的战略需要。此时此刻，在对中国关系方面，正处于充满民族性及危机忧虑的时刻，因此，我认为应该将这些项目全部暂停。"③ 类似言论充斥于缅甸的媒体报道中。一些媒体和记者在连基本事实都没有搞

① 王冲：《缅甸非政府组织反坝运动刍议》，《东南亚研究》2012 年第 4 期。
② 《中资在缅甸：不光会投资　还要会公关》，一财网，2013 年 8 月 28 日，http：//www.aseanecon. com/？action-viewnews-itemid – 127198。
③ 《俄罗斯 – 乌克兰克里米亚事件以后轮到缅 – 中伲邦？》，缅甸《十一周刊》2014 年 3 月 16 日。

清楚的情况下，就凭印象以讹传讹，甚至有意挑动当地人对中国及中资企业的不满。《缅甸时报》一名资深编辑就曾表示，现在无论什么人拿一只录音笔就能当记者，拿到"劲爆"的内容就直接刊登，并不会加以求证。此外，一些民主势力开始成为社会政治生活的主角，他们需要"搭台唱戏"，争取国内外支持。①

另外，缅甸的一些"民地武"对中国在缅投资也存在比较负面的看法。作为缅甸最大的地方民族武装，克钦独立军（KIA）一直在同缅甸政府军交战，寻求独立。2009 年，中缅两国签署了《关于合作开发缅甸水电资源的框架协议》，由中国投资在缅甸伊洛瓦底江上游干流流域建设 7 个梯级水电站。其中，中国在伊江投资的其他 6 座水电站因在双方交火区，无法开工建设。唯一位于局势相对稳定地区的密松电站项目，也因克钦邦地方和缅甸中央政府在水电站利益分配上的分歧而变得更为复杂。2011 年 6 月，该邦陷入了内战，缅甸政府军与克钦独立军打破 17 年的停火局面重新发生军事冲突。克钦独立军和民众认为，中国企业来了，改变了生活，中电投只是跟缅甸政府分利益，并没有和克钦独立军"面谈利益分配"，大多数好处都被中资企业和缅甸政府拿走了。克钦中央委员比萨认为："2011 年引发冲突的太平江和密松等中国水电站问题，是因为在克钦的地盘上修电站，根本就没有问过我们的意见，也没有给我们利益的打算。克钦地区的事情很复杂，外国企业不能只依靠缅甸政府做事，而把克钦抛到一边。"②

利益与发言权的不公，使得其他的一些问题被放大。比如中国企业对当地宗教和文化不够重视、污染环境、随中国公司而来的缅

---

① 《民主转型伤及中国投资 缅甸中资铜矿争议真相调查》，《环球时报》，2012 年 11 月 29 日，http：//opinion. huanqiu. com/1152/2012 – 11/3324893＿2. html。

② 《克钦军不满中国在缅北建电站铁路未征求其意见》，国际电力网，2013 年 1 月 17 日 http：//power. in – en. com/html/power – 08410841441701076. html。

甸政府军对少数民族区域的侵占等。目前甚至在今后相当长的时间内,民族矛盾仍是缅甸国内的主要矛盾,单独与缅甸政府在管理争议未获得解决的民族地区签订投资项目,就会陷入民族矛盾的冲突中,甚至造成财产和人员的重大损失。①

二 舆情变化对中国在缅投资的影响

外界一直将密松电站、莱比塘铜矿、中缅油气管道看作"中国在缅三大投资项目",认为其可以被用来检验缅甸新政府与中国的关系变化。这些投资项目恰恰是在缅甸政治经济转型以来遭遇了民意危机。2011 年 9 月,密松电站被叫停。莱比塘铜矿、中缅油气管道也接连受到影响。目前,中缅天然气管道投入运行,莱比塘铜矿部分复工,密松电站却依然前景不明。中国在缅投资的舆情发生变化,对缅甸政府的对华关系决策、中缅经贸关系都造成了负面影响,已经严重损害了中国在缅的经济利益,导致中国投资的风险和成本增加。

(一)中国在缅大型投资项目频频受阻

密松电站事件对中国在缅甸的整体投资产生巨大的负面影响。在缅甸政府叫停密松电站项目之后,伊洛瓦底江上游七座电站的开发建设计划也自然被搁置,中国在这一领域的一系列投资计划都停滞。单方叫停致使多方受损,密松电站项目的搁置对中缅双方均造成重大损失,对缅甸未来发展的潜在负面影响难以估量。首当其冲的是作为投资方的中国电力投资集团。70 亿元人民币前期投资前景难料自不待言,这些资金的财务付息以及人员维护费,一年至少

---

① 尹鸿伟:《密松水坝复工之难》,《凤凰周刊》2014 年 2 月 16 日。

需要 3 亿元人民币。项目被搁置之后无法通过滚动投资来偿付。同时，公司还面临供应商、施工单位等有关合同方巨额的违约索赔。此外，专为电站配套兴建的道路、桥梁均遭到不同程度的破坏，将来如果重启需要进行大面积的维修。① 中方曾多次到缅甸进行协商，希望密松电站在确保安全和满足当地人民需要的情况下适时开工。但是，这种愿望能否实现，目前来看，并不取决于中国企业乃至中国政府的公关，而是要视缅甸政治经济转型的大形势而定。

缅甸的变化也使中国其他的重大投资项目面临着风险，其中最大的焦点是中缅油气管道项目。这个项目未来是否会受到缅甸局势的影响，现在看来仍然存在很大的不确定性。在管道建设的过程中，中石油在缅甸开展了许多公益项目。但是因为无法深入当地民间，中石油在公益项目中仅是出资方，许多征地、安置工作均由缅甸方面人员负责，导致大量学校、医院被建在了远离项目途经地的其他城市，而若开邦等深受项目影响的地区，却未得到多少实惠。② 因此油气管道项目得不到缅甸民众的广泛认可，并屡屡遭遇民间抗议的阻力，导致工期延误及造价超支，原计划投资 25.4 亿美元的工程，投资达到了 50 亿美元。③ 中缅油气管道建成后，仍然面临缅甸国内武装冲突因素的影响，风险依然存在。中石油及相关公司正在制定新计划，将在沿管线两边的村庄，投入资金为村民打井、修建电站等设施，管线工作岗位也将优先考虑沿线村民，促使沿线百姓真正自愿保护、爱护管道，保障管道运营后的长治久安。

---

① 《重启中缅合资密松电站呼声渐起》，新华网，2013 年 9 月 4 日，http://news.xinhuanet.com/world/2013 - 09/04/c_ 125315964_ 3. htm。
② 《专家称中缅油气管道苦果已现：对缅政局变动战略误判》，搜狐财经，2013 年 6 月 17 日，http://business.sohu.com/20130617/n379018000.shtml。
③ 尹鸿伟：《中缅油气管道前景未卜》，《凤凰周刊》2013 年第 25 期。

（二）中国对缅投资骤降

密松事件之后中国对缅甸投资降温，中国国内的大型投资几乎没有再进入缅甸。缅甸方面的报告数据显示，2012/2013财政年度（2012年4月至2013年3月），中国对缅甸投资仅为4.07亿美元，占缅甸外商投资总量的29%。而此前两年，中国对缅投资分别为43.5亿美元和82.7亿美元。在2013/2014财政年度（2013年4月至2014年3月），中国对缅甸投资额继续减少。有媒体统计，2013/2014财年中国在缅甸全年投资额仅在2000万美元上下，锐减至2012/2013财政年度的1/20，与高峰时期的2010/2011财政年度相比，还不到其1%。在投资额排名上，中国4年来首次让出第一名宝座，跌至第十名。[①]

尽管中缅天然气管道已通气，中缅双方重新签署了莱比塘铜矿协议，但这并没有改变中国在缅投资项目被政治化的窘境。未来如果密松电站不能得到妥善处理，如此一个标志性事件，必然会给中国乃至其他国家在缅甸的投资活动留下长期阴影。现在缅甸国内要求对中国企业在军政府时期签署的投资项目重新进行谈判或重新评估的呼声仍然很强烈，中国企业在缅甸最困难的时期尚未过去。

在军政府时期，缅甸是个封闭的市场，西方国家不仅没有对缅投资，而且还对缅甸实施制裁。中国与缅甸有着传统友好关系，在缅投资远比西方国家有优势。但现在西方国家已经解除了对缅大部分制裁，缅甸自身也放开了政策，中国在缅甸外来投资一家独大的情况不再继续。中国对缅投资的成本将会增大，中国需要重新全面评估缅甸的形势和投资环境的改变，同时也需要调整政策、策略、

---

① 《中国对缅甸直接投资骤减　开放转型期缅甸成多方博弈地》，国际在线，2014年4月1日，http://gb.cri.cn/42071/2014/04/01/6071s4486594.htm。

投资模式甚至外交方式。中国对缅甸的投资降温，近期内将难以逆转，更不可能在近年内恢复到此前的高峰水平，今后及未来较长的时期内，中国对缅投资会保持"等"和"看"的态度。

（三）中国在缅企业调整企业行为

面对缅甸当前复杂的局势，舆情发生的变化，中国政府和企业都已注意到了这些新情况，并且积极采取了应对措施。在政府层面，不断派出高级官员赴缅甸进行协调，并邀请缅甸各大政治势力领袖到中国参观访问，了解中国的真实情况。在企业方面，努力强化自身作为负责任企业的形象。加大对企业社会责任的重视和投入，提升透明度，积极与当地媒体沟通，改变以前"只做不说、多做少说"的情况，进一步消除误解，此前"一边倒被抹黑"的尴尬境地有所改善。

目前，在缅甸的中资项目都尽量采购缅甸的物资，并对当地工人进行培训，使当地民众受益匪浅。中石油东南亚管道公司驻仰光办事处、中缅友好协会等一起成立了金洋公司，在缅开展社会公益事业，同时为中企做公关工作。2013 年 7 月 6 日，中国驻缅使领馆、企业协会以及包括中电投云南国际电力投资有限公司在内的多家中国企业在仰光举行了在缅中国企业媒体见面会，共同发布了《驻缅甸中资企业倡议书》，旨在倡导企业积极履行社会责任、诚信经营、保持项目透明、接受公众监督。[①]

承建密松电站的中国电力投资集团公司，为了争取改变缅方对密松电站的看法，已经开展了广泛的公关，包括增加与当地媒体的沟通，在当地社区做宣传等；在中缅石油管道施工过程中，中方除规范水保监理、环境监理等重要环节外，还在就业、基础设施建

---

① 《中国企业在缅积极投身公益》，《昆明日报》2013 年 9 月 17 日。

设、环境保护、慈善等方面投入大量资金和精力；投资莱比塘铜矿项目的中国万宝矿产有限公司于 2012 年在仰光成立了公共关系处。除了在涉及搬迁和征地的 33 个村庄吸纳村民作为公司在社区发展的代表外，还设立信息中心，由专人负责收集民众诉求，解答当地民众关心的问题。万宝矿产有限公司还就铜矿征地对村民们做出补偿，根据缅甸政府报告的建议，万宝矿产有限公司按照每英亩50000 缅元（约合 52 美元）的价格做出补偿；并拿出大笔资金，用于在莱比塘铜矿周边建设新学校、图书馆、翻修公路等。[①]

2013 年 12 月 26 日，中缅合资的伊江上游水电有限公司在缅甸仰光发布第一份企业社会责任报告书。报告书称，伊江水电公司通过不懈努力实现了小其培电站向密支那、其培、移民新村等地 24 小时的供电，还促进了当地就业，直接创造就业岗位 5800个，间接就业岗位 10000 个。报告书还介绍，公司重视环保，在环保方面已经投入了 1000 万美元。在促进社会福祉方面，公司已投资 2500 万美元积极参与移民新村建设，努力改善教育、医疗条件。借报告发布会之机，伊江水电公司表示希望广泛倾听民众声音，接受来自社会各界的监督，更好地在缅甸履行企业的社会责任。[②]

（四）中国在缅投资面临日益激烈的竞争

中资企业在缅受挫的同时，许多国家的政府开始寻求提升与缅甸的关系和发展商业往来。美国、日本、印度、韩国等国家开

---

① 《吴登盛访美：美缅关系走向正常化》，中国国际问题研究所网站，2013 年 5 月 23 日，http://www.ciis.org.cn/chinese/2013 – 05/23/content_ 5974377.htm。
② 《缅甸伊江水电公司发布首份企业社会责任报告》，中国电力企业联合会网站，2014 年 1 月 7日，http://www.cec.org.cn/hangyewenhua/qiyeyushehuizerenbaogao/zhongdiantoujituangongsi/2014 – 01 – 07/115031.html。

始努力寻求与新生的缅甸政权结交，并纷纷借此"进入缅甸"。这一方面是自身利益的驱动使然，另一方面是制衡中国、压缩中国在缅传统地缘战略利益的需要。可以预期，作为对缅甸推动民主化改革的奖赏，西方国家对缅甸示好的场景将会不断重演。除了外交上的解冻和接触加深，西方国家对缅甸的经济制裁也将会逐渐解除，进入缅甸的西方企业和投资将会增多。缅甸在经济发展、资源开发和对外经济合作方面将会有更多的选择。就投资而言，来自其他国家的投资选择，必然会对长期居于主要地位的中国投资形成竞争。

美缅关系的解冻和改善，客观上对中国在缅投资造成了一定的负面影响。这种影响主要体现在两个层面：一是官方层面，缅甸必然会将美国的态度作为一项重要的考量因素，客观上增加了今后中缅合作的难度与成本。二是民间层面，美式民主、美式价值观对缅甸民众的影响逐渐扩大，缅甸一些民众对我国意识形态、政治体制的认同感趋于下降，削弱了中缅合作的文化基础。

缅甸目前的改革也吸引了日本的注意力，日本积极推动发展与缅甸的经济关系，不断扩大其对缅甸的影响。日本不但加大对缅甸的投资，而且通过免除 27 亿美元债务，承诺提供 200 亿美元的国际援助，加大对缅甸基础设施建设的投资。缅甸正在建设的最大经济特区迪洛瓦经济特区就是由缅日共同注资，其中日本控股 49%。日本也比较注重在缅甸树立良好的形象，比如缅甸水电资源丰富，但开发不易，日本对外援助机构帮助缅甸开发以村为基础的小水电站，每个村只要 5 万美元，这种方式反而比捷足先登的中国投资项目更受当地人欢迎。①

---

① 《中缅油气管道，中国昂贵的一课?》，《纽约时报》2013 年 7 月 11 日。

三　中国在缅投资舆情变化的主要原因

缅甸政治经济转型以来，中国在缅投资项目频频遭受舆论攻击，可以说是错综复杂的多方面因素综合作用所导致。随着缅甸民主化进程的加快，社会自由度提高，民众可以表达合理诉求，也可以发泄对政府的不满，过去在军政府统治时期被长期压制的民怨大爆发。在这种背景下，缅甸民众针对中国在缅甸企业和项目的抗议活动不断发生。而西方的一些政治势力借机介入缅甸，最终导致经济事件上升为政治事件。然而，面对复杂的冲突危机，中国相关机构和企业的应对能力仍显薄弱。

（一）缅甸国内多种政治力量的较量

在军政府时期，缅甸非常需要中国在政治、经济和军事上的支持，视中国为"最重要盟友"。但是，缅甸政府一直具有强烈的独立意识，对自身主权遭受的挑战反应敏感。缅甸政府逐步通过民主改革来改善国家形象和国际环境。因此，当民间爆发反对中国项目的抗议和示威时，政府更关心的是如何安抚民众，稳固统治。密松事件的发生，与这一时期缅甸国内的特点密切相关。密松事件非常具有典型性，成为缅甸对外展示新形象的经典案例。缅甸国内各派政治势力一致叫好，尤其是吴登盛总统的政治声誉达到了顶峰，民主派领袖昂山素季也获益不少。①

新政府着力改变缅甸此前几十年处于军政府专制下的政治局面，民主化已经成为一种不可逆转的大趋势。民选政府上台后，讲

---

① 《缅甸民主变革波及中国投资利益》，《南方人物周刊》2011 年 10 月 24 日，http：//www. nfpeople. com/story_ view. php？ id = 2039。

求自由，放开言论，允许民众示威。民众不再畏惧当局，各方都希望利用这个时机表达自己的政治、经济愿望。不少缅甸民众认为，中国与缅甸军政府有着密切关系，因而其对军政府的不满也转嫁到中国头上。2015 年缅甸将迎来大选，各政治势力都开始为大选筹划和布局。由于缅甸民众对军政府最不满意的是腐败问题，所以有些势力会借所谓操作不透明、利益分配问题对中国投资项目进行指责。总体而言，缅甸政治环境已经发生了变化，一些在野的政治力量利用民生诉求，想捞得"政治分"。在这种背景下，中国企业就成为这些政治力量最容易找到的攻击对象。①

缅甸还有一些民族意识强烈、与中央政府存在冲突的少数民族，他们对中国在缅投资的看法非常复杂。一方面，近年来缅甸政府与"民地武"关系持续紧张，少数民族认识到中国在调解双方矛盾和阻止民族冲突方面起到了积极作用。另一方面，中国在克钦邦、掸邦和若开邦等地投资大型项目，意味着这些项目的安全同少数民族地区稳定息息相关。少数民族担心这些大型项目会被缅甸政府利用，以保护项目安全为借口派军队蚕食他们的地盘，剥夺他们相对独立的地位。另外，由于利益分配不平等和对地方传统生活方式造成伤害，一些少数民族地区的投资项目加剧了当地民众对中国的对立情绪。

另外，近年来中国在缅甸投资的负面舆情加剧，也与缅甸部分媒体片面报道有很大关联。2011 年缅甸开放媒体后，私营媒体数量急剧增加。私营媒体普遍对缅甸军政府存有负面印象，对与缅甸军政府保持友好关系的中国也有很大意见。而且缅甸媒体行业水准整体不高，大多数新闻从业人员资历较浅，没有受过专业的新闻培训，一旦出现有关中国人的负面事件，有些媒体一边倒地进行夸大

---

① 《缅甸民主转型伤及中国投资》，《环球时报》2012 年 11 月 29 日。

性报道，一些记者和专栏作家往往宣泄情绪，在媒体上发表反华的文章，煽动反华情绪。同时，缅甸媒体监管的放开使得媒体言论走向自由化，媒体走向市场化要生存就需要有必要的经费支持，而一些国外极端环保组织，利用资金收买缅甸国内的 NGO 和媒体，控制舆论，逐渐影响了缅甸"民意"。

（二）西方组织的炒作与攻击

缅甸新政府打开国门之后，大批西方非政府组织涌入缅甸。如今不仅在仰光和曼德勒等大城市能够看到各种 NGO，在缅北密支那的一些偏僻的乡村，很多西方 NGO 工作人员也开展各种活动。西方 NGO 还积极从组织建设与运作等多个方面支持缅甸本土 NGO 的发展，从而与缅甸本土的很多 NGO 有着密切联系，暗中资助那些挑头抗议中国项目的缅甸极端人员，两者相互支持，大肆攻击和歪曲中国对缅甸的援助以及中资企业在缅甸所履行的企业社会责任，反对中国在缅企业开展正常的投资经营，攻击和损毁中国在缅国际形象，削弱中国在缅甸的影响力。相比之下，缅甸普通民众和精英阶层就很少感觉到中国 NGO 的存在，若论中国 NGO 的影响力就更微乎其微。在一些 NGO 宣传册中，就连中资公司发放给密松电站每户移民的补偿款都成为被攻击的对象。在西方 NGO 布下的舆论密网中，支持中资公司的声音非常微弱。

另外，西方及缅甸的一些团体和反华人士，刻意收集和炒作中国企业的负面报道，忽视中国企业在缅甸的诸多善举，煽动缅甸民众对中国企业的反感情绪。对于中国在缅项目，有些媒体还有许多与实际情况不符的报道，如《纽约时报》在 2013 年 7 月 11 日刊载的《中缅油气管道，中国昂贵的一课?》中写道："为了得到缅甸政府对该项目'顺利实施'的支持，杨洁篪代表中方承诺，中缅油气管道投入使用后，每年会在缅甸下载 200 万吨原油（约合

10%的管输能力）和总输送量20%的天然气，以支持缅甸经济社会发展。中缅油气管道项目上马时的设想是，油气全部供应中国，缅甸仅取得过境费。"① 文章还指责中石油在缅开展社会经济援助项目时采取"上层路线"，把钱交给缅甸中央政府，而管线过境地区的百姓未必能享受到实惠，更不可能赢得民众的支持。

而事实上，早在项目立项之初，缅甸就与包括中国在内的项目六方股东达成协议，缅甸可以每年从管道下载原油和天然气，绝非中方对缅方近期所做的单方面承诺。对于"社会经济援助项目"，援助资金并没有直接交付缅甸政府部门，管道公司全程参与并且主导了社会援助开展全过程。公司还许诺每年将拿出200万美元，继续开展民生项目，促进当地社会发展。对于该文的不实报道，中国驻缅甸大使馆在其官方微博中已进行回应，并逐一澄清。②

缅甸一些民众读到西方媒体类似文章和报道后，不假思索地引用和宣传，产生了非常负面的影响。西方媒体倾向于大肆报道中方在缅甸活动的疏漏，而并不报道中国采取了怎样的措施解决这些问题，或是中国对缅甸经济增长有怎样的贡献。如此反差强烈的报道方式在很大程度上使中国成为缅甸反对党与公民社会的政治批判对象。③ 西方国家通过这些NGO和媒体打前站，在民间制造舆论，然后企业家再跟政府高官名正言顺地来到缅甸，增加对缅的投资和援助，进一步挤压我国在缅的利益空间。④

深陷金融危机的西方国家为了破坏中国发展与东南亚国家关系

① 《中国驻缅大使馆澄清外媒"中缅油气管道"不实报道》，人民网，2013年7月17日，http：//society. people. com. cn/n/2013/0717/c229589 - 22227919. html。

② 《中国驻缅大使馆澄清外媒"中缅油气管道"不实报道》，人民网，2013年7月17日，http：//society. people. com. cn/n/2013/0717/c229589 - 22227919. html。

③ 《中国投资缅甸改革很关键》，全球智库，2014年1月25日，http：//www. carnegietsinghua. org/2014/01/25/。

④ 《警惕西方离间中缅关系》，瞭望国际，2013年1月28日，http：//www. lwgcw. com/ NewsShow. aspx？ newsId = 30396。

的经济优势，散布中国投资破坏当地生态环境、不利于民族工业发展等言论，使得部分缅甸民众要求项目不能对资源和环境有任何破坏，要求项目产生的绝大部分利益要给老百姓，而不考虑项目能否促进缅甸整体经济的增长，也不顾及外商能否获利。[①] 况且，西方国家这些年在缅甸没有大项目投资，西方在缅甸的投资项目无法与中国同类项目进行比较，西方宣扬的一些极端理念往往能够被缅甸各阶层接受。

（三）中国企业运作与政府管理方面存在不足

1. 在缅项目多数在军政府时期签订

中国在缅的许多大型投资项目，恰恰签订于缅甸新政府上台三年前。根据联合国全球契约等机构的相关指南，缅甸属于高冲突国家。高冲突国家的基本特点包括利益格局异常复杂、利益争夺异常激烈、法律不健全等。既有法律框架和现行政策没有很好地体现冲突各方的重大诉求，占人口大多数的弱势群体的利益诉求没有得到体现。在强权之下，正常的社会沟通与冲突表达渠道多受到遏制，这使得冲突风险在投资准入阶段、企业运营初期，都具有很强的隐蔽性。[②] 缅甸军政府交权后，中国企业在缅的风险日益突出。早已不满军政府的民众，更将中国投资视为军政府的利益同盟者加以敌视，中国投资的油气管道、铜矿、大坝等项目因此不断遭到缅甸当地 NGO 和民众的抗议抵制。[③]

2. 在缅甸投资结构存在不平衡性

中国对缅投资大多集中在水电、矿产、木材等资源开发行业。

---

① 李晨阳：《2010 年大选之后的中缅关系：挑战与前景》，《和平与发展》2012 年第 2 期。
② 蒋姮：《中国在缅甸的投资风险评估——中缅蒙育瓦铜矿调研报告》，《中国经济报告》2013 年第 6 期。
③ 《中缅油气管道，中国昂贵的一课？》，《纽约时报》2013 年 7 月 11 日。

在发展中国家聚焦的区域结构与资源聚焦的行业结构的双重影响之下，中国在缅项目更可能遭受"资源诅咒"（Resources Curse）[①] 效应的影响。缅甸政治经济转型下，原本深埋的冲突风险合法地被一一激活释放。中国企业在缅甸这个高冲突国家，投资本身就冲突最高的资源行业，面临着巨大的冲突风险。[②]

3. 部分在缅企业及人员的行为方式不当

中资企业和中国人在缅甸一些行业和地区的过度扎堆，给缅甸民众的心理带来了压力。投资项目经常是在一堆中资企业中展开竞标，竞争激烈，令缅方感到无所适从。有些中国企业在缅甸的活动确实存在不负责任甚至是违法行为，如忽视民众诉求、贿赂官员等情况。在缅甸的部分企业和从业员工对当地的价值观念和风俗习惯了解不够，尊重不够，与当地社会的融合程度还较低。

4. 投资经营活动中忽视 NGO 层面的工作

中国企业在海外投资经营时，更多是与所在国政府、企业和社区社团高层打交道，对所在国的社会舆论与公共关系关注不多，对积极利用 NGO 来促进经营也重视不够。密松事件发生之后，中国企业开始更多地关注投资项目的社会舆情、危机处理和企业社会责任实践等方面问题，更多注重与缅甸社会各界的接触和交往，取得了一定的成效。不过，目前中方在开展沟通交流活动时，多选择一些对我方友好或至少是"公正"的 NGO 来交往，而排斥、拒绝另外一些不那么友好的组织参加。事实上，如果我方一味回避、抵触自己不喜欢的声音，仍将无助于问题的解决。

---

① 在很多资源丰富的发展中国家，来自石油、天然气和采矿业的金钱往往与贫困、冲突和腐败相连。油气或矿产等自然资源丰富的国家经济增长相对缓慢，冲突与腐败现象更为多见，发展相对滞后，这一现象通常被称为"资源诅咒"（Resources Curse）。

② 蒋姮：《中国在缅甸的投资风险评估——中缅蒙育瓦铜矿调研报告》，《中国经济报告》2013 年第 6 期。

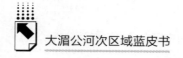
5. 对外宣传工作存在缺失

缅甸各界对中国企业存在负面印象，但这没有客观反映中国在缅甸投资的真实情况。一方面，在一些重大事件中，我方在特定的政治和舆论环境下公共外交缺位，对外宣传缺失，给了反对力量煽风点火的机会，而绝大多数不明真相的人受到先入为主负面宣传蛊惑的影响，以致迅速形成对于中资不利的负面舆情民意。另一方面，中国企业在缅甸也做了不少惠民的善事，如为当地民众提供就业机会，帮助当地修建桥梁、学校、医院，改善当地饮水条件等。但是，很多中国企业做了好事不留名，惠民举措不为人知，没有在当地民间树立起良好形象。

四　未来发展趋势

未来缅甸是否会大规模引进中方投资，必然会有一个艰难的博弈过程。尽管缅甸政府希望经济和社会能够向前发展，但是，不能排除缅甸其他的政治力量拿中国在缅项目来制造事端，以此来达到政治目的。值得关注的是，经过密松事件之后，缅甸政府之外的一些政治势力也逐步意识到，如果缅甸继续在投资上发难，会在国际社会上留下缅甸反感外资的印象，对政府和相关组织都会造成伤害。

缅甸国内的舆论环境还会发生新的变化，会逐渐意识到缅甸的发展还是非常需要中国的帮助，特别是在基础设施建设、改善民生、增加就业等领域。事实上，这样的变化正在发生。2014 年 5 月 16 日，缅甸南部德林达依省劳龙镇的约 1370 名村民联名向总统、能源部部长等政府高官递交请愿函，希望政府支持当地一个年加工能力为 500 万吨的原油炼油厂项目的建设。该炼油厂计划由缅甸经济控股公司、图集团公司和中国广东振戎能源有限公司合作建设，以 BOT 的形式运行 30 年。村民联名请愿的起因在于 2014 年 4 月 29 日，反对炼油厂项目的周围 7 个村庄的少数村民举行了反对游行，并有部分当地媒体刊登了一些不实报道。这引发当地支持项目村民的不满，因此决定以村民签名写请愿函的方式发出客观正面的声音。[①] 当地民众联署支持中方投资项目，在缅甸还是第一次，而且还将这种声音传递到缅甸总统府。

　　总体来看，随着缅甸开放后西方国家政治和经济利益的介入，缅甸的投资环境正在发生巨变。中国必须适应这个邻国发生的变化，要想保持中国投资的利益，关键还是要注意处理好各方面的关系，不仅要处理好与缅甸政府的关系，还需要顾及当地民众的利益，考虑对方的感受，确保做好利润分配。

---

① 《缅民众罕见直接向总统表达意愿　支持中国炼油项目》，环球网，2014 年 6 月 4 日，http：//world. huanqiu. com/exclusive/2014 – 06/5011161. html。

B.6
印度与湄公河五国经济关系的
发展及前景展望

孙倩 李丽*

摘 要：

　　冷战结束以来，随着各国政策的调整，印度与湄公河
五国的经济合作进入上升期，无论是贸易、投资还是
经济合作和援助，规模都不断扩大，成效显著。虽然
印度与湄公河五国经济合作仍存在诸多制约因素，但
基于印度与湄公河五国良好的历史渊源、与各国关系
的不断深化、合作机制的不断完善，加之得天独厚的
地缘因素，印度与湄公河五国经济关系前景广阔。

关键词：

　　印度　湄公河五国　经济关系

　　自古以来印度与湄公河五国（以下简称"GMS 五国"）在历
史、文化、经贸等方面就有密切联系，冷战结束后，各国纷纷调整
经济政策，融入区域经济合作的浪潮，印度视 GMS 五国为其通向
亚太地区的陆路桥梁，从而不断加大与 GMS 五国的经济联系，而
GMS 五国则希望借重南亚大国印度的经济实力发展自身的综合国

---

* 孙倩，云南民族大学法学院，助教；李丽，云南省社会科学院《东南亚南亚研究》编辑
部，助理研究员，云南大学国际关系研究院 2010 级博士生。

力。随着各国经济的发展，印度与 GMS 五国经济往来日益频繁，经济关系愈加紧密，促进了双方全方位关系的提升。

一 印度与 GMS 五国经济关系现状

印度历来重视与 GMS 五国开展经贸合作，但受冷战影响，20世纪 90 年代以前，印度对外经济关系的重心仍是发展与苏联的经贸关系。基于印度和 GMS 五国对国际、区域和国内经济形势的判断，双方经济合作不断深化，特别是 2000 年以后，双方经济合作成效显著。

（一）印度与 GMS 五国的商品贸易现状

在经济改革和东向政策的推动下，20 世纪 90 年代上半期，印度与 GMS 五国贸易额虽少，但增长速度较快。以五国中与印度贸易量较小的柬、老为例，印柬、印老双边贸易额从 1990 年的 1450万卢比、530 万卢比发展到 1995 年的 8810 万卢比、1120 万卢比，年均增长率为 43.46% 和 16.14%。[①] 90 年代末，印度与 GMS 五国经济关系基本保持平稳增长。1996~2000 年，印度向 GMS 五国的出口略大于进口，处于顺差地位。其中，印泰贸易额最大，达25.83 亿美元，占印度与五国总贸易额的 63.80%。[②] 印度与 GMS五国的国别贸易极不平衡。

进入 21 世纪以来，印度与 GMS 五国经济关系快速发展，双方

---

① GMS 五国是指柬埔寨、老挝、越南、缅甸、泰国五国。K. Raja Reddy, India and ASEAN: Foreign Policy Dimensions for the 21st Century, New Century Publications, New Delhi, 2005, pp. 77, 81.

② 根据 Department of Commerce, Ministry of Commerce & Industry, Government of India, 2012年 8 月 14 日数据计算整理得出。

合作机制不断加强，经济合作步入快车道。但总体上看，双边贸易额在各国对外贸易中所占的比重仍然非常有限。在进入 21 世纪的前 11 年里，柬、老、缅、越、泰五国与印度双边贸易额（分别为 4.66 亿美元、1.60 亿美元、100.25 亿美元、178.86 亿美元、377.13 亿美元）仅占各国对外贸易总额（962.68 亿美元、235.98 亿美元、996.06 亿美元、10981.40 亿美元、29976.00 亿美元）的 0.48%、0.68%、10.06%、1.63%、1.26%。从印度工信部网站获取的最新数据显示，2000～2013 年，印度与 GMS 五国双边贸易额为 1027.31 亿美元，仅占印度对全世界进出口贸易总额 53530.72 亿美元的 1.92%。[①]

从商品结构看，2000～2013 年印度与 GMS 五国贸易商品主要仍集中在有限的几种上，贸易结构略显单一。在印度从 GMS 五国的进口中，由于泰国经济发展水平略高于其他四国，印泰贸易特点显著。印度从泰国进口的主要是机电、塑料制品、化工等附加值较高的工业制成品，而从柬、老、缅、越四国主要进口的都是附加值较低的农产品、矿产品等商品，如木材、蔬菜、水果、咖啡、香料等。以印泰贸易和印缅贸易为例，2000～2013 年，印度从泰国进口商品中的"核反应堆、锅炉、机械器具及零件""电机、电气、音像设备及其零附件""塑料及其制品"和"有机化学品"这四大类商品的贸易额占印度从泰国进口总额的一半以上；从缅甸进口的"食用蔬菜、根及块茎"和"木及木制品、木炭"这两类商品贸易额占到从缅甸进口总额的 90% 以上。在印度向 GMS 五国出口的主要商品中，除了向越南出口的主要商品是农产品外，向其他四国出口的主要是附加值较高的药品、机电、贵金

---

① 根据世界贸易组织网站，http://stat.wto.org/StatisticalProgram/WsdbExport.aspx? Language = E 和 Department of Commerce, Ministry of Commerce & Industry, Government of India, 2014 年 5 月 21 日数据计算整理得出。

属、贱金属及制品和化工产品等。印度与 GMS 五国目前的这种商品贸易结构，是由印度与 GMS 五国经济发展水平和产业结构决定的。

从贸易规模扩大程度来看，印度与 GMS 五国贸易呈现较快增长态势。2000~2013 年，印度与 GMS 五国双边贸易额从 13.56 亿美元发展到 145.83 亿美元，贸易规模扩大了 10.75 倍。印度与GMS 五国贸易中规模发展最快的是印越贸易，2013 年度比 2000 年度贸易规模扩大了 25.28 倍之多；印老贸易次之，扩大了 20.33倍；其次分别是印柬、印泰、印缅贸易，规模分别扩大了 10.98倍、7.89 倍、6.32 倍。[①]

从贸易平衡来看，印度与 GMS 五国商品贸易发展总体保持平衡，但国别贸易发展极不平衡。2000~2013 年印度向 GMS 五国出口总额为 501.72 亿美元，进口总额为 525.60 亿美元。印度在双边贸易中处于逆差地位，差额为 23.88 亿美元，占进出口总额的 2.3%，所占比重不大，印度与 GMS 五国总体贸易基本保持平衡。从国别贸易额方面看，印度与 GMS 五国贸易发展极不平衡。在印度与 GMS 五国当中，印度与泰国的双边贸易总额最多，达到 558.55 亿美元，占五国总贸易额的 54.37%；印越双边贸易总额排在第二位，为 316.64 亿美元，占五国总贸易额的30.82%；印度与老挝的双边贸易总额最少，为 4.85 亿美元，仅占五国总贸易额的 0.47%。[②] 另外，印度在与越南和柬埔寨的双边贸易中始终处于顺差地位；在与泰国、缅甸、老挝的双边贸易中处于逆差地位。

---

① 根据 Department of Commerce，Ministry of Commerce & Industry，Government of India，2014年 5 月 21 日数据计算整理得出。

② 根据 Department of Commerce，Ministry of Commerce & Industry，Government of India，2014年 5 月 21 日数据计算整理得出。

（二）印度与 GMS 五国的投资现状

印度对国外的投资自独立前就有，但主要是印度私人在国外投资。据统计，二战前，印度人在缅甸投资 9600 万英镑，占外国人在缅私人总投资的 60%。独立初期到 20 世纪 90 年代，印度对外投资有一定的发展，但规模极小。从 1988 年至 2001 年底，印度对缅甸投资仅 450 万美元，在所有对缅甸投资国家中居第 19 位[①]；1997 年，印度在老挝投资 9 万美元；1999 年，向泰国投资 149 万美元；1996 ～ 1999 年，向越南分别投资 70 万美元、143 万美元、50 万美元、22 万美元。[②] 之所以出现这种局面，主要是由于印度与 GMS 五国都刚刚实行经济改革，经济基础比较薄弱，各国资本不充裕，且受到 1997 年金融危机的影响。东盟秘书处提供的外国直接投资数据显示，印度在 2000 ～ 2005 年向 GMS 五国直接投资也不多。向柬埔寨投资为零，向老、缅、泰、越投资分别为 63 万美元、20 万美元、5 万美元、225 万美元。[③] 随着东向政策的实施，印度加快向 GMS 五国投资，投资领域也逐步放宽。自 1988 年缅甸开发外国投资以来，截至 2010 年 3 月，印度对缅投资达 1.89 亿美元。[④] 2009 年 1 ～ 10 月，印度在泰国申请投资促进项目 14 个，投资金额为 46.2 亿泰铢，项目数减少，但投资额增长了 3 倍（申请促进的大型项目是风力电力和酒店）[⑤]。据越南计划投资部外国投资局公布，截至 2011 年 6 月，印度对越南投资项目共有 55 个，投资额为

① 林锡星：《缅甸的印度人》，《世界民族》2002 年第 2 期。

② ASEAN Secretariat，ASEAN FDI Database，2004.

③ ASEAN Secretariat，ASEAN FDI Database，2006.

④ 中华人民共和国驻缅甸联邦共和国大使馆经济商务参赞处，《缅印双边贸易额及投资将不断提高》，http://mm.mofcom.gov.cn/aarticle/jmxw/201008/20100807066736.html。

⑤ 中华人民共和国商务部：《2009 年 1 ～ 10 月泰国投资促进简况》，http://www.mofcom.gov.cn/aarticle/i/jyjl/j/200911/20091106642445.html。

2. 245 亿美元，居外国对越投资第 28 位。[①] 截至 2013 年 11 月，印在越有 73 个有效投资项目，涉及加工、采矿等领域。大部分印资企业为独资企业。[②]

2000 年之前，GMS 五国由于经济基础较差，除了泰国之外，都没有实力在国外投资。1993 年，泰国在印度的投资额为 30 亿美元，成为该年度印度最大的外来投资国。目前，吸引外国投资是印度对外经济政策的重点之一。印度虽然经过几十年的经济改革，取得了丰硕成果，但其大量道路、机场、港口、电力供应以及城市建设等基础设施仍需要改善。在与东盟各国首脑会晤时，印度曾多次呼吁东南亚国家企业加强对印度基础设施建设领域的投资。GMS 五国特别是泰国、越南、缅甸也积极回应，从 2000 年 4 月至 2012 年 6 月，泰国、缅甸、越南分别向印度直接投资 1.0048 亿美元、0.0896 亿美元和 14 万美元。[③] 柬埔寨、老挝由于自身经济实力有限，对印度直接投资较少。

从投资规模上看，不管是印度对 GMS 五国的直接投资，还是 GMS 五国对印度的投资，双方的投资总额和所占比例都很小，投资来源国的投资地位均不显著。2000 年以来，随着印度和 GMS 五国国内经济的恢复，逐步重视对外经济的发展，相互间经济关系更加密切，各国还先后出台新的投资政策，印度和 GMS 五国间投资额大幅增长。虽然 2008 年金融危机对双方间投资产生一定影响，但从当前来看，双方投资已基本恢复到金融危机前的水平。

从国别上看，印度与 GMS 五国中的泰国、越南、缅甸相互投

① Ministry of Planning and Investment FOREIGN INVESTMENT AGENCY, Vietnam's FDI figures, June 23, 2011, http://fia.mpi.gov.vn/News.aspx?ctl=newsdetail&p=&aID=1093.

② 中华人民共和国商务部：《越南 - 印度加强经贸合作》，http://yzs.mofcom.gov.cn/article/zcfb/201311/20131100398672.shtml。

③ Department of Industrial Policy and Promotion, Ministry of Commerce and Industry, 2012.

资占主体，与老挝、柬埔寨投资发展缓慢。首先，因为印度与泰、越、缅三国有着良好的投资传统；其次，印度与泰、缅开展投资有着天然的地理优势；最后，泰国有着良好的经济基础，而越南是当今世界经济发展较快的国家之一。

从投资领域上看，呈现出以制造业为主，重视能源开发利用，逐渐向高科技和现代服务业转移的格局。从当前看，双方投资集中在金属制品、机械、石油天然气、化学制品等领域。随着印度经济高速发展，印度对能源的需求量持续增加，作为近邻的 GMS 国家自然被纳入印度的视野。据统计，自 1988 年缅甸开发外国投资以来，截至 2010 年 3 月，印度对缅甸投资达 1.89 亿美元，其中 1.37 亿美元集中在石油天然气领域，占到投资总额的 72.5%。据 2011 年统计，印度石油天然气公司对越南的投资占到印度对越南投资总额 1.89 亿美元的 72%。[①] 2003~2011 年，印度通过 BOI 向泰国获批投资情况可以看出，金属制品和机械、化学制品和造纸、矿产和陶瓷是投资额最高的三大行业，吸引投资额占印度对泰国投资总额的 73%（见表 1）。

从投资主体上看，在印度的对外投资中，企业发挥着举足轻重的作用。印度企业加大对外投资力度，对本国经济产生了巨大的带动作用，同时推动了印度对外经济关系的快速发展。在印度企业对外投资中，国营企业投资主要集中在能源领域，私营企业作为对外直接投资的主体，投资领域广泛，在国际舞台上展现出了它们雄厚的实力。印度最大的汽车制造商塔塔集团与缅甸二工部汽车与柴油机公司共建大型卡车厂，预计该厂年产大型卡车 1000 辆，并能扩展至年产 5000 辆；2012 年，印度 Jubilant 公司与缅甸国有石油天然气

---

① 马燕冰：《印越关系发展及对南海问题的影响》，《亚非纵横》2011 年第 6 期。

表1　2003～2011年印度通过BOI向泰国获批投资
领域分布（项目数/投资额）

单位：百万泰铢

领域	项目数/投资额				
	2003	2004	2005	2006	2007
农产品		4/87.5	1/52.2	2/311.7	3/181.0
矿产、陶瓷		1/20.0			3/4622.0
轻工业/纺织	3/1794.2	5/150.7	3/55.0	7/478.7	4/107.9
金属制品、机械		1/62.5		2/522.3	6/2107.0
电子产品	4/28.7	2/26.0	5/116.3	2/9.9	4/22.3
化学制品、造纸	4/1696.4	3/794.0	5/824.3	3/1268.0	2/351.1
服务业		3/474.5	2/58.2	2/80.0	2/7.0
投资额总计	3519.3	1615.2	1106	2670.6	7398.3

领域	项目数/投资额				
	2008	2009	2010	2011	总计
农产品	2/113.3	4/247.9		3/424.0	1417.6
矿产、陶瓷	1/79.0	1/100.0	1/630.0		5451
轻工业/纺织	4/114.0	1/7.7	2/86.0	4/186.1	2980.3
金属制品、机械	5/8031.6	1/7.0	2/62.7		10793.1
电子产品	2/11.1	4/433.0		2/4.5	651.8
化学制品、造纸	4/1148.6	3/488.8	3/809.4	3/476.4	7857
服务业	3/94.0	3/2395.8	5/152.1	3/602.0	3863.6
投资额总计	9591.6	3680.2	1740.2	1693	33014.4

资料来源：International Affairs Bureau，BOI，2012.

公司签署了陆地油气勘探协议。① 从2007年建立战略伙伴关系以来，印越双方积极推进跨国公司投资，印度国有石油天然气公司、塔塔钢铁公司、埃萨全球公司等纷纷投资越南。2007年，印度埃

---

① 中华人民共和国驻缅甸联邦共和国大使馆经济商务参赞处，《缅甸首次向国外开放23个近海油气区块》，http：//mm. mofcom. gov. cn/aarticle/jmxw/201207/20120708248658. html。

萨钢铁集团签订了在越南南部巴地－头顿省的热轧钢项目，该项目协议价值5.27亿美元；同年5月，塔塔钢铁公司与越南钢铁总公司签署计划建设河静（Ha Tinh）钢铁公司并开采石溪（Thach Khe）铁矿的协议，耗资约35亿美元，年生产能力为450万吨。[①]当年，印度凭借这两个项目成为越南第十大投资来源地，同时印度在越南的投资额也排到印度在东盟国家投资额的第一位。此外，印度企业对外直接投资绩效不断提高的特点也颇为引人注意。根据UNCTAD开发的对外直接投资绩效指数来计算，印度投资绩效指数从1999～2000年度的第91位上升到2006～2007年度的第54位，而且从未出现过下滑现象。[②]

（三）印度与GMS五国的经济合作现状

印度在加强与GMS五国经贸往来的同时，也非常重视地区合作机制的构建。印度于1992年成为东盟的"部门对话伙伴"，随后建立东盟－印度联合合作委员会，1996年成为东盟的"全面对话伙伴"。印度还与泰国、越南、缅甸和老挝签订了经贸合作协定。1997年，建立了孟印缅斯泰经济合作组织（BIMST），旨在加强五国在贸易、投资、通信和交通、旅游、能源等领域的开发与合作。1998年2月，印度和东盟举行了首次"高级官员会议"。与此同时，越南、老挝、缅甸、柬埔寨在20世纪90年代先后加入东盟。进入21世纪，印度与GMS五国实现东盟和双边两个层面的经贸往来，为印度与GMS五国经济关系的快速发展奠定了坚实的基础。

① 阮金之、曹云华：《印越战略伙伴关系：发展、动因及影响》，http://iaps.cass.cn/news/125980.html。
② 蓝庆新、张雅凌：《印度对外直接投资的经验及对我国实施"走出去"战略的启示》，《东南亚纵横》2009年第3期。

2000 年以来，印度与 GMS 五国的经济关系稳步发展。印度与 GMS 五国在多个层面和领域拓宽合作平台。在东盟层面上，印度加入《东南亚友好合作条约》，确定了印度与东盟"10＋1"机制，召开了印度－东盟峰会、东盟－印度经济高官会议，签订了《和平、进步与共同繁荣伙伴关系协定》《印度－东盟自由贸易协定》《印度与东盟全面经济合作框架协议》，建立了印度－东盟自由贸易区；在次区域层面上，与 GMS 五国共同成立湄公河－恒河合作组织，深化孟中印缅和孟印缅斯泰两个经济合作组织内成员国的经济往来；在双边关系上，印度先后与泰国和东盟签署了自由贸易协定，印越、印缅自贸协定已于 2010 年 6 月 1 日开始实施。

2000 年以来，随着经济合作的不断深入，印度与 GMS 五国在工程承包合作、劳务输出、旅游项目等领域开展广泛合作。2001 年，印度石油天然气委员会拨款 2.38 亿美元与越南成立合资企业。2012 年，缅甸首次公开邀请外国知名油气公司投资缅甸，参与开发缅甸近海油气资源。缅甸国有石油天然气公司与印度 Jubilant 公司签署了陆地油气勘探协议。① 随着印度经济的快速发展，GMS 五国中也有不少人开始到印度务工，并为母国带来巨大经济利益。根据世界银行 2005 年公布的数据，印度成为缅甸到国外务工人数排名第二位的国家。2007 年，印度成为缅甸从国外汇回本国外汇最多的国家，总计 270 亿美元。② 印度与 GMS 五国的旅游合作仍处于发展初期。2007 年，越印双方将旅游合作纳入两国战略关系议事日程。

---

① 中华人民共和国驻缅甸联邦共和国大使馆经济商务参赞处，《缅甸首次向国外开放 23 个近海油气区块》，http：//mm.mofcom.gov.cn/aarticle/jmxw/201207/20120708248658.html。
② 中华人民共和国驻缅甸联邦共和国大使馆经济商务参赞处，《缅甸 2009 年在外劳务汇回美元达 1.48 亿》，http：//mm.mofcom.gov.cn/aarticle/ddgk/zwjingji/201004/20100406853736.html。

（四）印度对 GMS 五国的援助现状

1947 年印度独立以后，为了扩大在国际社会的政治影响，实行经济"援助外交"政策。但是印度对外援助的地区主要集中在南亚和非洲等地，对东南亚地区的援助主要集中在缅甸和越南两国，对其他国家援助很少。1950 年初，印度向缅甸提供了 100 万英镑的贷款。[①] 为帮助缅甸发展国内经济，印度于 1957 年向缅甸提供了 2 亿卢比的低息发展贷款。[②] 在世纪之交，印度为了改善与缅甸双边之间因军政府上台而冷淡的关系，于 1998 年向缅甸提供 1000 万美元贷款。印度与越南一直保持着良好甚至亲密的外交关系，在 20 世纪 80 年代印度先后多次在农业、轻工业方面给予越南经济和物资援助，并提供相关的技术培训。1994 年，印度决定向越南提供优惠贷款和经济援助。1997 年，为促进越南向印度出口，两国签署了印向越贷款 1000 万美元的协议。

"东向政策"实施以来，印度对 GMS 五国的援助和贷款额不断上升。印度多次援助缅甸铁路、通信等基础设施建设。2001 年 2 月，印度耗资 10 亿卢比在缅甸西北边境地区修建的德穆 - 葛礼瓦公路正式交付缅甸使用。2004 年 7 月，印缅两国正式签署了印度向缅甸贷款 5700 万美元，用于改造从仰光到曼德勒的铁路。[③] 同年 7 月，为了促进双方通信事业的合作、发展，印度决定向缅甸提供 700 万美元贷款用于修建两国直拨电话网。2002 年 11 月，应老挝总理本扬·沃拉吉邀请，印度总理瓦杰帕伊访老期间与老挝政府签订了关于向老挝提供 1000 万美元信贷的协定。印度同样重视对越南的经济发展、信息技术和基础设施建设的援助。2001 年，印

---

① 林锡星：《缅甸的印度人》，《世界民族》2002 年第 2 期。

② 文富德：《印度经济发展：经验与教训》，四川大学出版社，1994，第 264 页。

③ 李晨阳、瞿健文：《试论 1988 年以来印度与缅甸关系的发展》，《南亚研究》2005 年第 2 期。

度同意向越南提供 500 万美元的专项资金援助，用于软件人才培养及软件工业中心的建设等。此后，印度再增加 200 万美元，用于越南信息技术培训及相关设施建设。2004 年 8 月，印度进出口银行与越南财政部签订协议，决定向越南提供 2700 万美元贷款；2008年 1 月，印度签订向越南山罗省南战（Nam Chien）水电项目提供4500 万美元贷款的协议。①

二 印度与 GMS 五国经济关系发展前景

目前，印度与 GMS 五国经济合作已取得较大进展，当前较小的贸易规模和较快的贸易发展速度，预示着未来双方合作的巨大潜力。虽然在双方经济合作的过程中存在诸如贸易保护和竞争、经济基础薄弱和非传统安全等不利因素的影响，但也有众多促进双方经济合作发展的有利因素，如良好的国际国内环境、双方关系的不断深化、合作机制的不断完善、得天独厚的地缘因素等。

（一）印度与 GMS 五国经济合作中的制约因素

1. 印度实施的贸易保护政策阻碍了双边贸易的健康发展

印度与 GMS 五国经济关系特别是贸易关系虽然取得了比较大的进步，但是双方经济关系未来发展的道路也并不平坦。其中一个主要的障碍就是印度的反倾销政策。

印度的反倾销政策于 1985 年出台，虽然反倾销政策出台较晚，但印度在反倾销实践中，已成为世贸组织成立以来全球发起反倾销调查和实施反倾销措施最多的国家。从 1995 年 1 月 1 日到 2011 年

---

① EMBASSY OF INDIA VIET NAM, India – Vietnam two way trade and investment，http：//www. indembassy. com. vn/tabid/72/default. aspx.

12月31日，世贸组织成员发起的反倾销调查共有4010起，其中印度发起的反倾销调查数量最多，达到656起，占总数的16.36%。印度针对GMS五国中的泰国的反倾销调查数量较多，达到38起，排在印度对外国提起反倾销调查最多的中国、韩国、欧盟和中国台湾之后，列第五位。另外对越南发起反倾销4起。同时印度也是实施反倾销措施最多的国家，达到478起，占总数的18.38%。其中针对泰国和越南的反倾销措施分别为26起和4起。[①]印度处理反倾销案件的速度较快，但是反倾销调查和裁决透明度比较低，这样做虽然有利于保护本国企业，但是却剥夺了被诉方的知情权，损害了对方的利益，长此以往，必将影响贸易伙伴的合作热情，阻碍彼此的经济往来。

2. 印度与GMS五国在国际贸易市场上的激烈竞争的影响

印度与GMS五国经济关系在2000年以后虽然取得了巨大进展，印度与各国双边贸易规模也逐渐扩大，但是由于印度与GMS五国（除泰国）都是发展中国家，商品出口结构颇为相似，特别是出口商品中科技附加值较低的产品在国际市场上存在竞争，这在一定程度上也影响了印度与GMS五国经济关系的发展。

因为在GMS五国当中，泰国和越南对外贸易发展较多，所以印度与泰国和越南的竞争较为明显。2011年底印度开始恢复大米出口，在国际稻米市场上展开与世界稻米出口排在第一位和第二位的泰国和越南的激烈竞争，抢占了泰国在世界稻米市场尤其是非洲和孟加拉国的蒸谷米市场，并导致世界市场稻米价格趋向下降。印度、泰国、越南纺织业都比较发达，而且市场定位都主要集中在欧美地区。近年来，由于印度纺织业在原材料供应、成本控制和市场

---

① 数据来源：世界贸易组织网站，http://www.wto.org/english/tratop_e/adp_e/adp_e.htm。

拓展等方面优势的显现，泰国和越南的纺织业压力巨大。在稻米和纺织品市场被印度挤占的同时，泰国和越南两国也不示弱。越南已经取代印度成为世界第一大胡椒生产和销售国，2013 年，越南全国胡椒出口量达到十三万四千吨。① 另外，两国的劳动密集型产品在国际市场上也存在竞争，如 2010 年 7 月印度工商部决定对越南生产的 DVD - R 和 DVD - RW 刻录光碟征收 64.09% 的反倾销税。② 印度与泰国在钢材、橡胶制品等领域互相竞争，在国内开展反倾销。2011 年，泰国的糖产量也达到历史高位，和印度在国际市场上展开激烈竞争。

3. 经济基础薄弱和非传统安全问题影响了双边经济合作的正常发展

印度与 GMS 五国普遍存在经济基础薄弱、基础设施落后、资金短缺、腐败严重等问题，严重影响外国投资者的兴趣和信心。近年来，东南亚、南亚地区恐怖主义活动异常活跃。同时，印缅之间的武器走私和毒品问题也日益泛滥，印度既是金三角毒品的重要市场，也是其制毒配剂的重要来源地。如果恐怖主义同该地区的海盗勾结，极有可能控制东南亚、南亚地区海上通道，甚至染指"金三角"地区，势必将破坏该地区和平稳定的局面，将严重影响双方经济关系的发展。此外，中南半岛是世界艾滋病高发区，形势令人担忧。

虽然印度与 GMS 五国经济关系的发展受到诸多因素的制约，但是从总体上看，印度与 GMS 五国经济关系还有进一步发展的巨大空间。由于印度与 GMS 五国经济发展都很迅速，彼此都想搭上对方经济发展的顺风车，开拓对方的巨大市场。另外，印度意欲借

---

① 《越南继续保持世界第一胡椒出口国地位》，http：//www. caexpo. com/news/info/focus/2014/01/10/3613375. html。

② 《印度对越南产 DVD 刻录光碟征收反倾销税》，《越南共产党电子报》2010 年 7 月 20 日。

发展经济关系扩大在周边国家的影响力，实现其大国理想；GMS五国也想借此机会平衡大国影响，维持地区均势，所以双方非常重视彼此间经济关系的发展，也必将为双方经济关系的发展开辟更广阔的道路。

（二）印度与 GMS 五国经济合作中的有利因素

1. 良好的历史、文化渊源

印度与 GMS 五国自古以来就有密切联系。公元最初几个世纪印度人不仅去东南亚的人数多，商业意识和参政意识也比中国人要强烈，他们充分利用已经开通的商道，频繁交往。[①] 虽然近代以来，英法殖民者对印度、越南、老挝、柬埔寨、缅甸的殖民统治一度中断了印度与五国的正常交往，但是印度和 GMS 五国在争取民族独立、国家复兴的道路上有许多共同之处，在此过程中双方相互支持，为双方关系的发展奠定了良好的历史基础。

印度的宗教文化对 GMS 五国的影响也有着悠久的历史。斯里兰卡佛教史《大史》明确记载，早在公元前 3 世纪佛教已传入中南半岛的缅甸南部或泰国南部沿海地区。[②] 从公元 2 世纪起，佛教和婆罗门教就已经在东南亚沿海一些地方传播，此后逐步扩散，深入到内地一些地区。[③] 从文化的角度来看，印度宗教在 GMS 五国广泛传播，深深地影响了 GMS 五国历史文化，双方在宗教文化上就有了自然的亲近感。因而就不难理解，2000 年 11 月在万象宣布成立的"湄公河－恒河合作计划"起初是泰国、缅甸、柬埔寨、老挝四国商讨开发地区性佛教旅游合作而达成的，为什么越南、印度也纷纷积极加入。

---

① 贺圣达：《东南亚文化发展史》，云南出版集团公司云南人民出版社，2011，第 100 页。
② 贺圣达：《东南亚文化发展史》，云南出版集团公司云南人民出版社，2011，第 105 页。
③ 贺圣达：《东南亚文化发展史》，云南出版集团公司云南人民出版社，2011，第 107 页。

印度文化对 GMS 五国的影响主要还表现在语言、文字方面。梵文是古代印度最重要的文字，早期东南亚各国的文字也都是在梵文婆罗米字母的基础上创建的。① 另外，由于受到西方殖民统治的影响，目前印度与 GMS 五国的常用语言均为英语或法语。英语、法语在印度和 GMS 五国的推广为印度与 GMS 五国的交流提供了便利，对双方经济往来的发展具有深远影响。

除宗教、语言、文字外，印度文化的影响还表现在其他方面，如"阴－阳历、几乎未作任何改动的关于宇宙起源的传说、《罗摩衍那》和各种《往世书》中的伟大的史诗主题、一些艺术创作的体裁、行政机构和司法机构，以及对于社会等级非常强力的意识——种姓制度的最后痕迹"② 等。印度与 GMS 五国良好的历史、文化渊源使印度与 GMS 五国无论是官方还是民间都有着一种天然的历史认同与亲近感，这极有利于双方经济关系的继续发展。

2. 双边关系不断深化

近年来，印度与 GMS 五国双边关系也有新发展。印度出于"东向政策"的需要，而 GMS 五国也出于自身经济发展和大国平衡的需要，双方不断密切各方面的合作，随着双边关系的加深，印度与 GMS 五国的经济关系也必将获得长远的发展。

印度与越南双边关系一直较为良好，在 2007 年印度与越南建立战略伙伴关系以来，印越关系又上了一个新台阶。2008 年 11 月，印越双方签署了《越南商业和工业部与印度商业部谅解备忘录》等文件。此后，在 2009 年、2010 年、2011 年三年时间内，时任越南国家副主席阮氏缘、越南国会主席阮富仲、国家主席张晋创先后带领代表团访问印度。越南对印度的这种密集的高规格的访

---

① 贺圣达：《东南亚文化发展史》，云南出版集团公司云南人民出版社，2011，第 109 页。
② 〔法〕G·赛代斯：《东南亚的印度化国家》，蔡华、杨保筠译，商务印书馆，2008，第 113 页。

问，不仅深化了双边各领域的合作，还将双方战略伙伴关系提升到了一个新的高度。

印度与泰国的经贸合作在五国当中是规模最大的。印度的"东向政策"与泰国的"西进政策"还将继续共同促进两国经济关系的发展。2003 年印度与泰国签署了《印泰建立自由贸易区的框架协定》，取消贸易壁垒，降低进出口关税，逐步开放服务、投资业。这一协定的签署为印泰两国经济关系的进一步深化奠定了基础。在此协议下，2006 年泰印双方实施了 82 项免税商品协议（EHS），2010 年签订了部分商品免税协议。① 目前双方正在协商完善自由贸易协议，让双方的自由贸易能全面实现。

近几年，印度与缅甸双边关系不断升温，高层互访不断。早在2004 年，丹瑞就访问过印度。两年后，当时的印度总统卡拉姆访问缅甸。2008 年，缅甸第二号人物貌埃访问印度。2010 年 7 月 27日，丹瑞大将访问印度，印方予以高规格接待。两国签署一揽子协议，包括两国加强边界安全、遏制印度东北部地区的分裂主义暴乱。印缅如此密切的高层往来，为两国未来经济关系的发展打下坚实的基础。

近年来，印度与老挝双边关系虽然没有印越和印缅关系那么密切，但是较 20 世纪 90 年代，印老关系已经取得较大进展。2002年，印度总理瓦杰帕伊访问老挝。在访老期间，印老两国签署了有关电力、防务、毒品控制以及对外交和公务人员互免签证四项协议。2003 年 6 月 16 日，老挝总理本扬·沃拉吉访问印度，双方同意进一步加强两国在贸易、投资、信息技术、文化和旅游等方面的合作，并签署了一项科技合作协议。2008 年 8 月，老挝国家主席

---

① 《泰国商业部国际贸易谈判厅促进泰印度关系》，http://www.smeyn.gov.cn/Mode001/Info_ Detail.aspx? ID = 69598。

朱马里·赛雅颂应印度总统普拉蒂巴·帕蒂尔邀请对印度进行国事访问，印度给予高规格接待。在此期间，双方为推动两国关系的进一步深化发展提出多方面建议。印度领导人提出将继续在人力资源、公共卫生、文化－社会、经济、贸易和投资等方面给予老挝援助，并鼓励印度企业家到老投资；印度同意对在老挝生产的商品取消进口税，以便商品在印度市场上销售等多项内容。这是老挝国家元首时隔31年后再次到访印度，此次访问意义非同寻常，为未来印老两国关系深入发展奠定了基础。

印度与柬埔寨的关系特别是经济关系在2000年以后才有了实质性的进展。2000年2月，柬埔寨首相洪森首次访问印度。2002年4月和11月，印度总理瓦杰帕伊两次访问柬埔寨，柬印两国签署了有关航空、修复吴哥达波隆寺、外交与公务护照互免签证、贸易合作、贷款和保护文物6项协议。印度承诺在人力资源开发、科技、基础设施建设方面向柬提供帮助。在柬埔寨的提议下，东盟首次邀请印度参加东盟与印度对话会议。2006年5月25～26日，柬埔寨和印度经济、贸易、科学技术合作委员会在金边召开了第一届会议，双方签署了加强经济、贸易、科学技术合作的相关协议。2007年5月17～19日，柬埔寨副首相贺南洪访问印度。7月8～11日，柬埔寨首相洪森访问印度，双方签署了6份合作文件。12月，洪森再次访问印度，双方签署了加强双边合作的7份相关文件。

2000年以来，印度与GMS五国关系不断发展，各个层面的合作不断加深与拓展，未来双方经济关系发展前景广阔。

3. 合作机制不断完善

进入21世纪以来，随着世界经济一体化的发展，印度与GMS五国的合作机制也不断完善。从目前已有的合作机制来看，印度与GMS五国除了在双边层面进行经贸合作之外，还可以在另外三个层面的合作机制中推进双边经济关系，分别是亚洲层面的东亚峰会；东盟层面印度－东盟自由贸易区；次区域层面的大湄公河次区域、孟中印缅、孟印缅斯泰、湄公河－恒河合作组织等。

东亚峰会是东亚地区一个新的合作形式，其目的在于实现东亚共同体、促进东亚各国的共同发展。印度与 GMS 五国都是东亚峰会的参与国，虽然目前峰会只是停留在讨论政治、气候、能源合作等议题上，对各方经济关系的发展促进作用不大，但是我们可以看到这种合作机制的巨大潜力。它在促进印度与 GMS 五国自身经济发展的同时，也为他们之间的合作创造了一个新的平台，扩大了合作空间与潜力，在不久的将来必将极大地促进他们之间经济关系的发展。

21 世纪以来，印度积极推动印度－东盟自由贸易区（IAFTA）的建设。2003 年印度与东盟签署建立自由贸易区的框架协议，历时 6 年的磋商，《印度－东盟货物贸易协议》终于在 2009 年 8 月签署，最终在 2010 年 1 月正式生效。印度与 GMS 五国的经济关系依托这一协议可以有更好的发展，不仅促进双方的货物贸易，长远来看，还会促进双方的服务贸易，更有利于双方的战略利益的实现。

印度与 GMS 五国的合作在次区域层面也取得不错的进展，除了有大湄公河次区域合作组织外，还有孟印缅斯泰、湄公河－恒河、孟中印缅等合作组织，其中较为重要的是前两者。1997 年，横跨孟加拉国、印度、斯里兰卡、缅甸、泰国、尼泊尔和不丹 7 个国家的孟印缅斯泰经济合作组织成立。该组织成员国涉及南亚及东南亚两个地区，被认为是沟通东盟和南盟的桥梁。2004 年 7 月，组织成员国在曼谷举行了首次首脑峰会，发表了《曼谷宣言》，签署了建立孟印缅斯泰经济合作组织自由贸易的框架协议。[1] 2005 年

---

① 《泰国商业部国际贸易谈判厅促进泰印度关系》，http://www.smeyn.gov.cn/Mode001/Info_ Detail. aspx? ID = 69598。

底在孟加拉国首都达卡举行的外长会议确定了 2006 年 7 月 1 日正式实施自由贸易协定。2010 年，成员国又签订建立地区能源中心的合作备忘录。该组织虽然起步晚，但是发展势头活跃，为促进印度与 GMS 五国中的缅甸、泰国的经济关系发展注入了活力。

湄公河 – 恒河合作组织成立于 2000 年 11 月，成员国有印度、柬埔寨、老挝、越南、泰国和缅甸。2001 年 7 月，六国通过了《湄公河 – 恒河合作河内行动计划》，以进一步推动湄公河和恒河流域国家间的友好合作，并把合作的领域确定为旅游、文化、教育和交通运输 4 个领域。[①] 2002 年，湄公河 – 恒河合作第三次部长会议在缅甸召开，进一步完善了合作机制。[②] 目前，湄公河 – 恒河合作组织正为东盟和南盟的进一步深化合作及湄公河流域走上更加稳定与富裕的发展道路做出积极贡献。2014 年 5 月 10 日至 11 日，在缅甸首都内比都召开第 24 届东盟领导人会议，将如何进一步推进覆盖亚洲 16 国的"区域全面经济伙伴关系"（RCEP）谈判进程作为重要议题。[③] 2012 年开始的 RCEP 谈判，涉及东盟十国及中国、日本、韩国、印度、澳大利亚和新西兰等国家，一旦各国最终达成协定并实施，将极大地促进该地区经济的发展，同时也将有力地推动印度与 GMS 五国的经济合作。

4. 得天独厚的地缘因素

印度与 GMS 五国经济关系的发展具有地缘优势。印度与位于中南半岛上的 GMS 五国是近邻，位于中南半岛的西北部，陆上与缅甸毗邻，海上与泰国接近。这样的地缘优势使印度与 GMS 五国

---

① http：//www. people. com. cn/GB/guoji/22/82/20010730/523067. html.

② 陈继东：《近年来中国、印度与东盟的经贸往来态势》，《南亚研究季刊》2010 年第 1 期。

③ 《"区域全面经济伙伴关系"谈判将提速》，http：//www. mofcom. gov. cn/article/i/jyjl/j/ 201405/20140500583108. shtml.

有一种地缘亲近感，并且为印度与 GMS 五国发展经济关系提供了便利的陆路与水路交通条件。印度正在积极推动修建一条连接印度、泰国和缅甸的"泛亚高速公路"。这条高速公路经过缅甸深水港土瓦，可使印度出口到东盟的货物先经陆路运输，再装船运送到泰国、新加坡和越南，从而减少运费，提升印度商品的竞争力。[①]另外，印度所在的南亚次大陆，是 GMS 五国沟通欧洲、非洲、中东等地的交通要道；而与之毗邻的 GMS 五国则是印度进一步发展与东盟关系的跳板，双方得天独厚的地缘因素对促进相互经济关系的发展十分重要。

综上所述，印度与 GMS 五国经济合作规模不大，并且存在着诸如贸易保护、部分 GMS 国家政局不稳等方面的制约因素，但是从长远来看，印度与 GMS 五国的经济关系发展在良好历史文化渊源、地缘优势及双方高层对彼此间经济合作高度重视的背景下，必将取得进一步的发展。

---

① 李益波：《印缅关系：从疏远到合作》，《东南亚研究》2006 年第 1 期。

B.7
澳大利亚与湄公河五国关系的发展及其影响

毕世鸿　王韶宇*

摘　要：

冷战结束后，澳大利亚对湄公河流域国家的政策经历了一个演变过程，核心是扩大其在该地区的影响，树立国际声望。这一政策在推动澳与柬埔寨、老挝、缅甸、泰国和越南关系更趋紧密协调的同时，也给相关国家的发展提供了助益，并对中国参与次区域合作产生了一定的影响。

关键词：

澳大利亚　湄公河地区　次区域合作

澳大利亚的地理位置和文化传统注定了澳大利亚不可避免地必须将自身的命运与亚洲特别是东南亚的历史发展联系起来。无论是从种族文化、经济贸易，还是从地缘政治的角度衡量，澳大利亚与亚洲尤其是与东南亚的关系都源远流长、密不可分。澳大利亚著名历史学家南维尔·米尼指出："地理，或者更明确地说，地缘政治

---

* 毕世鸿，云南大学国际关系研究院东南亚研究所教授，博士。王韶宇，中国人民解放军昆明民族干部学院文化教研室讲师，云南大学国际关系研究院 2014 届硕士。本文系作者主持的国家社科基金一般项目（12BGJ012）的阶段性成果，且是在王韶宇硕士学位论文基础上进行修改的成果。

在影响澳大利亚同世界的关系中起着更为重要的作用。"① 可以说，澳大利亚的独立外交从一开始就伴随着它对澳亚关系的拓展，"亚洲政策"是澳大利亚对外政策的重要组成部分，也是自20世纪40年代以来澳大利亚"中等强国外交"的主要内容之一。澳大利亚"中等强国外交"的一大特点是多边外交，而其实施多边外交的一个主要舞台就是亚太国际政治。

冷战结束后，各区域外大国及地区组织对湄公河地区未来的发展寄予了极大的关注和希望，并以此为契机积极参与该地区的合作与发展以实现自身利益最大化。面对此种情况，澳大利亚对湄公河地区的关注程度日益增加，对该地区的外交政策由"摇摆不定"到"主动接近"，积极参与到湄公河地区多国力量的政治博弈中，加强对该地区的经济外交和援助外交，更加注重双边外交和该地区的经济与发展问题。通过多边合作与协商机制，澳大利亚在经济、区域治理、社会文化和教育等方面与湄公河地区进行了合作与交流，并取得了一定的成效。

一 冷战结束后澳大利亚对湄公河地区政策的演变

（一）经济融入：基廷政府时期（1991~1996年）的政策

基廷在出任澳大利亚总理之后不久，便在演讲中明确指出"澳大利亚的未来在亚洲"，随后提出了"全面面向亚洲""融入亚洲"等外交战略和政策。尽管这些政策并不是为了表明澳大利亚属于亚洲，而是为了同与其紧邻的东南亚国家建立一种相互尊重的伙伴关系、构建多渠道的联系，最终目标亦是形成一种安全稳定的

---

① Neville Meany, *Australia and the World*, *A Documentary History from the 1870s to the 1970s*, p. 12.

地区环境，确保澳大利亚国家战略利益的实现。但基廷政府将发展与东盟的关系视为澳亚关系的基石，认为东盟国家在澳大利亚"全面面向亚洲"战略中的地位举足轻重，这显然对双方开展合作、促进双方关系发展是有益的。也正是在基廷政府时期，澳大利亚的"融入亚洲"政策正式开始实施，该政策以亚洲尤其是东南亚国家为重点，以经济合作为基本形式，以经济的共同发展与融入为主要目标，开展地区多边外交。

（二）全面接触：霍华德政府时期（1996～2007年）的政策

在自由－国家党联盟政府执政时期，澳大利亚总理霍华德先是于1999年提出"霍华德主义"，尔后又于2002年10月巴厘岛恐怖爆炸事件后提出关于在东南亚地区推行"先发制人"的战略，并考虑派军队到东南亚国家参与反恐斗争，导致东南亚国家尤其是印尼、马来西亚两国对此表示强烈不满，进而影响了澳大利亚与东盟和湄公河五国的合作。也正是在这一时期，国际社会对澳大利亚在亚洲特别是东南亚地区所扮演的角色做了如下归纳：一是美国在亚洲的代理人；二是南太平洋的日本；三是美国在亚洲的情报站。[1]因此，虽然霍华德政府的外交战略目标是"立足亚太，放眼全球"，但其针对东南亚提出的"全面接触"政策更多的是以维护本国利益为首要目的。

当然，在霍华德政府执政期间，澳大利亚与东南亚尤其是与湄公河五国的关系仍然有所发展，如1997年开始澳大利亚与柬埔寨进行的一系列旨在加强柬埔寨司法系统的项目等。而到霍华德政府后期，由于GMS合作极大地推动了湄公河地区的发展，在经济利

---

① 葛瑞明：《矛盾中的澳大利亚政策》，《世界知识》2003年第5期。

益的驱动下，澳大利亚与湄公河地区的合作也逐渐呈现比较积极的态势，比较有代表性的举措是2005年澳与泰国签订了《泰国–澳大利亚自由贸易协定》，并建立了旨在促进澳大利亚与泰国民间和机构交流的澳泰研究所等。

（三）多维深化：陆克文政府以来（2007年至今）的政策

自2007年以来，澳大利亚先后经历了四次总理更迭，但无论是陆克文两次出任总理，还是吉拉德"临危受命"，抑或2013年9月自由–国家党联盟再次执政后的阿博特，澳大利亚对湄公河地区的政策均基本保持了一定的延续性。即陆克文提出的"全面参与亚洲"，顺应"亚太世纪"，拓展外交参与面，发出澳大利亚更强音；以先动谋主动，以"首创精神"谋领导地位；"发力亚太，放眼世界"。① 正是在这一战略的指导下，澳大利亚采取了一系列多维、多方面深化与湄公河地区关系的措施。

2007年9月，澳大利亚政府出台了一份旨在促进湄公河地区一体化和合作的战略报告《大湄公河次区域：澳大利亚促进其一体化与合作的战略（2007~2011）》。报告指出，澳大利亚对湄公河地区的战略目标是通过更为广泛的联系和合作，实现该地区经济可持续发展以及澳大利亚的国家利益。一是通过加大基础设施建设的投入，加强澳大利亚与湄公河地区以及该地区国家之间的联系；二是通过非传统安全问题上的多边合作，促进湄公河地区的整合和一体化。在报告中，澳大利亚将援助的重心集中在该地区相对落后的老挝、柬埔寨和越南三国。该报告分析了湄公河地区未来发展将面临的主要挑战，包括金融安全与整合问题、基础设施建设滞后问

---

① 宾科：《澳大利亚"中等强国外交"述评——聚焦陆克文政府外交政策》，广东外语外贸大学硕士研究生学位论文，2009，第43页。

题、粮食安全问题、能源问题、气候问题、水资源问题、环境污染问题以及两性不平等问题等。这些问题主要集中在非传统安全领域，涉及社会与经济生活的各个方面。值得关注的是，该报告除了提出宏大的愿景和战略目标，还制定了具体的实施过程与评估要求，并包含一系列风险评估程序，且在细节上注重与湄公河地区对象国的互动和沟通，实现了目标逐级分解，实施步骤清晰。其主要内容和基本路径如图1所示。

此外，澳大利亚政府还对湄公河的水资源管理提出了具有前瞻性的策略报告，即《湄公河水资源战略报告（2007~2011）》，将湄公河地区治理与经济发展的核心问题——水资源治理和管理问题作为重点援助项目。在上述报告中，澳大利亚政府特别强调了与世界银行、亚洲开发银行、亚太经合组织、东盟、湄公河委员会等组织的合作。

显然，澳大利亚希望依托湄公河地区、东南亚和整个亚洲，构筑新的政治、安全和经济全方位对话平台，在欧美和亚洲之间发挥桥梁纽带作用，从而提升自身影响力，避免在21世纪全球地缘政治变动和经济格局调整中被边缘化。同时，中国与东南亚新兴经济体的迅速发展，特别是湄公河五国通过GMS合作在以经济可持续发展为主的各个方面均取得了长足的进步，为澳大利亚的出口提供了广阔的市场。与此相应，尤其是从经济角度衡量，澳大利亚的政策也在很大程度上促进了澳与湄公河五国的经济贸易与合作。因此，为使自身从资源型国家向综合平衡发展的国家转变，澳大利亚必须紧密依托亚洲市场，而其出于自身整体发展利益的考虑，则更需积极开展与亚洲国家（尤其是东盟国家）的全方位合作。正是基于这些原因，澳大利亚才以更为积极的姿态，力求通过上述政策在湄公河地区事务中发挥更重要的作用。

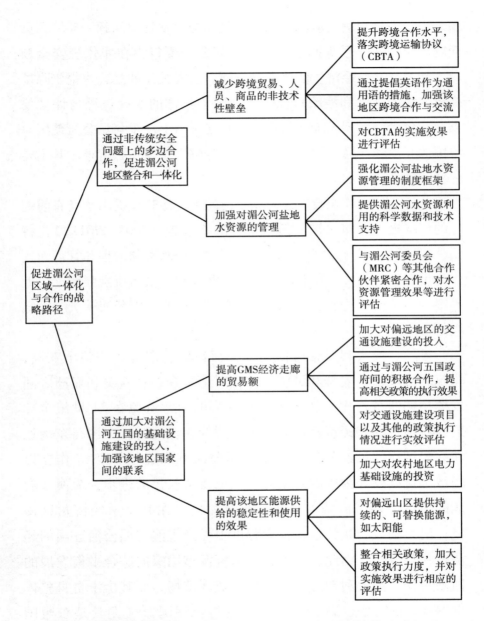

图1 澳大利亚政府促进湄公河区域一体化与合作的战略路径图

资料来源：The Australian Agency for International Development，*The Greater Mekong Subregion*：*Australia's Strategy to Promote Integration and Cooperation 2007 – 2011*，Canberra，September，2007，pp. 10 – 13.

二 澳大利亚与湄公河五国关系的发展

（一）政治安全方面

一是加强高层政治合作，推进民主进程。澳大利亚与湄公河五国所开展的政治合作以推进缅甸民主进程最具代表性。面对缅甸政治转型取得的重大进展，澳大利亚以积极的态度加强与缅甸的政治合作。2012 年 6 月，澳大利亚宣布取消对缅有关财政和旅游的制裁。[①] 7 月，澳大利亚彻底解除了对缅甸旅游和金融的制裁，鼓励缅甸进行更深入的民主改革。2013 年 3 月，澳大利亚宣布将对缅甸的援助款项增加至 2000 万澳元，[②] 用于加强缅甸的民主建设，完善法律制度。对老挝，澳大利亚政府通过各种计划和项目积极推进人权的发展，并于 2006 年、2009 年、2012 年定期举行了三次人权对话，使两国就人权问题开展公开的具有建设性的沟通。为了使双边对话更富有成效，澳大利亚政府还决定在 2012 ~ 2014 年为老挝人权工作提供资金，提高老挝人民的人权意识。对越南，澳大利亚与越南深入开展了以政治、经济为主的全方位合作。2014 年 2 月，澳大利亚外交部部长朱莉·毕晓普（Julie Bishop）与越南副总理兼外交部部长范平明在河内举行会谈时肯定，澳大利亚新政府继续将越南视为本国在亚太地区的主要合作伙伴之一，双方将加强两国外交部门关于领事、人权的年度对话制度。[③]

---

① VAN：《澳大利亚推动与缅甸的关系》，越通社，2013 年 11 月 7 日，http：//cn. vietnamplus. vn/Home/澳大利亚推动与缅甸的关系/20137/25444. vnplus。

② 韩超：《澳大利亚增加对缅甸援助》，人民网，2013 年 3 月 19 日，http：//world. people. com. cn/n/2013/0319/c57507 - 20834385. html。

③ 《澳大利亚将越南视为其主要合作伙伴之一》，《越南共产党电子报》2014 年 2 月 19 日，http：//www. dangcongsan. vn/cpv/Modules/News_ China/News_ Detail_ C. aspx？CN_ ID = 636310&CO_ ID = 7338716。

二是加强执法警务合作，合力打击犯罪。澳大利亚在执法领域着力加强与湄公河五国的合作，并且已经在打击贩毒、贩枪和贩卖人口等跨国犯罪问题上取得了诸多成就。其中，澳大利亚联邦警察署执法合作计划（LECP）在协助外国执法机构处理跨国犯罪问题上有着重要的作用。该计划始于1997年，重点是在亚太地区开展执法合作。近几年来，该计划在湄公河五国开展了以下活动：与泰国警察合作开发打击跨国犯罪协调网；帮助柬埔寨组建打击跨国犯罪工作组并配备了专门顾问；帮助越南和柬埔寨开展受害者身份鉴定的培训，在越南胡志明市设立了打击跨国犯罪协调中心；[①] 在泰国、老挝、柬埔寨和缅甸进行苯丙胺类兴奋剂情报培训等。同时，澳大利亚也积极开展双边执法合作。例如，泰国是与澳大利亚于2002年10月签订反恐双边谅解备忘录的首批国家之一。2010年5月，柬埔寨和澳大利亚签署了打击跨国犯罪合作联合宣言，也标志着澳柬之间的执法合作正式开启。事实上，自1998年3月柬埔寨恢复和平以来，澳大利亚一直参与柬埔寨法律和司法部门的系统重建、执法实践和意识培养。从长远来看，澳大利亚对柬司法援助计划的核心目标是通过提高法院、监狱和警察预防犯罪活动的能力，来促进柬埔寨政府对国家进行有效的治理。

三是加强国防军事合作，重点开展防务交流。澳大利亚十分重视与湄公河五国开展国防与军事领域的合作。自1990年以来，澳大利亚与泰国每年定期举行国防政策会谈。目前两国的防务合作还体现在定期举行高级官员互访、举办研讨会、在后勤保障和科技研发等领域保持密切合作等方面，同时，双方还合作参与了联合国在柬埔寨、索马里、东帝汶的维和行动。澳大利亚军校和地方大学还为

---

① 《澳大利亚外长：澳越两国关系将继续蓬勃发展》，越通社，2013年2月28日，http：//cn. vietnamplus. vn/Home/澳大利亚外长：澳越两国关系将继续蓬勃发展/20132/21916. vnplus。

泰国军人设置了教育和培训课程。对于缅甸的民族冲突问题,澳大利亚也始终保持着高度关注,两国逐步恢复正常的双边国防关系。澳大利亚与越南的防务合作最为突出。2010年10月,澳大利亚与越南签署了《国防合作联合谅解备忘录》,自此,澳越两国正式开展了安全方面的合作。2013年3月,澳越两国同意加强防务合作,其中包括在越南准备首次派兵执行联合国维和任务之际,为其在澳大利亚提供军事和英语培训,并向今后参加联合国维和行动的越军部队提供军事训练;推动人道主义援助、救灾、扫雷和战场救护,在维和、维稳和海上安全方面交换经验;加强战略研究合作,举行年度"一轨半"防务对话。2013年5月3日,澳大利亚公布了《澳大利亚2013年国防白皮书》,澳大利亚将捍卫在印度洋-太平洋地区的国家利益,搭上亚太发展的顺风车,在广泛的参与合作中实现澳大利亚的利益。① 在该战略思想的指导下,澳大利亚必将进一步加强与湄公河五国在政治、安全和军事领域的交流与合作。

(二)经济合作方面

一是在东盟框架下的多边经济合作方兴未艾。由于湄公河五国均是东盟成员国,因此,随着澳大利亚与东盟在经济方面的合作力度逐年加大,湄公河地区与澳的经济合作也日益深入。2001年9月,东盟自由贸易区(AFTA)与澳(大利亚)-新(西兰)紧密经济关系贸易协定(CER)三方签署了更加紧密的经济伙伴关系(CEP)框架协议,这是东盟首次作为一个地区整体与另一个次区域建立跨区域合作关系,三方计划在2010年前使双边贸易、投资总额翻倍,该目标现已基本实现。这一协议也成为澳与湄公河地区经济合作的有力支撑。在东盟框架下,湄公河五国通过CEP与澳

---

① 胡欣:《解读澳大利亚新版国防白皮书》,《现代军事》2013年第6期。

在上述方面的合作也取得了较大的进展。近几年来，该地区与澳大利亚之间始终保持着重要的贸易伙伴关系，贸易额逐年增长。澳大利亚在 2012 年 10 月公布的《亚洲世纪中的澳大利亚》白皮书中特别认可了东盟在该区域的"中心地位"，透露出澳大利亚将持续加强与东盟经济合作的信息。毫无疑问，作为东盟成员国的湄公河五国也势必将在东盟框架下，与澳大利亚深入开展经济合作。

二是以援助为代表的双边经济合作如火如荼。在通过东盟及CEP 这一渠道与湄公河地区开展合作的同时，澳大利亚还与该地区国家直接进行以经济与技术援助为主要内容的双边经济合作。早在 1991～1994 年，澳大利亚政府就向老挝、泰国提供了 3000 万美元无偿援助，修建了第一座跨越湄公河、连接老泰两国的"友谊大桥"，这成为其实现"融入亚洲"这一政治理想的最具象征性的一步。[①] 此后，这种以援助为基本形式的经济合作，始终贯穿于澳大利亚与湄公河地区的外交进程和关系发展中。[②]

对柬埔寨，澳大利亚 2010～2011 年对柬埔寨的年度 ODA 高达 6.42 亿美元，旨在提高柬埔寨的农业发展水平，并使其基础设施建设和司法制度等涉及社会经济生活的核心领域问题得到完善。此外，澳大利亚还对柬埔寨商品免税，并签订了双边市场准入协定，帮助柬埔寨加入世贸组织。在这些措施的推动下，2012 年澳大利亚与柬埔寨的双边贸易额达到了 7500 万美元。[③] 对缅甸，2011～2013 年，澳大利亚为缅甸 4 万余名农民提供培训，并通过物资、补助和工作换现金计划来增加农作物产量。其中，2012～2013 年

---

① John Burge, *The Silent Destruction of Australia Is Pauline Hanson a Racist*? Lands Brough, 1998, See website http://www.despatch.cth.com.au/Misc/JOHN_BURGE_1.htm.

② 张均：《澳大利亚向湄公河流域提供 1.4 亿美元援助》，《中国贸易报》2007 年 10 月 11 日，http://finance.stockstar.com/JL2007101100183914.shtml。

③ Department of Foreign Affairs and Trade, http://www.dfat.gov.au/geo/cambodia/cambodia_brief.html.

提供了 6420 万美元发展援助资金，帮助 2.5 万个家庭提高收入。澳大利亚还通过适当的法律、政策、制度和实践来保障妇女的经济权益和平等的就业机会，以使缅甸真正过渡为一个更加稳定、更加民主的国家，并支持缅甸新政府继续深入进行民主改革，努力实现永久和平。① 对老挝，从 2003 年 7 月以来，澳大利亚对其商品实行免税并规定免赔额，以此来促进老挝的经济增长。2012 年澳大利亚与老挝的商品贸易总额达 8000 万美元。② 目前，澳大利亚已成为老挝最大的双边援助国，澳对老挝的援助以《2009～2015 年澳大利亚－老挝发展合作战略》为指导，将援助重点由经济合作向教育、农村地区的发展和贸易改革等各方面拓展。对越南，2008～2009 年，澳大利亚向越南提供约 1.1 亿澳元援助资金，越南也因此成为澳大利亚 ODA 的第五大受援国。③ 而时任澳大利亚总理的吉拉德于 2010 年 10 月访问越南时承诺，澳政府将为越南政府提供 1.6 亿澳元的赠款。④ 此外，通过与 ADB 的合作，澳大利亚得以直接参与并持续开展与湄公河地区的经济合作，并且，上述项目只是澳联手 ADB 与湄公河地区进行合作这种模式中的一项，而这一合作模式也只是澳大利亚与湄公河地区经济合作的一个方面，其本身与湄公河五国直接进行的区域性多边合作和"一对一"的双边合作也逐步深入开展。

（三）文化和教育

一是投入更多的经费，鼓励本国公民学习亚洲国家文化。在澳

---

① Department of Foreign Affairs and Trade, Australian Government, http: //aid. dfat. gov. au/ countries/eastasia/burma/Pages/promoting – opportunities. aspx.

② Department of Foreign Affairs and Trade, Australian Government, http: //www. dfat. gov. au/ geo/laos/laos_ brief. html.

③ 〔越南〕范萱：《澳大利亚和越南合作潜力巨大》，《越南共产党电子报》2010 年 1 月 27 日。

④ 《亚行和澳大利亚政府资助越南兴建高岭桥》，越通社，2013 年 10 月 17 日，http: // cn. vietnamplus. vn/Home/亚行和澳大利亚政府资助越南兴建高岭桥/201310/28638. vnplus。

大利亚，由于历史原因，其虽然与东南亚地区隔海相望，却在文化和习俗上迥然相异，这也直接导致了相当数量的澳大利亚人对东南亚乃至整个亚洲国家存在一定的偏见、误解。为改变这种情况，促使本国民众了解亚洲、熟悉东南亚，理解澳大利亚与相关国家积极发展关系的利益诉求，澳大利亚政府在其高中和大学里向亚洲语言和文化类课程投入了更多的资金，鼓励本国公民学习亚洲国家文化，其中重点是学习与澳大利亚紧邻的东南亚国家文化，当然也就包括湄公河五国文化。特别是陆克文之后的历届政府，要求教育体系为澳大利亚本国公民学习亚洲各种语言提供便利条件，并鼓励澳大利亚人到亚洲学习、工作和生活，以帮助澳大利亚成为本地区事务的积极参与者。

二是专设奖学金，吸引湄公河地区人员赴澳留学。在鼓励本国公民学习亚洲语言与文化、了解东南亚和湄公河五国的基础上，为进一步加强双边和多边文化交流，澳大利亚政府在本国的学校中为湄公河五国专门设立奖学金，吸引该地区国家的学生或其他人员赴澳留学。如在 2012 年、2013 年，澳大利亚连续两年每年向越南提供 245 个奖学金名额，旨在帮助越南公民提高技能。[1] 同期，澳大利亚也向泰国提供大量奖学金名额，在泰国掀起赴澳留学的热潮。目前，泰国已成为澳大利亚第七大留学生来源国，而澳大利亚也是泰国学生的首选留学国家，仅 2011 年澳大利亚就招收了 500 名泰国留学生。[2] 澳大利亚与缅甸的合作也已启动，2012 年 7 月至 2013 年 6 月，澳大利亚为 34 名缅甸学生提供了奖学金，使他们能到澳

---

[1] 《澳大利亚将向越南提供 15 亿澳元官方发展援助》，越通社，2012 年 5 月 10 日，http：//cn. vietnamplus. vn/Home/澳大利亚将向越南提供 15 亿澳元官方发展援助/20125/17385. vnplus。

[2] STRENGTHENING THE AUSTRALIA – THAILAND EDUCATION RELATIONSHIP, Australian Trade Commission, 18 Oct, 2012, http：//www. austrade. gov. au/Education/News/Austrade-update/Strengthening-the-Australia-Thailand-education-relationship#. Ux1l2o3qUlk.

大利亚高等学府进行深造。① 对于老挝，澳大利亚每年向 40～50 名学生提供政府奖学金，让他们到澳大利亚留学，如 2012～2013 年，就为 50 名老挝优秀人才提供了赴澳大利亚接受高等教育的机会。② 对于柬埔寨，澳大利亚同样通过提供赴澳留学的政府奖学金来加强柬埔寨人力资源的培养，以提高柬埔寨学生的综合能力和政府工作人员的领导才能。仅 2012 年，澳大利亚就向柬埔寨提供了 50 个政府奖学金名额，其中有 20 个名额提供给了政府公共部门的行政人员。③

三是直接提供资助，协助区域内国家发展教育事业。尽管已吸引到许多学生赴澳留学，但澳大利亚政府也注意到，要真正促进湄公河地区的发展，进而确保澳大利亚实现在该地区的利益，最根本的是提升该地区的文化发展水平和教育质量。因此，澳大利亚还直接对湄公河五国的教育事业进行资助，为该地区学生提供教育服务，提高该地区的整体教育水平。针对泰国，目前的澳泰双边教育合作项目包括：职业教育和培训；教育、培训和科研的战略规划与管理；课程设置及教学评估；远程教育；英语培训；学生、教师及学术交流；资格认证；教育管理培训；制定泰国职业教育培训和高等教育的发展框架；泰国职业教育和培训制度的改革；促进两国教育机构之间的研究、合作与交流等。针对缅甸，澳大利亚援助的重点是提高幼儿教育和小学教育的质量，计划到 2015 年向缅甸提供 9000 万美元援助，④ 以确保有效推动缅甸教育事业的发展。针对老

① Department of Foreign Affairs and Trade, Australian Government, http：//aid. dfat. gov. au/countries/eastasia/burma/Pages/promoting-opportunities. aspx.

② Australian Aid, Australian Government, February 2013, http：//aid. dfat. gov. au/countries/eastasia/laos/Pages/home. aspx.

③ Department of Foreign Affairs and Trade, Australian Government, http：//aid. dfat. gov. au/countries/eastasia/cambodia/Pages/promoting-opps. aspx.

④ VAN：《澳大利亚推动与缅甸的关系》，越通社，2013 年 11 月 7 日，http：//cn. vietnamplus. vn/Home/澳大利亚推动与缅甸的关系/20137/25444. vnplus。

挝，澳大利亚把教育援助作为重点，对小学教师进行培训、修建教室、提供学习资源，还帮助老挝的教育部门通过加强规划、预算和信息系统来提高教育管理能力。① 目前，澳大利亚已成为老挝教育发展的最大援助国。针对越南，澳大利亚已投资建立多所学校和培训中心，目前就读学生已超过14000名。② 针对柬埔寨，澳大利亚的一些公司和大学与柬教育部门一起参与教育研究发展计划；澳大利亚教育中心派老师在柬埔寨进行英语教学。上述举措，有效地推动了澳大利亚与湄公河五国双边和多边关系的发展，充分证明了澳大利亚与湄公河五国在文化交流和教育协作方面取得的成绩。

（四）非传统安全方面

一是通过加强合作，长远解决民众贫困问题。借助经济合作，澳大利亚帮助湄公河五国进一步提升经济发展水平。针对老挝，澳大利亚专门制定了《2012～2016年澳大利亚老挝农村发展战略》，并以此为指导，把改善老挝农村贫困地区人口的生活水平作为援助的重点，有针对性地解决阻碍农村发展的问题，建设和维护农村基础设施，特别是道路和电力的建设和维护。③ 针对柬埔寨，澳大利亚通过与国际金融机构（ADB和世界银行）的合作，积极援助柬埔寨修建道路交通和农村电气化基础设施，提高基础设施的质量和数量，支持柬埔寨政府农业和水资源战略的实施，这些措施既使柬埔寨农村人口从中受益，明显改变了农村赤贫状态，还有助于柬埔

---

① Australian Aid, Australian Government, February 2013, http://aid.dfat.gov.au/countries/eastasia/laos/Pages/home.aspx.
② 《澳大利亚和越南合作潜力巨大》，广西钦州保税港区，2010年1月27日，http://www.qzbsg.gov.cn/Article/Details/ac366fc8-e91d-4d5e-93db-363ba0e1d3ff? cid=3&cname=xwzx。
③ Department of Foreign Affairs and Trade, Australian Government, http://aid.dfat.gov.au/countries/eastasia/laos/Pages/home.aspx.

寨农业和农村地区的整体发展，为柬埔寨经济增长奠定了基础。澳大利亚还通过与湄公河五国开展文化交流和教育合作，逐步提高本地区民众的整体受教育程度，力求从长远上提升当地民众保持收入可持续增加的能力，从深层次上改善其生活状况，从根本上解决湄公河地区的贫困问题。

二是协助节能减排，力求减轻环境安全问题。针对湄公河五国普遍面临的环境问题，澳大利亚通过提供援助资金和技术等，协助湄公河五国改进经济发展模式，提高资源利用效率、降低能源消耗速度、发展低成本可持续的电力供应，进而通过节能减排为能源的可持续发展创造条件，并力求减轻因经济发展对湄公河地区环境安全造成的影响。例如，澳大利亚在 2000～2005 年向湄公河委员会提供 810 万美元，用于加强该组织的技术和水文资料收集能力，以便该委员会通过科学可靠的资料给各成员国提供建议，并且对流域水资源的开发给沿岸各国带来的影响做出正确的评估。① 此外，澳大利亚驻越使馆还于 2012 年 8 月 23 日通报将与 6 个国际 NGO 合作协助越南民众应对气候变化的合作计划。②

三是增加资金援助，有效缓解战争遗留问题。针对越南、老挝和柬埔寨等国难以解决因战争遗留地雷造成大量人员伤亡的实际情况，2011 年 4 月，澳大利亚公布了向国际红十字会的特别基金会提供 400 万澳元援助，旨在资助越南和其他国家因受战争遗留地雷影响的残疾人。同时，澳大利亚投资 250 万澳元，帮助老挝政府拆除未爆炸的地雷。③ 对于柬埔寨，澳大利亚自 1994 年以来一直是

---

① THE GREATER MEKONG SUBREGION-AUSTRALIA'S STRATEGY TO PROMOTE INTEGRATION AND COOPERATION 2007－2011，p. 24.

② 刘馨：《澳大利亚提供 1500 万澳元援助用于越南气候变化》，《中国经济导报》2012 年 9 月 8 日，http：//www. ceh. com. cn/ceh/ztbd/jnjp/131921. shtml。

③ 《澳大利亚资助越南和老挝地雷受害者》，越通社，2011 年 4 月 15 日，http：//cn. vietnamplus. vn/Home/澳大利亚资助越南和老挝地雷受害者/20114/12238. vnplus。

柬埔寨扫雷行动的主要参与者。① 此外，澳大利亚还组织相关部门和机构对已排除地雷的区域进行研究，使这些土地能够被重新使用，给当地农民增加了可耕地，同时还为当地农民提供教育和医疗服务。在应对缅甸民族和宗教冲突方面，澳大利亚一直为住在泰缅边境的缅甸难民提供人道主义援助。2012 年发生的宗教冲突导致缅甸若开邦 14 万人流离失所，为此，澳大利亚提供了 899 万美元用于人道主义救援，为 10 万人提供了应急食品、帐篷、毛毯和其他生活必需品。②

四是完善卫生设施，逐步解决疾病防控问题。由于种种原因，艾滋病和其他流行病在湄公河地区呈逐步扩散态势，这在极大程度上严重危害着该地区未来的繁荣。对此，澳大利亚政府已决定自 2013 年至 2017 年，由澳大利亚国际发展署向越南开展的清洁用水和环境卫生设施改善项目提供 700 万澳元援助。③ 澳大利亚对缅甸进行医疗卫生援助的重点是改善基本卫生服务，增加孕妇和儿童获得卫生服务的机会，加强对艾滋病、肺结核和疟疾等传染病的防治。④ 澳大利亚对柬埔寨进行卫生健康援助的目标是让贫困人口、妇女和儿童获得高质量的医疗服务。针对老挝，澳大利亚也开展了相同的工作。

五是多维全面介入，积极应对其他各类问题。此外，湄公河地区还面临多重的非传统安全问题。对于农业安全问题，澳大利亚除

① Department of Foreign Affairs and Trade, Australian Government, http：//aid. dfat. gov. au/countries/eastasia/cambodia/Pages/home. aspx.
② Department of Foreign Affairs and Trade, Australian Government, http：//aid. dfat. gov. au/countries/eastasia/burma/Pages/humanitarian-disaster-response. aspx.
③ 《澳大利亚协助越南改善农村清洁用水和卫生设施》，《越南共产党电子报》2014 年 1 月 27 日，http：//www. cpv. org. vn/CPV/Modules/News_ China/News_ Detail_ C. aspx?cn_ id = 632213&co_ id = 7338679。
④ Department of Foreign Affairs and Trade, Australian Government, http：//aid. dfat. gov. au/countries/eastasia/burma/Pages/saving-lives. aspx.

了帮助湄公河五国加强卫生及动植物检疫工作之外，还提供资金和技术，为湄公河地区开展农业科研和农民培训提供支持，并加强湄公河地区包括改善灌溉系统在内的基础设施建设和道路的互联互通。对于水资源利用问题，澳大利亚积极参与到湄公河委员会和GMS 合作国家对此问题的沟通协调中，力主在湄公河地区建立一个能解决各国关于水资源利益争端的框架，以期通过科学利用湄公河水资源维持该地区的经济增长。对于自然灾害问题，澳大利亚也积极为湄公河地区提供人道主义援助。2008 年 5 月缅甸南部地区遭受纳尔吉斯飓风袭击，2010 年 10 月缅甸西部地区遭受吉里飓风袭击，澳大利亚通过援助为灾民提供食物、住所、基本医疗保障和职业技能训练。[①] 2011 年泰国洪灾期间，澳大利亚向泰国提供了100 万美元和 10 万个沙袋，帮助泰国进行救灾和重建，并向泰国的地方组织提供了 450 万美元协助其安置缅甸难民。[②] 2011 年，老挝遭受了一系列热带风暴的袭击，澳大利亚援助了 100 万美元用于抗洪救灾及灾后重建。[③] 同年，澳大利亚还对柬埔寨遭受洪灾的 18个省份提供了援助。

三 冷战后澳大利亚与湄公河五国关系发展的影响

（一）对澳大利亚的影响

一是提升了国家形象。澳大利亚通过对基础设施建设特别是公

---

① Department of Foreign Affairs and Trade, Australian Government, http：//aid. dfat. gov. au/countries/eastasia/burma/Pages/humanitarian-disaster-response. aspx.

② Department of Foreign Affairs and Trade, Australian Government, http：//www. dfat. gov. au/geo/thailand/thailand_ brief. html.

③ Department of Foreign Affairs and Trade, Australian Government, http：//aid. dfat. gov. au/countries/eastasia/laos/Pages/humanitarian-disaster-response. aspx.

路基础设施建设来促进湄公河地区经济走廊的贸易和经济发展，并通过增加湄公河地区能源供应的有效性和持续性来保持经济发展的良好势头，提高民众生活水平。湄公河地区合作的增强和深化，对于推动区域一体化、区域经济发展有着非常重要的影响。例如，对乡村道路建设提供资金支持，使之与主要交通干道相通，满足湄公河地区农村贫困人口生产和生活的需要；把艾滋病的防治与男女平等纳入基础设施发展项目；借鉴澳大利亚移民和海关的相关措施来帮助制定和实施区域内的跨境运输协议等。澳大利亚实施的一系列政策与措施，在 GMS 合作的基础上，为湄公河地区的发展注入了新的活力和较多的资金，培养了地区发展急需的各类人才，促进了相关国家的民主与法制建设，推动了该地区的基础设施建设与经济合作，提高了湄公河地区部分国家和民众的生活水平。因此，也博得了湄公河五国的好感，极大地促进了其与湄公河五国双边关系的发展，使澳大利亚的国家形象在湄公河地区得到了极大的提升。事实上，在提升自身形象的同时，对澳大利亚本国而言，也使其本国民众更好地理解了湄公河地区的文化和发展需求，并在一定程度上改变了其国内政界、商界及部分民众对该地区固有的偏见，也是其对自身进行重新定位的一种探索。

二是在国际社会上树立了良好声望。在全球经济一体化的大潮中，湄公河五国都致力于次区域和区域经济一体化的紧密合作，并积极参与到全球经济一体化的进程中。而鉴于湄公河五国的实际发展状态和经济建设水平，联合国、世行、亚行、东盟和湄公河委员会等多个全球性或地区性组织与机构也都大力推进湄公河地区的合作与一体化。在湄公河地区已经存在的多种合作机制中，由亚行牵头建立的 GMS 合作计划是促进该区域经济发展的最主要框架。同时，东盟、联合国亚太经社会和许多双边援助国也大力推进湄公河五国之间及其与亚洲其他国家更大程度的合作与联系。作为一个中等发达国家，澳大利亚对湄公河五国的援助力度之大、投入资金之巨、合作项目之多，在参与湄公河地区合作的国家和组织中是极为罕见的。就其本国而言，这符合澳大利亚"中等强国"的国家定位，即在美国统领西欧和资本主义世界的格局下，选择符合本国利益的道路和模式来参与国际事务，实现自己在外交上的真正独立并最终形成自己独特的外交模式，建立良好的"全球公民形象"，成为地区事务的调停者和坚定的多边主义者。[①] 不仅如此，就整个国际社会而言，澳大利亚对湄公河地区已经和拟将实施的举措，对其他国家和地区组织开展与该地区的合作是一种值得学习、借鉴与参考的范例，也使澳大利亚以一个优秀的援助者和合作者的身份获得了较高的认可、普遍的赞誉和良好的国际声望，成功地使其"全球公民形象"得以提升。

三是在自身发展中获取了长远利益。冷战结束后，澳大利亚与湄公河五国进行的合作主要以援助的形式进行，其每年投入之大远远高于直接获得的利益。因此，从某种意义上说，澳大利亚对湄公河五国的援助与合作在一定时期之内属于高投入、低产出，高成本、低效益的"赔本生意"。但从长远来看，湄公河地区是全球经济发展较快的区域之一，尽管目前该地区总体发展水平不高，部分国家依然贫困，很多地区尚处于未开发状态，但也正因如此，其未来的发展空间十分巨大，这也必将为澳大利亚带来多方面的回报。首先，在经济发展方面，通过长期的、全方位的援助，澳大利亚与湄公河五国均建立了较为密切的双边关系，这为其与湄公河地区的持续合作埋下了伏笔、奠定了坚实的基础。在湄公河地区未来的发展中，澳大利亚无疑成为该地区国家重要的合作伙伴之一。而该地

---

① 邹春萌、丁娟：《冷战后澳大利亚对湄公河地区的外交政策》，载《GMS 研究（2010）》，云南大学出版社，2010，第210页。

区强劲的发展势头，也必然会在未来为澳大利亚带来直接的经济利益。其次，在安全形势方面，澳大利亚的援助在一定程度上促进了湄公河地区的民主、法治与稳定，这有效地减轻了澳大利亚一直担忧的来自亚洲特别是东南亚的安全威胁，为其自身发展创造了一个更加安全的周边环境。最后，在国家转型方面，由于澳大利亚长期以来是一个资源型国家，其国民经济的支柱和发展动力主要是本国丰富的资源，因而其一直致力于向技术型国家乃至综合平衡型国家转变。尽管如此，相对于湄公河五国、东盟国家甚至多数亚洲国家，澳大利亚的科技优势仍然十分明显。在澳大利亚国家转型过程中，湄公河五国在基础设施建设、水资源管理、自然资源开发、工业生产等许多方面充当着澳大利亚科学技术的"试验田"，这显然对澳大利亚的科技进步提供了极大的帮助。因此，澳大利亚对湄公河五国的巨大投入，只是短期的"赔本生意"，其真正的目的在于与湄公河五国建立长期的紧密关系，真正的产出在于在该地区未来的发展中获取长远的国家利益。

（二）对湄公河地区的影响

一是促进了域内国家向民主化转型，为地区稳定做出贡献。在对湄公河地区进行援助的过程中，澳大利亚对各个国家一视同仁；在对各国民众实施的人道主义救援中，澳大利亚也对各个民族一视同仁。① 澳大利亚在实现本国在湄公河地区战略利益的同时，并不排斥和阻碍其他大国，而是力求通过多边对话和多方合作，在维护地区稳定的基础上实现互利共赢。这种充分体现了西方民主政治特色的政策和高度关注民众的做法，既给参与湄公河地区合作的其他

---

① Department of Foreign Affairs and Trade, Australian Government, http：//aid. dfat. gov. au/countries/eastasia/burma/Pages/humanitarian-disaster-response. aspx.

大国提供了参考，也为湄公河五国内部政治环境走向民主、公开和透明做出了示范。

例如，长期以来，澳大利亚对缅援助的重点是恢复人民和各种组织机构的能力，提高教育、健康和生活等方面的水平。同时还将重点放在提高政府执政能力，为居住在泰缅边境的弱势群体提供人道主义援助等方面。但随着援助的增加和合作的深入，澳缅关系向着更深层次发展。无论是通过支持缅甸普选、助力缅甸进行民主改革，还是通过加强缅甸的民主机构建设、协助缅甸推进民主进程，都对缅甸由军政府向民选政府过渡提供了较大的帮助。并且，澳大利亚的援助同时也带来了西方民主的理念，对缅甸民众产生了潜移默化的影响，因此也才会由下至上产生了强劲的力量推动缅甸民主进程。对老挝，澳大利亚通过推进人权发展、定期举行人权对话、提供人权工作资金等，提高了老挝人民的人权意识。对柬埔寨，澳大利亚通过签署打击跨国犯罪合作联合宣言，参与柬埔寨法律和司法部门的系统重建、执法实践和意识培养，协助柬执法机构打击跨国犯罪等举措，提高了柬埔寨的司法效力以及法院、监狱和警察预防犯罪活动的能力，促进了柬埔寨政府对国家的有效治理。除此之外，在湄公河五国之间关于领土、难民、水资源管理与利用等纠纷中，澳大利亚还不时充当调停人、斡旋者的角色，这些行动对于缓解区域紧张局势、推动湄公河地区逐步走向民主、法治起到了积极作用。

而就湄公河五国本身而言，由于得到了 ADB 及澳大利亚等国的援助，自 2010 年以来，五国在双边跨境客货运、扩大东西经济走廊等方面取得了重大成就，各国积极加快和扩大区域内运输及贸易发展，大力促进双边和多边合作，以提高地区内民众的生活水平。根据《联委会未来三年（2013～2016）运输和贸易便利化蓝图规划》，在"三年规划"中将集中解决缅甸与泰国的双边旅游协议，落实柬埔寨、老挝、泰国之间的三边协议。这充分体现了湄公河五国依托外部援助解决民众贫困问题、改善区域内国家关系的愿望。而澳大利亚通过实施援助、同湄公河地区积极发展关系的行动，不失时机地迎合了湄公河五国这一利益诉求，为五国解决相关问题提供了有力的支持，国家间关系的改善也有助于深化区域合作与共同发展，这种良好的局面将进一步促进湄公河地区形势更加稳定和健康。

二是推动双边关系日趋紧密。湄公河五国是澳大利亚出口商品的主要输入国，通过在湄公河地区进行有效的边境管理来促进人员、物资和车辆的合法流通，防止诸如人畜传染病之类的跨境危害等，也是澳大利亚在湄公河地区的优先合作项目。最为关键的是，通过数额巨大的援助与多方面的合作，澳大利亚得以在湄公河地区建立起良好的声誉，而其与湄公河五国的双边关系也因此日益紧密友善。

在援助过程中，澳大利亚始终强调亚洲经济一体化对于保持亚洲经济发展的重要性，并认为巩固和扩大与湄公河五国的双边及多边关系符合澳大利亚在该地区的国家利益，即维护该地区的和平与安全，促进该地区的经济繁荣。因此，澳大利亚一直通过与东盟、亚太经合组织及其他地区性组织和机构的共同合作，积极推进湄公河地区的经济一体化进程，促进与该地区各方面的合作。而湄公河五国经济的相对多样性及较低程度的一体化，也给澳大利亚和它们的合作提供了极大的发展空间。通过与泰、越两国建立良好的双边与多边关系，既为澳、泰、越三国创造了较大的利益，同时也使其他几个经济相对落后的湄公河国家收益良多。

其中，澳大利亚与泰国有着长久而深厚的关系。在维护共同利益的同时，两国有着广泛的合作领域，包括贸易和投资、执法、反恐、教育、安全、移民和旅游等方面。两国通过东亚峰会、东盟地区论坛（ARF）、亚太经合组织（APEC）、亚欧会议和凯恩斯集团等组织与活动促进了双边关系的发展。2012年是澳泰建交60周年，两国政府于5月28日发表联合公报，宣布双方将加强在教育、贸易、救灾、能源、食品安全、地区及全球事务等方面的合作。为帮助老挝巩固和扩大经济基础、实现其经济的可持续发展，澳大利亚支持老挝政府促进贸易和投资便利化的各项举措；帮助老挝政府提高贸易管理的简便性和透明性，帮助老挝建立一个公布政府所有贸易程序的网站；还为老挝提供贸易资讯服务，使其商品在国际市场上更有竞争力。

这些举措，有效地促进了澳大利亚与湄公河五国的双边关系发展，使其与湄公河五国在国际重大问题上更趋协调一致。而良好的双边交流、沟通与互动，又反过来进一步推动了双边关系向着更为深入的方向发展，形成了一种良性循环，为澳大利亚与湄公河五国继续全面开展合作奠定了更为坚实的基础，也为国家间关系的发展提供了较为成功的范例。

总之，由于澳大利亚与湄公河国家的合作主要以援助方式进行，而其援助的重点又集中于缅甸、老挝、柬埔寨等区域内相对落后的国家。可以说，澳大利亚的积极介入不断改变着湄公河地区的地缘政治环境。

（三）结论

自开展独立自主外交以来，澳大利亚外交政策中一直存在着两个关键因素："通过同盟政治保障安全"和"通过地区参与获取影响"①。这使澳大利亚外交政策变化通常体现为在此二者之间的摇

---

① 宾科：《澳大利亚"中等强国外交"述评——聚焦陆克文政府外交政策》，广东外语外贸大学硕士研究生学位论文，2009，第37页。

摆。工党主要强调独立性、主动性和参与亚洲事务的重要性，显示出一定程度的"理想主义"色彩；而以自由－国家党联盟为主的保守派则侧重于彰显国家利益、保障国家安全、强化同盟政治，更强调走"务实道路"。在这样的情况下，"通过同盟政治保障安全"与"通过地区参与获取影响"必然成为澳大利亚在外交中的结构性矛盾。

尽管这一结构性矛盾必然会使澳大利亚在处理与湄公河五国关系时表现出一些摇摆，同时，澳大利亚总理更换、执政党更迭，不同的总理、不同的政府、不同的执政党，其外交政策也势必各有侧重。但澳大利亚全面面向亚洲、更加注重与东南亚国家关系、积极开展与湄公河五国合作的大趋势不会有根本性的转变。在地缘战略的现实中，澳大利亚不可避免地受到美澳同盟的影响和限制，但在区域政治的权衡下，澳大利亚在维护与其紧邻的东南亚海岛国家，如印尼、马来西亚、东帝汶等的传统关系的基础上，也日益重视距离相对遥远的湄公河五国，在促进该地区资源整合的同时，适度配合美国的东南亚战略和对华政策，以确保其自身在亚太地区特别是东南亚地区的地位。

澳大利亚发展与湄公河五国的关系、积极开展对该地区及单个国家的援助与合作，最主要的目的是扩大本国影响、获取国家利益。但对于中国而言，其配合美国从中国西南方向牵制中国、围堵中国的目的也明显存在，这对中国的经济发展和区域建设无疑是巨大的挑战。尽管如此，我们也必须看到，虽然对中国造成了牵制和挑战，但在经济、文化、社会、民主等方面，澳大利亚对湄公河地区的政策确实给相关国家及其民众带来了实实在在的好处，促进了该地区的稳定与发展。中国可借鉴澳大利亚的政策及利用澳大利亚对该地区援助创造的附带利益，深化与湄公河五国的关系；加强与区域外大国和地区组织沟通，力避竞争与冲突。

区 域 篇

Province and Country Reports

. 8

2013 年云南经济社会发展及其对
大湄公河次区域合作的参与*

陈松涛**

摘 要:

在世界经济持续低迷、国内经济下行的背景下,2013
年云南经济社会的发展实现了稳中向好:对外开放面
临新机遇、经济保持较快增长、改善民生工作不断推
进。2013 年云南对 GMS 合作的参与在机制、贸易与
投资合作、产业合作等方面又有新突破,2014 年的
参与有待于推进合作的升级。

---

* 本文为 2012 年云南大学人文社会科学青年研究基金项目"跨国人口流动与云南边疆安
全"的阶段性成果。

** 陈松涛,云南大学国际关系研究院讲师,博士研究生。

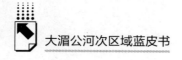
关键词：

云南　经济社会发展　GMS 合作

一　2013：云南经济社会发展稳中向好

（一）云南发展开放又逢新机遇

1. 滇中产业新区建设正式启动

2012 年 5 月，云南省委书记秦光荣提出了建设滇中产业新区的构想。2013 年 2 月 22 日，《中共云南省委云南省人民政府关于建设滇中产业聚集区（新区）的决定》获得原则通过，明确了"滇中产业新区建设是桥头堡建设实现突破的最大平台"的战略地位。4 月，云南省正式出台了《关于建设滇中产业聚集区（新区）的决定》，标志着覆盖安宁、易门、禄丰、楚雄、嵩明、寻甸、马龙的滇中产业聚集区（新区）建设正式启动。《决定》将滇中产业新区定位为桥头堡建设的核心区、产业发展的聚集区、改革开放的试验区、产城融合的示范区、科技创新的引领区和绿色发展的样板区，并确定了 2015 年和 2020 年新区的发展目标；确定了近期五项重点工作是搞好规划编制、积极推进产业集聚、加快基础设施建设、发展新型山地城镇、改善和保障民生。在新区建设中，《决定》强调在管理、投资、融资、国土资源管理、投资审批管理和招商引资等十个方面的创新。在 2013 年 6 月首届南博会上，滇中产业新区分别与银帝集团、新恒基国际（集团）有限公司、正大环球投资股份有限公司等 6 家企业签署了合作协议，还与云南省投资控股集团公司、国开行云南省分行、中国进出口银行云南省分行等 18 家金融机构签署了总额为 1740 亿元的滇中产业新区金融联盟战略合作协议。①

云南产业发展存在"一产不优、二产不强、三产不快"的突出问题，表现为新型产业弱小、工业结构畸轻畸重和高技术服务业发展滞后。为推进滇中产业新区的建设和云南经济的转型升级，云南把 2013 年定为"产业发展建设年"，采取大力发展高原特色农业、推进新型工业化、提升现代服务业、走"绿色发展"道路四大举措，着力于优化产业发展环境、创新产业发展投融资机制和强化人力资源的支撑。② 政府出台了产业建设年《三年行动计划》和《2013 年实施方案》，提出实施"12135 行动"，目标是分别形成一批千亿元产业、千亿元园区和千亿元企业。

2. "一带一路"建设再现云南优势

"一带一路"即"丝绸之路经济带"和"海上丝绸之路"，是中国当前全方位开放格局的新抓手，其基本要义是打通向西向南开放的通道，这是实现中国全面开放的必经之路。新南方丝绸之路构成"一带一路"的重要组成部分，云南在其中具有突出的地缘优势。当前云南的对外开放已经形成 GMS 及 BCIM（孟中印缅经济走廊）的开放两翼，分别连通着海上丝绸之路和陆上丝绸之路，特别是 GMS 合作机制经过 22 年的发展已形成一个成熟的制度框架，在政策、道路、贸易、货币等方面与 GMS 五国的互联互通是云南参与"一带一路"建设的良好基础。2013 年 5 月，李克强总理访问印度期间与印方签署了《中印联合声明》，共同倡议建设孟中印缅经济走廊，使孟中印缅地区合作及其走廊建设上升为国家战略；12 月 18 ~ 19 日召开的经济走廊四国联合工作组会议上，深入探讨了 BCIM 的发展前景、

---

① 殷雷：《聚焦 2013　滇中产业新区正崛起》，香港文汇网云南频道，http：//yn. wenweipo. com/fazhanyn/ShowArticle. asp？ArticleID = 54951。

② 吉哲鹏：《云南启动"产业建设年"　四举措推动经济转型升级》，新华网，http：// www. yn. xinhuanet. com/newscenter/2013 - 05/17/c_ 132389902. htm。

优先合作领域和机制建设等方面，在交通基础设施建设、投资和商贸流通、人文交流等方面达成共识，标志着历经 14 年的孟中印缅经济走廊建设从愿景进入实质推进阶段。"一带一路"新格局的构建为云南进一步的开放和发展提供了新的平台和机遇，"云南在我国对外开放新格局中将有重要突破"，[①] 云南参与 GMS 合作和 BCIM 建设也将有更多的政策支持和更具实质性的进展。

3. 对外开放进一步提升

近年来，随着云南和台湾之间合作交流的进一步加强，云台合作成为对外开放的新战略重点。2013 年 1~6 月，云台贸易额达 4.6 亿美元，同比增长 750%；新增台资企业 13 家，合同投资额达 5218.65 万美元，实际到位资金 2224.03 万美元，是 2011 年、2012 年两年之和的 9.3 倍。截至 2013 年 11 月，入滇的台资企业达 527 家，合同投资额为 8.932 亿美元，实际到位资金 5.554 亿美元。[②] 6 月 6~10 日，首届中国 – 南亚博览会成功举办，南博会突破了云南省的地域范畴，成为真正意义上的国家级国际性综合博览会，为云南的开放搭建了新平台，云南在对外开放中将更充分发挥前沿和窗口作用，也有助于云南与南亚国家探索产业合作的新路径和新领域，成为促进双边互利发展的新商机。9 月 28 日，国务院批准设立临沧边境经济合作区，该合作区 2011 年 12 月启动建设，规划面积为 3.47 平方千米，包括孟定核心园区、南伞园区和永和园区。截至 7 月底，临沧边合区开工建设项目有 154 个，完成规模以上固定资产投资 50.3 亿元。[③] 临沧边境经济合作区是自 1992 年国务院

[①] 张肖：《代表委员聚焦如何推进云南与"一带一路"对接融合》，国际在线，http://gb.cri.cn/42071/2014/03/09/6071s4456113.htm。

[②] 《云台合作成为对外开放新的战略重点》，云南网，http://yn.yunnan.cn/html/2013 – 11/21/content_ 2965507.htm。

[③] 《国务院批准设立临沧边合区》，《人民日报》（海外版），2013 年 10 月 22 日第 2 版。

批准瑞丽、畹町、河口三个国家级边境经济合作区以来第四个国家级边境经济合作区。

（二）经济保持较快增长

1. GDP 产值、财政收入再创新高

2013 年，云南省 GDP 完成 11720.91 亿元，较 2012 年增长 12.1%，增速列全国第 3 位。其中，第一产业完成增加值 1895.34 亿元，增长 6.8%；第二产业完成增加值 4927.82 亿元，增长 13.3%；第三产业完成增加值 4897.75 亿元，增长 12.4%。[1] 在第二产业中，工业增长表现强劲，云南省规模以上的工业实现增加值 3470.67 亿元，比上年增长 12.3%。其中，轻工业实现增加值 1528.14 亿元，增长 7.4%；重工业实现增加值 1942.53 亿元，增长 16.3%。[2] 为推动产业链、产业集群的发展并带动全省经济的转型升级，2013 年云南确定了云南白药、龙润集团、高深橡胶和昆钢控股等 27 家企业为省级战略性新兴产业培育对象，并投入 1.3 亿元的培育基金。云南省近年来在“三重”项目（重大项目、重点工程和重点企业）的融资已突破 2400 亿元，2013 年分别完成了南北大通道银团贷款 213 亿元、水利专项贷款 40 亿元、农村二级公路专项贷款 50 亿元、牛栏江—滇池补水工程专项贷款 30 亿元、州市铁路征地拆迁项目贷款 14 亿元、昆明新机场资本金搭桥贷款 47 亿元和银团贷款 76 亿元等贷款项目；此外，在多个州市开展的“金融支持州市行系列活动”获得了超过 3000 亿元的融资，[3] 为

① 《2013 年云南经济发展情况新闻简稿》，云南省统计局网站，http：//www. stats. yn. gov. cn/ TJJMH_ Model/newsview. aspx? id =2602355。
② 《2013 年云南经济发展情况新闻简稿》，云南省统计局网站，http：//www. stats. yn. gov. cn/ TJJMH_ Model/newsview. aspx? id =2602355。
③ 李莎：《云南全省“三重”项目融资突破 2400 亿元》，云南网，http：//yn. yunnan. cn/ html/2014 –02/24/content_ 3092173. htm。

"三重"项目的发展提供了资金保障。

2013年，全省财政总收入完成2975.7亿元，同比增长13.4%；地方公共财政预算支出达4096.6亿元，增长14.7%；地方公共财政预算收入完成1610.7亿元，较上年增加272.5亿元，增长20.4%。[①]在保证财政收支平稳、较快增长的同时，各级财政部门积极调整优化财政支出结构，教育、社会保障与就业、医疗卫生、农林水事务、交通运输和住房保障六个重点公共服务领域的财政支出达2784.64亿元，占全省公共财政支出的68%，较上年增加344.23亿元。[②]

2. 大通道建设继续发力

云南省对外开放发展的最大制约因素仍是交通状况，近年来以连接内外、通江达海、沟通"两洋"（太平洋、印度洋）为目标的国际大通道建设取得了实质性进展，云南与东南亚、南亚的联系日益加强。2013年，云南省综合交通基础设施（铁路、公路、水运和航空）建设完成投资913.65亿元，较上年增长40%，其中铁路建设完成投资267.35亿元，增幅为47.3%，铁路营运里程达2628千米，2月23日泛亚铁路东线重要组成部分玉（溪）蒙（自）段投入运营；公路和水运建设完成投资627亿元，增幅为34.9%，其中高速公路完成投资352亿元，同比增长53%，营运里程从2012年的2943千米增加到3200千米，锁龙寺至蒙自高速公路建成通车，云南首条出境高速公路昆明—河口高速全线贯通；机场建设完成投资19.3亿元，同比增长2.74倍，沧源机场开工建设，西双版纳机场扩建工程投入使用，其余机场项目加快建设。2013年6月，台北至丽江航线首航成功；10月，丽江－新加坡航线开通。

---

① 杨春雁：《2013年云南省财政总收入完成2975.7亿元》，云南网，http://finance.yunnan.cn/html/2014-01/08/content_3028018.htm。

② 《2013年云南经济发展情况新闻简稿》，云南省统计局网站，http://www.stats.yn.gov.cn/TJJMH_Model/newsview.aspx?id=2602355。

云南综合交通基础设施建设还获得了国家 216 亿元的公路建设补助资金，较上年增加 73.2 亿元，增幅超过 50%。[①]

2013 年 11 月，亚洲交通运输部长论坛第二届会议在曼谷召开，为了降低内陆国家的物流成本、优化物流流程并充分发挥亚洲公路网和泛亚铁路网在促进各国经贸中的作用，与会的亚美尼亚、柬埔寨、中国、印尼、伊朗、缅甸、韩国、俄罗斯和越南等 14 个成员国签署了联合国亚太经社会《政府间陆港协定》（ESCAP 决议 69/7 号），中国有 17 个城市被确定为国际陆港城市，云南的昆明、瑞丽、景洪和河口 4 个城市位列其中，昆明腾俊国际陆港、瑞丽货运中心、景洪勐养国际物流商贸中心及河口口岸交通物流园 4 个项目还被列入具有国际重要性的陆港清单，进一步凸显了云南在亚太交通网络中的重要性。

3. 进出口贸易稳增、对外实际投资首破 8 亿元

2013 年云南省进出口贸易额达 1598.9 亿元人民币（约合 258.3 亿美元），扣除汇率因素后较上年增长 22.9%，增速高出全国平均值 15.3 个百分点。出口额为 986.8 亿元人民币（约合 159.6 亿美元），增长 59.3%，增幅居全国第一位；进口额为 612.1 亿元人民币（约合 98.7 亿美元），下降 10.2%。其中，一般贸易额为 142.1 亿美元、边境小额贸易额为 33.3 亿美元，分别增长 25.9% 和 55.1%。在地区层面，东盟成为云南最大贸易伙伴，2013 年双边贸易额达 109 亿美元（增长 61%），占全省外贸总量的 42.2%；与欧盟（17.4 亿美元）和南亚（7.8 亿美元）的双边贸易额分别增长 57.1% 和 35.6%，增幅较大；但与拉丁美洲的贸易额仅为 12.6 亿美元，同比下降 36.1%，降幅较大。美国、韩国近年来一直是云南的重要贸易伙伴，2013 年双边贸易额较上一年均

---

① 《云南构筑水陆空立体交通网》，《人民日报》（海外版），2014 年 1 月 14 日第 2 版。

有所增加，分别达 12.4 亿美元和 10.2 亿美元，在全省外贸额中的比重亦有所上升。进出口商品方面，金属矿砂仍是云南第一大类进口商品，进口额为 21.1 亿美元，[①] 出口商品主要包括机电、农产品、纺织品和服装、有色金属、电力、化肥等，玉石为新增出口品种。农产品出口在 2013 年继续"量值齐增"，1～10 月出口总量就达 92.8 万吨，同比增长 15.9%；出口额为 18.6 亿美元，增长 18.7%，稳居西部之首、全国第 7 位，占全国同期农产品出口总额的 3.5%，较全国总体水平高出 11.6%。蔬菜出口占最大份额，出口量为 51.9 万吨、出口额为 5 亿美元，分别增长 16.9% 和 22.3%；水果为第二大类出口产品，出口量为 20.8 万吨，出口额为 4.7 亿美元，分别增长 20.8% 和 58%。中药材成为出口增长最快的农产品，出口量为 4124.6 吨，出口额为 2561 万美元，分别增长 49.4% 和 12.3 倍。[②]

对外投资合作方面，2013 年云南省新批境外投资企业 40 家，对外实际投资突破 8 亿美元，同比增长 15.6%，截至年底，云南境外投资企业已达 440 家，对外实际投资累计达 33.8 亿美元。境外投资行业分布在国民经济行业分类的 12 个大类，涉及矿产开发业、制造业、农林牧渔业、建筑、批发和零售、租赁和商贸服务等。民营企业逐渐成为云南对外投资的中坚力量，云南建生、云南海诚等民营企业在 2013 年的实际投资额达 46664.5 万美元，超过全年实际投资额的一半，所占比重首次超过了国有企业。[③]

---

① 杨之辉：《2013 年云南省外贸再创新高 进出口额 258 亿美元》，云南网，http://yn.yunnan.cn/html/2014-01/18/content_3043396.htm。

② 沈学良：《云南省农产品出口稳居西部之首》，云南网，http://big5.yunnan.cn/2008page/yn/html/2013-12/02/content_2979344.htm。

③ 《云南 2013 年对外投资破 8 亿美元》，中国新闻网，http://www.chinanews.com/df/2014/02-11/5822724.shtml。

4. 粮食产量首破 1800 万吨、农业生产继续发展

在连续四年干旱的不利条件下，2013 年云南省粮食总产量再创新高，首次突破 1800 万吨（达 1824 万吨），较上年增长 4.3%。大春粮食取得了近 5 年来的最好成绩；秋粮达 1557.8 万吨，增产 77.3 万吨，增幅为 5.2%；夏粮为 240.4 万吨，较上年减产 3.08 万吨，降 1.30%。粮食单产为 270.26 千克/亩，较上年同期增加 5.22 千克/亩，增幅为 1.97%。[①] 农业总产值达 3056.44 亿元，较上年增长 7%。[②] 为保障农业生产，2013 年中央和省级财政累计投入科技增粮资金 4 亿多元，另有农业、科技、教育等部门投入 1.3 亿多元。农业保险范围继续扩大，成为仅次于车险的第二大险种，品种已达 16 个，居全国前列，基本覆盖了云南农业经济中重要的粮食作物、经济作物和大小牲畜。为促进"森林云南"建设，云南还首创了保费较低、面积最大及投保林业农户最多的森林保险统保模式。在红河州试点开展"除虫菊商业性保险"，每亩保费 20 元（保险金额为 400 元），承保除虫菊达 25000 亩，承保范围包括火灾、雹灾、洪灾、内涝、风灾、冻灾和旱灾。

高原特色农业主要农产品量增价涨、品质提升。2013 年花卉种植面积达 95 万亩，总产值达 340 亿元，鲜切花总产量达 78.3 亿枝，连续 20 年保持全国第一。云南山茶、国兰、高山杜鹃等销量猛增，茶花和高山杜鹃销售量达 1200 万株，占全国总销量的 80%，兰花销量达 3 亿株；加工用花卉生产面积达 50 万亩，产量达 50 万吨，农业产值为 24 亿元，加工产值达 20 亿元。[③] 10 月，

① 赵航：《2013 年云南粮食总产量 1824 万吨 创历史新高》，云南网，http：//yn. yunnan. cn/html/2013 - 12/01/content_ 2978825. htm。
② 《2013 年云南经济发展情况新闻简稿》，云南省统计局网站，http：//www. stats. yn. gov. cn/TJJMH_ Model/newsview. aspx？ id =2602355。
③ 《云花产业谋求做大谋强 截至去年总产值达 340 亿元》，云南省人民政府门户网站，http：//www. yn. gov. cn/yn_ ynyw/201402/t20140221_ 13372. html。

省财政投入 1 亿元专项资金用于 50 万亩"高标准、规范化、集约化"的冬马铃薯示范基地建设项目，涉及曲靖、红河等 12 个州市的 39 个县市区，该项目的实施使马铃薯的亩产量达 3 吨、亩产值达 4000 元，以此带动全省冬马铃薯种植面积达 420 万亩、产值达 135 亿元。[①] 2013 年云南省申报的龙陵紫皮石斛、腾冲红花油茶油、广南铁皮石斛、芒市石斛、泸西除虫菊等 9 个产品获得了国家地理标志保护，受保护产品的数量增加到 12 个。云南省把发展核桃、油茶、澳洲坚果、油橄榄等木本油料作为山区发展高原特色农业的途径，每年投入 1.3 亿元专项扶持资金，木本油料种植基地已达 4200 多万亩，产量达 60 万吨，产值达 175 亿元，其中核桃、澳洲坚果和膏桐的种植面积、产量和产值均居全国首位，云南已成为全国最大的木本油料种植基地；产区农民人均年收入达 700 元，主产区人均收入超过 1000 元。通过培育推广优良品种、创新发展模式，木本油料的产业链不断延长拉宽，核桃产品加工、销售企业已发展到 500 余家，年加工产值超过 20 亿元。[②]

2013 年，在全国茶叶市场价格整体低迷的形势下，"云茶"实现了种植面积、产量、产值和茶农收入的"四反增"，综合产值突破 300 亿元，达 300.75 亿元，茶农人均收入达 1840 元，同比增加 340 元。2013 年度共完成中低产茶园改造 48.7 万亩，新增种植面积 6 万亩，绿色防控 25 万亩，无性系茶园面积达 223 万亩，无公害茶园 500 万亩，有机茶园 38.08 万亩。茶叶总产量达 30.98 万吨，增长 13.27%；成品茶产量

---

① 张锐：《云南 50 万亩冬马铃薯示范基地开建》，云南网，http：//yn. yunnan. cn/html/2013 – 10/11/content_ 2911474. htm。

② 张锐：《云南建成最大的木本油料基地 打造绿色能源产业》，云南网，http：//yn. yunnan. cn/html/2013 – 07/29/content_ 2823571. htm。

达 20.55 万吨，茶产品加工精制率达 66.33%，茶农人均收入同比增加340 元。①

（三）科研创新与传统文化保护并重

1. 科研创新能力不断提升

云南省不断优化基础研究平台，截至 2013 年 11 月，省级重点实验室已达 35 家，国家工程实验室 2 家、部省共建国家实验室培育基地 3 家、省部级野外台站 737 个、国家重点实验室（含企业）3 家；全省获得国家重点基础研究发展计划（973 计划）和重大基础研究计划的首席科学家 12 人，21 人获得国家杰出青年科学基金。② 2013 年，云南有 6 个项目获本年度国家科学技术二等奖，其中自然科学奖 1 项、技术发明奖 2 项、科技进步奖 3 项，获奖项目领域涉及天文、生物、医药、环境保护、计量标准、矿产资源调查理论方法。中科院云南天文台韩占文研究员主持完成的"大样本恒星演化与特殊恒星的形成"获得自然科学二等奖；中科院昆明动物研究所赖仞研究员主持完成的"基于生物生存策略的有毒动物中药功能成分定向挖掘技术体系"获得技术发明二等奖；中国林科院资源昆虫研究所陈晓鸣研究员主持完成的"紫胶资源高效培育与精加工技术体系"获科技进步二等奖，该成果已在云南等 10 省区推广种植 217 万亩，增产 20 倍，14.5 万农户受惠。③ 自 2010 年以来，云南省申请国家创新基金（支持科技型中小企业技术创新的政府专项基金）已连续 4 年保持快速增长，获得的立项

① 张锐：《云南省茶产业量价齐增 综合产值 300 亿元》，云南网，http：//yn. yunnan. cn/html/2014 - 01/08/content_ 3027030. htm。

② 袁海毅：《云南建成省级重点实验室 35 家》，云南网，http：//yn. yunnan. cn/html/2013 - 11/23/content_ 2968783. htm。

③ 庞继光：《云南 6 项目获 2013 年度国家科技奖》，云南网，http：//yn. yunnan. cn/html/2014 - 01/12/content_ 3032661. htm。

数、资助金额在西部省区市中居第 2 位，2013 年共有 209 个项目立项（企业创新项目 181 项，服务机构补助资金项目 28 项），创历史新高，获得国家财政支持资金 1.356 亿元，[①] 主要集中在新材料、生物医药、光机电一体化、资源与环境、电子信息、新能源等战略性新兴产业领域。省农科院甘蔗研究所张跃彬团队开展的"抗旱甘蔗新品种及配套技术推广应用"项目获得了 2012～2013 年全国农牧渔业丰收奖，项目组筛选和选育出"粤糖 86-368"和"云蔗 03-194"等 8 个丰产高糖甘蔗抗旱品种系统，在全省 256 个示范区累计推广抗旱甘蔗良种 434.3 万亩，甘蔗每亩增产 0.7 吨，累计增收甘蔗 304 万吨，糖产量增加 38.5 万吨，工业增收 23.1 亿元，蔗农增收 12.77 亿元。[②]

2013 年云南省专利申请工作取得重大进展，全年专利申请量为 11512 件，首次突破万件大关，同比增长 24.32%。其中发明专利为 3961 件，增长 19.16%；实用新型和外观设计专利申请量分别为 5705 件和 1846 件，分别增长 27.29% 和 26.96%。其中企业专利申请量为 6031 件，增长 41.47%。专利授权量为 6804 件，截至 2013 年，全省专利申请量累计 71169 件，专利授权量累计 43532 件，专利工作的重大突破成为云南经济社会发展的一个推动力。[③]

2. 传统村落入选全国第一

根据《国家传统村落评价认定指标体系（试行）》关于村落传统建筑、村落选址格局和非物质文化遗产三项指标体系的要求，2012 年以来云南省共登记上报了 1371 个传统村落，2012 年有 62 个、

[①] 熊燕：《云南 209 个项目获国家创新基金支持》，云南网，http://big5.yunnan.cn/2008page/yn/html/2013-10/20/content_2923524.htm。

[②] 陈云芬：《云南省甘蔗良种繁育体系建立 为农民增收 12.77 亿元》，云南网，http://yn.yunnan.cn/html/2013-11/21/content_2965487.htm。

[③] 陈云芬：《去年云南省专利申请量首次破万件》，云南网，http://yn.yunnan.cn/html/2014-02/11/content_3071366.htm。

2013 年有 232 个列入国家级传统村落，占全部国家级传统村落总数的 20%，数量为全国第一。[①] 入选的国家级传统村落分布在丽江、大理、保山、玉溪、临沧、文山、红河等州市，如玉龙县宝山乡宝山石头城村、大理市喜洲镇喜洲村、剑川县沙溪镇寺登村、腾冲县和顺镇水碓村、沧源县勐角乡翁丁村、麻栗坡县董干镇城寨村等，入选村落的相关保护措施有助于传统建筑的修缮、保护和人居环境的提升。

（四）继续坚持民生优先

2013 年在"稳增长、调结构、惠民生"的目标下，云南共投入 195.7 亿元用于民生工程，其中社会救助经费为 119.9 亿元，城乡享受低保人数分别达到 103 万人和 467 万人；2 亿元用于灾害应急处置能力建设和救灾应急指挥系统建设；4.77 亿元用于养老服务体系建设和孤儿保障工作；17.8 亿元用于双拥优抚安置工作。[②] 最低生活保障工作方面着力于逐步缩小城乡差距和区域差距，出台了《云南省人民政府关于进一步加强和改进最低生活保障工作的实施意见》，规定最低生活保障标准要与经济社会发展水平相适应，救助标准与物价上涨相挂钩，以加强最低生活保障与其他社会救助制度的有效衔接。

1. 进一步深化医疗改革、加强食品饮水安全

2013 年云南省医疗改革突出"医保、医药、医疗"三项重点工作，全民医保体系进一步健全完善。截至 12 月底，全省城镇职工和居民参加基本医疗保险的人数达 1118.73 万人，基本实现了全覆盖；新农合参合人数为 3250.45 万人，参合率达 97.77%；城乡

① 杨春雁：《云南省 294 村入选国家级传统村落　数量位居全国之首》，云南网，http：// yn. yunnan. cn/html/2013 – 11/15/content_ 2958095. htm。

② 尹朝平：《去年全省民政系统投入 195.7 亿保障和改善民生》，云南网，http：//yn. yunnan. cn/html/2014 – 02/26/content_ 3096258. htm。

居民医保财政补充标准人均每年提高 40 元，达到 280 元；129 个县（市、区）开展医疗救助"一站式"即时结算服务管理，所有政府办基层医疗卫生机构和村卫生室全面实施基本药物制度，全年药品集中采购平台基本药物累计采购金额达 33.45 亿元。① 将儿童先心病、白血病、乳腺癌、肺癌等 20 个病种纳入重大疾病保障范围，实行按病种包干付费，包干费用内新农合基金可补偿 70%。1~7 月，共有 20539 名参合农民享受到 20 种重大疾病提高补偿水平待遇，新农合补偿资金 1.34 亿元，医疗救助资金 38.25 万元。② 云南还积极探索开展新农合大病补充保险试点，鼓励各地采取统一购买商业大病补充保险或者大病二次补偿等多种模式，以切实提高农村居民重大疾病的医疗保障水平。

为保卫餐桌安全，云南出台了《2013 年云南省打击食品犯罪保卫餐桌安全专项整治行动方案》，自 6 月 25 日起在全省范围内开展为期 6 个月的食品安全专项整治行动，涉及餐桌安全、饲料农药、地方特色食品、进出口食品、儿童食品、农村学生营养改善计划、旅游市场食品及食品标签标识八个方面。云南省继续加快饮水安全工程建设步伐，特别关注农村饮水安全问题，水利部门编制的饮水安全规划将 2192.2 万农村人口和 110 万名农村学校师生列入国家饮水安全规划中。2013 年投入资金 26.9 亿元解决了 413.1 万农村人口的饮水安全问题，投入金额为历年之最，截至年底已解决了近 200 万氟超标、砷超标、苦咸水超标人口及 27 万人口较少民族等特殊群体的饮水安全问题。③

---

① 刘熙：《2013 年底云南参加基本医疗保险人数达一千万余人》，云南网，http://yn. yunnan. cn/html/2014 – 02/24/content_ 3092165. htm。

② 王劲松：《云南：20 病种纳入大病保障　新农合基金补偿达 70%》，云南网，http：//yn. yunnan. cn/html/2013 – 09/14/content_ 2885644. htm。

③ 张锐：《2013 年云南省 26.9 亿元投向饮水安全》，云南网，http：//yn. yunnan. cn/html/2013 – 12/26/content_ 3011928. htm。

2. 保障性安居工程、救灾应急能力建设稳步推进

2013 年云南全省城镇保障性住房建设开工 30.36 万套,基本建成 23.4 万套,完成投资 315 亿元;制定了相关标准和程序用于健全、完善保障性住房的准入退出机制,全年共分配住房 46.65 万套,为 22.58 万户住户发放租赁补贴。完成农村危房改造及地震安居工程 50 万户,实现总投资 107.8 亿元,受益人口达 225 万人。在抗震防震和灾区恢复重建工作方面,宁蒗、彝良、洱源三个地震灾区 92435 户恢复重建民房基本建成入住,其他恢复重建工程开工率达 60% 以上。① 云南继续提高自然灾害救助应急反应能力建设,截至 2013 年 7 月底,云南省级财政先后投入储备库建设补助资金近 2 亿元,初步形成以省级救灾物资储备库为中心,滇中、滇东、滇南、滇西和滇西南 5 个省属分库为基础,11 个州(市)所在地救灾物资储备库为辐射,92 个县级库为支撑和乡镇储备库(点)为补充的救灾物资储备网络,还投入了 6500 万元用于采购救灾物资。②

3. 生态保护和节能项目建设持续推进

为了保护滇西北生态环境,云南省筹资 70 亿元用于建设生物多样性保护体系,并在全国率先启动极小种群物种保护。截至 2013 年 10 月,云南已建立了总面积达 286.63 万公顷的自然保护区 156 个、90 万公顷的国家公园 8 个和森林公园 40 个,其中自然保护区涉及的珍稀濒危特有野生植物和极小种群植物分别在 90% 和 60% 以上。③ 2013 年云南自然保护区达 162 个,其中国家级自然

① 朱丹:《云南省 2013 年保障性安居工程取得实效 基本建成 23.4 万套》,云南网,http://yn.yunnan.cn/html/2014–01/17/content_ 3041056.htm。

② 杨之辉:《云南建成辐射全省的救灾物资储备网络》,云南网,http://yn.yunnan.cn/html/2013–09/25/content_ 2897376.htm。

③ 管弦:《云南筹资 70 亿元保护滇西北生态环境》,云南网,http://yn.yunnan.cn/html/2013–10/18/content_ 2921483.htm。

保护区 21 个、省级自然保护区 38 个、市级自然保护区 57 个及县级自然保护区 46 个。为实现云南生物多样性保护有序开发及科学编制《云南省生物多样性保护战略》和《云南省生物多样性保护"十三五"规划》，11 月 19 日云南启动了"云南省生物多样性保护战略与行动计划研究项目"，获得国内配套 60 万元人民币、亚洲开发银行（ADB）60 万美元的资金支持。

为促进生态保护和环保工作，云南省积极推进企业节能技术，组织实施重点节能项目作为促进产业升级、提高企业效益的一个重要途径，2013 年投入 100 多亿元资金用于重点推进 200 项节能示范项目，包括余热余压利用、电机系统节能、能量系统优化等 9 个大类，项目建成投产后每年可节约标准煤 282 万吨，二氧化碳和二氧化硫的排放可分别减少 600 万吨和 4.5 万吨。[①]

二　2013 年云南对 GMS 合作的参与

（一）2013 年云南参与 GMS 合作的新进展

1. 合作机制

2013 年 6 月 5 ~ 10 日，在昆明举办了第五届 GMS 经济走廊活动周，主题为"推进务实合作，促进区域发展"，目的是充分发挥 GMS 商务理事会、运输商协会及联盟的引领作用，利用活动周这一平台促进 GMS 与云台产业的合作，推动 GMS 物流行业、电子商务行业、园区建设和文化传播行业等合作，加快 GMS 各领域互联互通的步伐，以提高地方政府和企业的参与程度。除了 GMS 各参

---

① 田逢春：《云南重点推进 200 项节能示范项目》，云南网，http：//yn. yunnan. cn/html/2013 – 08/30/content_ 2865111. htm。

与方，本届活动周还首次邀请台湾企业参加。活动周期间先后召开了 GMS 运输商协会能力建设研讨会、GMS 商务理事会第四次会议、GMS 与云台产业合作对接会、GMS 电子商务与供应链大会暨 GMS 供应链联盟 2013 年会，以及中老、中缅跨境经济合作区建设协商会议等。其中，GMS 供应链联盟 2013 年会的目的是整合 GMS 内的电子商务和供应链服务资源，讨论议题将"GMS 合作机制""电子商务"和"供应链"结合起来。6 月 7 日召开了以"推动合作创新 促进区域发展"为主题的 GMS 商务理事会第四次会议，强调应加强促进互联互通，落实"面向东盟次区域、服务工商界、互利共赢"的原则，推进理事成员间的合作，会上还签订了首届"GMS 形象大使选拔赛"的合作协议。7 月 23～29 日在昆明举办了"第二届 GMS 六国商品展"，充分展示了次区域六国优质的特色商品和文化。

2013 年 5 月 8 日，"中国磨憨－老挝磨丁经济合作区建设联合工作组特别工作小组会议"在西双版纳磨憨口岸举行，会议讨论和完善了由云南省工作组起草的《中国磨憨－老挝磨丁经济合作区建设合作的框架协议（草案）》；6 月 9 日，双方正式签署了《关于加快推进中国磨憨－老挝磨丁经济合作区建设合作的框架协议》。云南为加快推进合作区建设，于 8 月出台了《省政府支持西双版纳州磨憨跨境经济合作区若干政策》，给予了跨境经济合作区在财税、投融资、产业、土地、公共服务、行政管理、人才和机制建设等领域的 22 条优惠政策。10 月 15 日召开的中国云南－老挝北部合作特别会议暨工作组第六次会议签署了《中国磨憨－老挝磨丁跨境经济合作区框架协议》，双方确定"以旅游度假产业为先导、以商业贸易和金融商务产业为核心、以文化传媒和教育医疗产业为支柱"的产业定位，双方同意积极发挥中国云南－老挝北部合作工作组这一合作机制的作用，加强政府和民间交往，以各自的优势和潜力促进双边贸易投资合作，推动互联互通等，双方签署了《加快中国磨憨－老挝磨丁经济合作区建设合作备忘录》。

2013 年 6 月 3 日，云南河口口岸管委会与越南老街省口岸管委会召开年度第一次会谈，讨论了口岸自助通关系统的建设使用、边民互市贸易协作、双方口岸对过境的进出口货运车辆收费、中越边境管理、疫情疫病联防联控等问题，还签署了《中国河口口岸管理委员会与越南老街省口岸管理委员会会谈纪要》。

2013 年 8 月 19 日，第一届中国云南－缅甸合作论坛在昆明举行，双方在会上讨论了贸易、旅游、交通基础设施建设和农业等领域的合作。该论坛是云南与缅甸之间建立的省部级沟通协调机制，是继滇越、滇老、滇泰合作机制后中国云南与周边国家建立的又一个重要合作机制，进一步完善了中国云南与周边国家开展合作的布局。

中老泰边境地区六方合作机制自 2010 年 3 月建立以来，已成为推动中老泰边境地区全方位、多层次交流与合作的一个重要平台，在双边或多边经济、文化、教育等领域合作中的作用日渐突出。2013 年 12 月 17 日，六方合作机制第四次会议签署了《中老泰边境地区六方合作第四次会议备忘录》，同意缅甸景栋市和老挝乌多姆赛省加入合作机制，使三国六方合作机制发展成四国八方，确定了水陆空交通运输网络建设、促进贸易便利化进程、提升旅游合作水平、加强教育合作及人才培养四个重点合作领域。

2013 年，云南边防与老、缅、泰三方共开展了 10 次湄公河联合执法，航程达 5124 千米；云南边防共派出 85 艘次执法船艇、1483 名执法人员，航行 322 小时。[1] 联合执法有效维护了湄公河航

---

① 蒋卓成：《云南边防 2013 年共开展湄公河联合执法 10 次》，中新网，http://www.chinanews.com/fz/2014/01 - 21/5761281.shtml。

运及流域安全，提升了区域执法合作水平，实现了四国联合巡逻执法的常态化。

2. 交通建设的互联互通

近年来随着中老经贸关系的发展，磨憨（中国）－磨丁（老挝）口岸现有客货混用通道已无法满足两国人员、货物出入境的需要，2013 年 5 月 15 日，中老外交部代表商讨在磨憨－磨丁口岸设立货运专用通道的事宜，双方原则同意在磨憨口岸设立货运专用通道，实现人、货分流。

2013 年 8 月 18 日，云南省腾冲猴桥口岸新建联检楼和货检中心开始运行，有效提升了口岸的通关保障能力，对打开中国通往南亚大通道具有里程碑意义。

2013 年 12 月 11 日，第 4 座连接泰国和老挝、横跨湄公河的清孔－会晒大桥建成通车，昆曼国际公路最后的瓶颈得以解决，实现了全程贯通。大桥的建成通车使昆明到曼谷的 1800 多千米路程缩短到 20 小时，有助于促进云南与老挝和泰国的贸易往来，"大湄公河次区域南北经济走廊"建设真正完成，也使中国－东盟自由贸易区最终实现了海陆联运的无缝连接。

2013 年 12 月 28 日，中老双边公路客货运输口岸勐康口岸－兰堆国际口岸正式开放。勐康口岸距离云南普洱市 126 千米、距老挝丰沙里省约乌县 52 千米，2008 年 7 月开工建设，总投资 1.67 亿元，是云南通往老挝及东南亚较便捷的陆路通道之一，也是云南与老挝之间继磨憨口岸后的第二个国家级陆地口岸，具有显著的区位优势和物流优势。

3. 双边贸易与投资合作

2013 年云南与次区域五国之间的贸易大幅增长，贸易总额达 76.198 亿美元，与 2012 年 43.728 亿美元相比，增长 74.25%。缅甸仍是云南第一大贸易伙伴，双边贸易额较上年增长 83.6%；滇老和滇柬双边贸易额增速强劲，分别增长 202.2% 和 114.6%（见表 1）。

表 1　2013 年云南与 GMS 五国的双边贸易

单位：万美元

国别	进出口	出口	进口	贸易差额	同比（%）		
					进出口	出口	进口
缅甸	417259	243482	173777	69705	83.6	59.2	134
柬埔寨	1438	1359	79	1280	114.6	102.8	—
老挝	104977	72756	32221	40535	202.2	377.2	65.4
泰国	105065	66410	38655	27755	50	51.4	47.6
越南	133240	107667	25573	82094	27.4	30	17.6

资料来源：云南省商务厅。

投资合作方面，大湄公河次区域五国是云南省企业"走出去"的主体市场，2013 年全省企业在缅甸、老挝、越南、柬埔寨、泰国五国实际投资共达 5.819 亿美元，超过同期实际投资总额的七成。[①] 其中对缅甸、老挝和越南的投资呈增长态势，协议投资额达 7.528 亿美元，实际投资额为 4.677 亿美元。2013 年 7 月，云南建盛投资有限公司成功签约投资项目，计划在缅甸曼德勒胶色投资建设一条日产 5000 吨熟料水泥生产线，计划总投资 1.4 亿美元，建盛投资有限公司占股 51%。

滇泰贸易投资合作：2013 年 3 月，云南联盟国际科技有限责任公司和云南欣农科技有限责任公司与泰国国家石油公司签订了 100 万吨成品油的购销协议。云南出口到泰国的商品主要是鲜花、蔬菜、磷化工产品和机电产品，从泰国进口的主要商品是橡胶及制品和水果等。泰国商户在云南的投资逐渐增加，涉及酒店业、水电

---

① 《云南 2013 年对外投资破 8 亿美元》，中国新闻网，http://www.chinanews.com/df/2014/02-11/5822724.shtml。

工程、食品加工和家居等领域，项目已达 100 多个。截至 2013 年 9 月，云南在泰国的投资企业有 16 家，协议投资额为 2.2 亿美元，实际投资额为 1.28 亿美元，[①] 投资领域涉及邮政业、农副产品进出口、矿产开发、酒店经营管理等。

滇老投资合作：由于税收和水电方面的优惠政策，云南企业在老挝的投资增速显著，2013 年新增项目 11 个，协议投资额和实际投资额较上年均有大幅增长（见表 2）。2013 年 6 月，云南昌胜达投资有限公司在老挝投资 10 亿多元人民币，意在打造"东南亚咖啡产业经济圈"，计划未来 3 年内，在老挝丰沙里省 6 个县开发种植的原生态咖啡园面积将达 18 万亩。万象赛色塔综合开发区是云南省承建的唯一一个国家级境外经贸合作区，由云南省海外投资有限公司主办，2013 年招商引资工作顺利推进，云南东岩实业有限公司和老挝国家石油公司合作的老挝第一个成品油精制项目计划入驻园区。

表 2   2013 年云南对 GMS 国家的投资统计

单位：万美元

国别	新批境外投资企业	协议投资额			实际投资额		
		2012	2013	同比（%）	2012	2013	同比（%）
缅甸	5	5996.82	25395.89	323.49	12730.6	11601.4	-8.87
老挝	11	29663.3	47137.77	58.91	16104.45	32645.27	102.71
越南	1	2238.3	2749.5	22.84	2334.8	2524.2	8.11

资料来源：云南省商务厅。

工程承包方面，2013 年云南在次区域五国新增项目 46 个，新签合同额为 2012 年的 1.65 倍，其中在老挝的新增项目达 31 个，居第一位（见表 3）。

---

① 《滇泰合作"花"香四溢》，云南网，http：//asean. yunnan. cn/html/2013－11/13/content_ 2955453. htm。

表3　2013年云南在GMS五国工程承包统计

单位：万美元

国　别	新签项目数	新签合同额			完成营业额		
		2012	2013	同比（%）	2012	2013	同比（%）
缅　甸	11	19555	12772	-34.69	12816	7336	-42.76
老　挝	31	47316	96844	104.67	20638	15824	-23.33
越　南	3	1518	3607	137.62	4865	6491	33.42
柬埔寨	1	311	450	44.69	311	320	2.89
泰　国	0	0	0		1046	0	

资料来源：云南省商务厅。

4. 电力合作

经过10年的发展，云南与越南、老挝、缅甸实现了电力联网，初步建立了次区域的电力交换平台，被称为中国与东南亚的"第四条经济大通道"，"云电外送"为次区域国家提供了稳定的电力保障。自2004年云南开始向越南老街送电以来，现已形成4个通道6条线路，2013年对越南送电31.92亿千瓦时，同比增长21.2%；截至2013年底，云南对越送电累计达272.2亿千瓦时，收入为14.4亿美元。2013年云南对老挝送电2.04亿千瓦时，同比增长97%；截至2013年底，对老挝的累计送电量为4.73亿千瓦时，收入为3048万美元。电力外送的同时，电力回送也逐年增加，2013年云南从缅甸瑞丽江水电站（11.2亿千瓦时）、缅甸太平江水电站（7.65亿千瓦时）共购买电量18.85亿千瓦时，截至2013年底，从这两个电站累计购买的电量已达95.4亿千瓦时。[①]

5. 农业合作

大湄公河次区域农业科技交流合作组自2008年成立至今，通

[①] 《中国云南与越老缅实现电力联网》，云南网，http://asean.yunnan.cn/html/2014-01/10/content_3031399.htm。

过合作组平台交换的品种已达 264 个，其中云南省农科院选育的 38 个适宜品种（组合）及配套栽培技术已在次区域五国示范种植 9.76 万亩。[①] 2013 年 10 月 12 日，GMS 农业科技交流合作组第五届理事会暨农业科技合作交流研讨会通过了《关于成立大湄公河次区域农业经济工作组的决定》，成立了 GMS 农业经济工作组，旨在提高农业生产技术和可持续发展能力并支撑粮食安全、消除贫困和保护环境，是次区域跨国农业经济合作交流发展的一个重要平台。农业经济工作组将在已有的大豆、陆稻、甘蔗、马铃薯和植保五个专业工作组合作的基础上，开展 GMS 各国间农业经济信息共享、人力资源交流培训，并提供区域农业生产技术，提升可持续发展能力。会上专题研讨了"农业科技合作平台建设促进次区域农业、农村发展"，决定进一步深化和扩大合作领域、完善合作机制，重点工作是推动各国间农业生产情况、农作物布局、农业生产消费、农业政策等相关信息的交流共享并开展人员培训、次区域农业发展战略研究等。

作为云南省桥头堡战略的重点工程——瑞丽国家重点开发开放试验区，其重要建设内容之一就是加强与缅甸的农业合作。2013年 4 月，瑞丽市通过了《中缅现代农业合作示范区战略规划》评审，该农业示范区的发展定位是成为桥头堡农业合作大平台、亚洲柠檬之都和东南亚地区重要的特色农业基地，滇缅农业合作前景广阔。[②] 在 12 月举办的第 13 届中缅边交会期间，滇缅双方就现代农业合作达成了共识，为推进双边农产品贸易，拟在缅甸木姐建立百亩水稻高产示范区，并签订了在缅甸建立 200 亩柠檬种植基地的项

---

① 吉哲鹏：《大湄公河次区域六国搭建农业经济合作发展平台》，新华网，http://asean. yunnan. cn/html/2013 – 10/14/content_ 2915688. htm。

② 顾一航：《云南侨乡瑞丽打造中缅现代农业合作示范区》，中新网，http://www. chinanews. com/qxcz/2013/04 – 03/4701836. shtml。

目。截至 2013 年 8 月，云南临沧市已与缅甸合作建成的高原特色
农产品生产基地已达 104 万亩，主要种植咖啡、橡胶和澳洲坚果，
今后的种植面积预计达 300 万亩。①

6. 跨境人民币结算业务和沿边金融综合改革试验区建设

云南自 2010 年 7 月开展跨境人民币结算业务以来，结算总量
逐年增加，2013 年人民币跨境结算达 591.01 亿元，较 2012 年增长
了 30.8%。② 截至 2013 年底，跨境人民币结算总量累计突破千亿
元，达 1314 亿元，在全国排第 17 位、边境 8 省中排第 4 位。跨境
人民币结算业务现已扩展到 61 个国家和地区，辖区内有 23 家银
行、247 家分支机构参与结算业务，并已形成了代理行、清算行、
非居民账户（NRA）和现金结算 4 种清算方式。次区域越南、老
挝、缅甸和泰国四国共有 14 家银行分别与云南省的 7 家金融机构
开设了人民币同业往来账户 34 户（2012 年为 29 户）。2011 年 12
月云南开始人民币对泰铢银行间市场区域交易，截至 2013 年底，
人民币对泰铢累计交易达 533 笔共 29.04 亿元、对老挝基普累计交
易 14 笔共 991.32 万元。③ 为适应中越贸易发展、满足客户和企业
对人民币跨境贸易结算业务的需求，2013 年 4 月，云南省农村信
用联社与越南农业与农村发展银行老街省分行进一步加强合作，双
方经过多次协商后拟定了《跨境人民币结算业务合作框架协议》
和《跨境人民币结算业务合作操作协议》。根据协议规定，中越两
国从事边境贸易业务的个人及企业均可在双方银行建立人民币
（或越南盾）存款账户进行结算，这一合作可使两国的边境贸易结

---

① 李萌：《云南临沧与缅甸合作建设百万亩特色农业基地》，新华网，http://news.xinhuanet.com/world/2013-08/06/c_116827393.htm。
② 尹朝平：《人民币成云南跨境结算硬通货》，《人民日报》（海外版）2014 年 2 月 18 日第 2 版。
③ 《云南跨境人民币结算大步向前》，凤凰资讯，http://news.ifeng.com/a/20140625/40885533_0.shtml。

算更加安全、高效和便捷，对促进双边经贸往来具有重要意义。2010 年 10 月，富滇银行在老挝设立了代表处，随着业务的拓展，2013 年该行计划与老挝外贸大众银行在老挝成立合资银行，注册资本为 3000 亿基普（约合 3750 万美元），富滇银行持股 51%（1530 亿基普），① 合资银行于 6 月获得中国银监会的同意批复，富滇银行成为首个在境外设立合资金融机构的国内城市商业银行。跨境人民币结算业务的迅速发展，推动了云南与次区域国家间的贸易投资便利化及双边的互利共赢。

在国家稳步推进金融国际化、鼓励金融机构实施"走出去"战略的背景下，继中国（上海）自由贸易试验区之后，国务院于 2013 年 11 月 21 日批复同意云南省、广西壮族自治区建设沿边金融综合改革试验区，成为云南省推进金融国际化的重大契机。云南沿边金融综合改革试验区建设于 11 月 26 日正式启动，12 月 31 日云南省政府下发了《关于建设沿边金融综合改革试验区的实施意见》，具体部署了改革试验区的建设工作，并确定了 2013 年、2014 年和2015 ~ 2017 年的实施重点。云南沿边金融综合改革试验区覆盖了昆明市及沿边 8 个州市（红河州、文山州、西双版纳州、德宏州、怒江州、保山市、普洱市和临沧市），试验区的面积和人口分别占全省的 56% 和 54%，② 沿边金融综合改革试验区建设的启动成为云南沿边经济、跨境金融、人民币国际化等方面发展的巨大助推力。

（二）2013 年云南参与 GMS 合作总结及 2014 年展望

2013 年，云南对 GMS 合作的参与在合作机制、经贸合作、互

---

① 马苗：《富滇银行东南亚"棋局"再进一步》，云南网，http://asean. yunnan. cn/html/2014 – 01/08/content_ 3027399_ 3. htm。
② 王静：《云南沿边金融综合改革试验区建设明确"四步走"时间表 8 个全国首创》，云南网，http://yn. yunnan. cn/html/2014 – 01/15/content_ 3038762. htm。

联互通和产业合作等方面均有所推进，继续保持了原有基础上的良性发展，但需寻找新的突破点，且在合作过程中受到诸多不确定因素的影响，如泰国持续一个多月的反政府游行示威在一定程度上影响了泰国境内的云南企业的运作。2013 年缅甸国内政治斗争激烈阻碍了国内投资环境的改善，云南企业对缅投资面临较高的投资风险。

云南作为中国参与 GMS 合作的主体省份，在当前全省对外开放的大局中，应继续巩固已有的优势，不断寻求新的突破点，充分发挥南博会、昆交会和边交会的平台作用，加快滇中产业新区、沿边金融综合改革试验区、瑞丽国家重点开发开放试验区和跨境经济合作区的建设，不断提升云南沿边开放型经济水平，在"一带一路"的规划和建设中提升云南对 GMS 合作的参与。2014 年及今后几年，云南应发挥主动性和创新性，从双边和多边框架推进 GMS 合作的升级，继续推进和完善云南与 GMS 各国之间公路、铁路、民航、信息通道等方面基础设施网络的互联互通，积极打造 GMS 旅游走廊、加强在 GMS 框架下的项目合作，全面加强与次区域国家间政府和民间的往来，支持更多中小企业、民营企业"走出去"。2013 年云南与老挝和柬埔寨在贸易和投资方面的成果喜人，两国相对稳定的国内环境和优惠的投资政策对云南企业有较大吸引力，可积极促进云南与两国间的合作，鼓励更多的企业"走进去"。与周边国家经贸关系迅速发展的同时需要金融合作的同步发展，使结算渠道畅通，还应更加积极地推进与次区域国家签订双边本币结算协议，消除制约经济资源在次区域内流动和有效配置的障碍，加快云南沿边金融综合改革试验区的建设。

2013 年广西经济社会发展及其对
大湄公河次区域合作的参与

罗圣荣 *

摘　要：

2013 年是广西新一届政府扎实开局之年，"十二五"规划进入中后期，面对近年来少有的压力和困难，自治区政府坚持稳中求进的工作总基调，经济社会保持平稳较快发展。与此同时，GMS 经济合作取得阶段性成效，进入以项目为主导的务实合作阶段。

关键词：

广西　经济社会发展　大湄公河次区域　区域合作

一　2013 年的广西：经济社会平稳较快发展

2013 年广西地区的经济社会发展面临着不小的压力和困难，各级党委政府领导全区各族人民把工作重心集中在稳定增长、调整经济结构、加强经济发展后劲、促进全面改革和惠及民生等方面，把握了稳中求进的工作总方针，使经济保持平稳较快发展。

---

* 罗圣荣，云南大学国际关系研究院助理研究员，博士。

（一）"十二五"规划中后期

地区生产总值达到 1.4 万亿元，比上年增长 10.3%。广西地区 2013 年的生产总值为 1.4 万亿元。外贸进出口总额为 328.4 亿美元，增长 11.4%。其财政收入和固定资产投资增长较快，分别是 2000.5 亿元和 1.13 万亿元，同比分别增长 10.5% 和11.4%。[①]

全区工业总产值首次超过两万亿元。2013 年广西地区工业取得了总量壮大、效益趋好及结构变优等显著成就，全区的工业总产值在三年时间内翻了一番，并首次突破两万亿元人民币。千亿元以上的产业已经有 9 个，其中包括新增加的造纸和木材加工业。截至 2013 年，全区有 8 个市的工业总产值超过千亿元。南宁市在全国省会城市中的工业增速排第二位，其高新区是广西第二个千亿元园区。桂林市的工业总产值突破 2000 亿元，柳州市依据其良好的工业基础，工业总产值突破 4000 亿元。最令人瞩目的是梧州市，其工业经济主要指标的增幅在全区排第一位。北海市在 5 年内实现工业总值增长 4 倍多。[②]

国税收入首次突破千亿元大关。2013 年，广西地区国税收入首次突破 1000 亿元，达到 1018.68 亿元（含海关代征），同比增长 2.1%，增收 21.4 亿元。[③]

产业稳步优化升级。为了进一步促进产业优化升级，广西地区

[①] 本文数据主要来自广西壮族自治区政府主席马飚于 2014 年 1 月 16 日在广西壮族自治区第十二届人民代表大会第三次会议上所做的政府工作报告，参见广西壮族自治区政府门户网站 http：//www. gxzf. gov. cn/zwgk/gzbg/gmjjyshfzbg/201401/t20140124_ 428128. htm。

[②] 《广西 2013 年工业总产值首破两万亿元》，中华人民共和国工业和信息化部，http：//www. miit. gov. cn/n11293472/n11293832/n11293907/n11368244/15849101. html。

[③] 《2013 年广西国税收入突破千亿元》，广西壮族自治区人民政府国有资产监督管理委员会，http：//www. gxgzw. gov. cn/html/2014/gxjjyl_ 0106/105893. html。

政府实施了一系列举措，将现代制造业、服务业及战略性新兴产业作为新的经济增长点来培育，将加强工业、重视非公有制经济发展和促进旅游业作为其工作主线。2013 年全区规模以上工业增加值增长 12.9%。全区千亿元以上产业已经有 9 个，最近升级的是造纸与木材加工业。逐步淘汰落后产能、降低高耗能产业以及提高高新技术产业比重是广西实现产业优化升级的重要手段。2013 年，全区发展较快的产业有旅游业和电子商务，同比增长分别超过 20% 和 30%，其中旅游业的总收入超过 2000 亿元。服务业增加值的发展相对缓慢，增长 10%。加快非公有制经济的发展一直是广西地区政府的工作重心，2013 年非公工业企业对全区工业增长的贡献率突破 80%，企业数量增长超过 20%。

重点投资一批重大项目。2013 年，为了吸引更多投资，与"民企入桂"活动相呼应，广西地区政府重视高铁、高速公路、重点工业园区、机场港口和能源建设，一大批重大项目得以竣工。能源建设方面，水电站水库和天然气管道是重点建设项目。位于红水河中游广西大化瑶族自治县境内的岩滩水电站已经完成了扩建工程，第一台机组已进行投产发电。红沙核电站位于防城港市，一期工程进入设备安装阶段，新增发电装机容量达到 149 万千瓦。一批水利项目顺利实施，其中包括红水河乐滩水电站下游两岸的补水灌溉工程与桂中治旱乐滩水库引水灌区一期工程，建设总干渠和北干渠片。水库建设取得新成果，进行除险加固新开工的有 810 座，竣工的有 1048 座。中缅天然气干线管道项目的顺利投产，是县县通工程启动的有力保障。广西有着重要的对外港口，2013 年全区港口的吞吐量近 3 亿吨，新建成 2800 万吨水运泊位能力，西江航运干线南宁以下 II 级航道工程已经完成。河池机场已经竣工，南宁国际机场新航站楼扩建项目已完成主体工程。广西地区的高铁和高速公路建设取得了令人瞩目的成果，为进一步优化产业布局和变革生产生活方式提供了更为有力的保障。2013 年广西高铁运营里程达到 1067 千米，占全国高铁运营总里程的 10%，开通运营了 12 对高铁动车，这些数据有力地说明了广西地区已经正式进入高铁时代。2013 年新建成的 4 条高速公路已经有 2 条通车运营。

（二）"双核驱动"协调发展

《国务院关于进一步促进广西经济社会发展的若干意见》是 2009 年国家出台的支持广西发展的战略决策性文件，根据这份文件，广西地区重新进行了经济发展区域规划，划分为北部湾经济区、西江经济带和桂西资源富集区三大区域。广西地区政府陆续出台了《桂西资源富集区发展规划》和《广西西江经济带发展总体规划》等指导性规划文件，由此初步形成了"两区一带"的区域发展格局。[1]

"两区一带"的总体布局突破了行政区划的界限，对市场资源进行合理配置，充分发挥其基础性作用，是广西区域发展不平衡现状的有效解决途径。"两区一带"的规划布局能使三大经济板块优势互补、板块互动和发展互推。率先发展北部湾经济区，以此带动桂西资源富集区的发展，再利用西江经济带便利的交通网络促进与北部湾经济区的江海联动，三大板块实现了良好的循环发展。

广西壮族自治区第十二届人民代表大会的政府工作报告对"两区一带"的发展规划做了具体阐述。报告指出，要充分发挥桂西资源富集区的特点，建设发展铝工业、能源水电、有色金属工业和锰等工业基地，并在北部湾经济区的带动下，通过对沿海港口进行升级改造、促进黄金水道通航能力建设等措施，推动西江经济带的发展，对东部产业转移进行有效承接。报告还对新型城镇化发展

---

[1] 《西江经济带发展总体规划（摘要）》，《当代广西》2011 年第 7 期。

规划思路和目标任务进行了总结，要求积极推进梧州、沧海等城市的新区建设，确立产城融合和城乡协调发展的总方针。

广西的海运优势在其经济发展中发挥了重大作用。2012 年，在全球航运市场不乐观的背景下，北部湾港的吞吐量实现了历史性超越，同比增长 13.8%，达到 17437 万吨。北部湾港与东盟国家港口的合作在中国 - 东盟自贸区深化发展以及广西 - 东盟经贸往来日益密切的环境下逐渐深化。北部湾港的海运网络逐步走向全球，与国外建立的港口通航国家和地区多达 100 多个，建立了 30 多条集装箱班轮航线，每周的班轮班次超过 50 个。利用自身的海运优势，广西逐步形成区域协调发展的新的发展格局。①

经过几年的努力，广西"两区一带"的总体规划蓬勃发展并逐渐取得成果，依靠桂西资源富集区的资源转化，北部湾经济区产业吸纳了更多的投资，带动西江经济带形成沿江大产业。

（三）经济实现总体平稳较快发展

2013 年广西地区政府面临了很大的压力和困难，经济形势不容乐观，出现了一系列问题。其中比较突出的问题就是地区生产总值的增速在下半年才开始保持平稳并扭转经济下滑趋势，之前连续 6 个季度是下滑态势。广西政府通过实施以财政金融支持实体经济、稳定生产、拓展销售、对重点产业进行投资融资等一系列相关政策措施，走出了增长困境，经济得以平稳较快增长。

1. 工业结构调整取得新进展

2013 年广西地区工业结构调整取得了新的进展，主要体现在

---

① 《广西："两区一带"开启发展"双核"时代》，广西壮族自治区人民政府网站，http://www.gxzf.gov.cn/zjgx/jrgx/201301/t20130122_419180.htm。

四个方面。第一，优化提升工业结构。淘汰落后产能是调整工业结构的重要方面，2013 年广西淘汰了一批水泥、铁合金、造纸和铅冶炼产能。减少了 1% 的高耗能行业，增加了 20% 的战略新兴产业。千亿元产业增加了一个，至此，千亿元产业已经有 9 个。冶金和食品产业扩大了发展规模，已突破两千亿元大关。广西关于重大疾病原料药及基本用药基地的建设规划方案得到了国家的批准，以柳州汽车城为代表的一批先进制造业项目得到扎实推进。总的来说，2013 年广西地区工业为经济增长贡献了 50% 以上，其中非公工业贡献了 80% 以上。第二，提升服务业发展水平。2013 年广西第三产业增加值的增长，是重要的经济增长点，达到 10%。为了促进第三产业的发展，广西实施了一批建设项目并采取了相关政策，诸如加快推进桂林国际旅游胜地建设和国家服务业综合改革试点，开通百色至北京的果蔬冷链运输专列，加快建设南宁电子商务示范城市，国家电子政务外网华南灾备中心在广西获批建设，在全区建立农产品电子商务平台。通过以上努力，2013 年广西全区的旅游总收入和金融机构存贷款余额分别增长 20.6%、15% 及 14%。第三，提升自主创新能力。一批技术和研发中心落户广西，其中包括 1 家企业技术中心和中国－东盟技术专业中心。至此，全区的企业技术中心有 37 家，自治区级别研发中心有 68 家，创新平台有329 家。有一万件发明专利得以受理，柳州市柳南区装备制造（工程机械）产业示范基地跻身国家新型工业化产业示范基地行列，柳州、桂林国家级两化融合试验区顺利通过国家验收，启动建设首批院士工作站数量达 60 家。大中型企业研发经费支出同比增长1/5，高技术产业和新产品产值的增加值相差不多，分别为 16% 和15%，新增加 109 家企业获得高新技术认定。第四，提升城镇化水平。2013 年广西全区新增城镇人口为 70 万人以上，城镇化率达45%，较上年上升了 1.5 个百分点。

2. 经济运行总体企稳回升

针对 2013 年复杂困难的经济形势，广西政府顺利扭转了经济增速连续下滑的态势，使前三个季度增速稳定在 10.2%，全年增速为 10.3%，企业利润增长超过 25%。这些成果得益于其实施的一系列针对性政策措施，诸如升级铝产业、收储产品、支持财政金融实体经济发展等。

3. 农业基础地位得到巩固

凭借其热带和亚热带特色农业的发展，广西农业在国内占有重要地位，受到国家高度重视，国家出台了一系列相关政策以推动广西农业发展。广西农业的外向型发展在"十二五"发展规划和中国－东盟自贸区的背景下，获得了良好的机遇。"十一五"规划让广西农业取得了巨大的发展成就。广西农业发展现存的诸多问题，需要借助"十二五"规划的契机来解决，如落后的农业技术不能够提供强有力的支撑、薄弱的发展基础使发展后劲不足、土壤严重退化等愈加恶劣的生态环境以及低水平的作物产量未能发挥潜力等。继续巩固农业基础地位以及加快"走出去"的步伐，是广西农业在今后相当长的一段时期内的发展任务。①

迄今为止，与广西农垦先后建立了经贸合作关系和技术交流的国家和地区共有 40 多个，在印尼、菲律宾、俄罗斯、越南和缅甸落实开发了 24 个项目。2013 年广西地区的第一产业增加值增长了 4%，超过 150 亿千克的粮食总产量更是创下 8 年来历史新高。广西进一步加强水利建设，有 132.9 万亩的灌溉面积得到恢复，除险加固 810 座水库，竣工的有 1048 座。为了改善农村生活条件，新建成了 4500 条屯级道路达 3900 千米，新增铺设沥青水泥路的建制村 1001 个。饮水安全亦是政府考虑的重点民生问题，新建成的

---

① 赵其国、黄国勤：《广西农业：机遇、成就、问题与战略》，《农学学报》2011 年第 5 期。

3982 处人饮工程使 388 万人饮水安全得到保障。农村电网改造升级工程减轻了农民近 8 亿元电费负担，新建的沼气池和新增的小水电装机容量分别达到 8 万座和 13.1 万千瓦。广西努力促进特色农产品产量增长，糖料蔗和水果分别增长 1.6% 和 10.5%，蔬菜和肉类分别增长 1.8% 和 2.2%，蚕茧和木材分别增长 1.4% 和 19%，水产品增长了 5.1%。

4. 内需支撑动力不断增强

转变经济增长方式和增强经济增长内动力的一个重要抓手，就是扩大投资需求和消费需求，这是广西地区政府经济工作的重点。近年来，广西加快推进重大项目建设、城镇化进程、基础设施建设、投融资工作和消费模式的优化升级，经济发展目前正处于转型和加速期，如何迎接挑战并抓住机遇，加快扩大投资需求和消费需求，成为广西地区政府的重要命题。

第一，快速提高城镇化水平。近年来广西地区城镇化水平提高很快，2013 年的城镇化比率较上年提高了 1.5%，达到 45%。日益加速的城镇化发展，为带动大量农村人口进入城镇并提高其收入水平、扩大城镇基础设施和住宅建设需求、拉动消费需求等方面，提供了重要途径与契机。

第二，基础设施建设取得显著成果。截至 2013 年，广西地区的民用机场数量达 7 个，开通了 212 条航线，带来 1550 万人次以上民航旅客的吞吐量。港口设施建设发展迅速，货物吞吐量超过 3 亿吨。新增的 149 万千瓦装机容量，为经济发展提供了有效动力。新建成 4 条高速公路，新增 109 千米通车里程。新建成 11 条铁路，铁路营运总里程突破 4500 千米，其中高铁部分是 1067 千米。

第三，优化升级消费模式。被列为国家首批信息消费试点的城市为南宁、桂林和柳州，汽车零售额的增长值为 16%。家庭宽带、手机支付和网络购物成为新兴的有巨大活力的消费方式，全区新增长的电子商务交易总额达 30% 以上。娱乐、餐饮和住宿等传统消费趋向大众化理性消费。

第四，投融资工作取得新成果。投资融资工作是经济发展的支撑，优化投资结构是投融资工作的重要方面。2013 年广西全区新增贷款 1711 亿元，民间投资占投资总额的比率从去年的 60.7% 提高至 63%。对基础设施和更新改造的投资分别增长了 24% 和 25%。

第五，加快推进重大项目建设。东风柳州汽车有限公司年产 15 万辆乘用车和中石化广西液化天然气（LNG）等一批重大项目的开工和竣工项目总数分别是 1296 项和 559 项，实现 91.8% 和 82% 的开竣工比率。

（四）全面深化改革开放

在关于 2013 年深化经济体制改革重点工作意见中，广西政府指出 2013 年改革工作的重点是加快推进财税、金融、投资、价格等领域改革，积极推动民生保障、新型城镇化和统筹城乡相关改革。之所以说推进各重要领域的改革意义重大，是因为 2013 年处于实施"十二五"规划承前启后的关键时期，是全面贯彻落实党的十八大精神开局之年，为全面建设小康社会奠定坚实的基础。

第一，财税体制需加快改革。财税体制的改革工作主要从两方面进行，即税收制度的完善和财政管理的深化改革。深化改革财政管理工作，包括对财政预算制度进行完善，对财政绩效管理和政府债务管理进行强化，对自治区直管县财政管理方式进行改革以及对自治区对下转移支付制度和县级基本财力保障机制进行完善。逐步推进营业税改征增值税试点改革、对部分现代服务业和交通运输业"营改增"试点，都是税制改革需要完善的地方。

第二，金融体制需深化改革。"引金入桂"战略的深入实施、资本市场的加快发展、金融改革的扎实推进、金融合作交流活动的深入开展，都成为深化金融体制改革的有力措施。

第三，大力推进民营经济发展，优化体制环境。对中小企业的服务措施包括三个方面：支持中小企业的上市融资、服务体系建设以及落实完善小型和微型企业发展的财税金融政策。对民间投资的具体改革则体现为出台鼓励其实施细则和落实各项引导措施。

第四，城镇化建设和统筹城乡发展相关体制改革。为了大力推进城镇化建设，需要深化改革土地管理制度和户籍制度，确立对农村产权的登记和颁证制度，农村土地集体收益分配权、承包经营权、宅基地使用权和集体土地所有权都必须得到依法保障。

第五，国有企业改革需加快。国有企业并购重组和股份制改造上市，是改革的重要方法。同时，还要做好广西地区国企与央企的深入合作以及董事会规划试点工作。

第六，推进资源型产品价格和环境保护收费改革。电价、矿业权价格、水气油的价格改革和资源环境保护费改革是主要方面。

第七，深化收入分配和社会保障制度改革。在住房保障方面要做好安居惠民工程，诸如经济适用房、城镇公共租赁住房和廉租房的建设，改造城市棚户区和农村危房等。进一步规范公务员津贴补贴制度，统筹推进城乡社会保障体系建设。

第八，加快社会体制改革。在广西社会体制改革过程中，涉及民生的教育科技、医药卫生等方面，是改革的重要内容。

第九，深化行政体制改革。为了解决广西经济社会发展所面临的各种深层次矛盾，深化行政体制改革势在必行。通过开展事业单位分类、投融资体制、政府公共服务方式与行政审批等诸多方面的改革工作，切实提高行政管理效能。

第十，改革试点工作需积极推进。继续推进北部湾经济区各市的金融、招商、财政等综合配套改革试验，加快推进城乡规划、基础设施、社会事业等一体化以及桂林国家旅游综合改革，深入推进柳州、玉林和钦州统筹城乡综合配套改革试点，都是改革试点工作的重点，有助于进一步推进全区城乡一体化。①

（五）生态环境建设迈出新步伐

2013 年广西地区在生态环境建设领域取得的成就，主要可以从四个方面来总结。一是加快循环经济的发展。国家园区循环化改造和国家低碳城市试点分别新增了柳州鹿寨经济开发区和桂林，国家循环经济示范市（县）新增了梧州和田东。南宁市餐厨废弃物资源化利用和无害化处理厂是生态环境建设的重要项目，目前已竣工并进入试运行阶段。二是保持良好的生态环境。广西地区的河流和海水水质都保护得较好，39 条主要河流水质达标率是 95.8%，二类以上海水在近岸海域比率达 95.5%。全区开展的空气、水环境、绿化造林和乡村清洁活动都取得了良好效果。"国家森林城市"新增了玉林和贺州两市，全区森林覆盖率达 61.8%，新增植树造林面积达 450 万亩。三是按照广西的主体功能区划方案来具体实施城市定位发展和重点生态功能区建设。四是加大节能减排力度。机动车排气污染防治、污染减排突击计划、燃煤锅炉窑炉改造等 200 多项重点节能工程以及万家企业节能低碳行动等措施的具体实施，使生态环境建设取得了显著成效，其中有 363 家重点用能工业企业累计节能 200 万吨以上标准煤。

（六）民生社会事业全面发展

2013 年广西地区的民生事业发展很快，用于民生的财政支出

---

① 《广西壮族自治区人民政府关于 2013 年深化经济体制改革重点工作的意见》，广西壮族自治区人民政府网站，http://www.gxzf.gov.cn/zwgk/zfwj/zzqrmzfwj/201312/t20131226_427435.htm。

占公共财政预算支出的比重为 75.3%，达 2402.2 亿元。全区的民生工作主要从四个方面开展。一是加快推进扶贫开发。在实施"十百千"产业化扶贫示范工程、编制出台石漠化片区区域发展与扶贫攻坚实施规划之后，脱贫人数达 85 万人。二是自治区政府为民办十件实事工程得到顺利实施。为民生工程拨付的专项财政资金总计 531.1 亿元，完成 2013 年度任务的 127.2%。农村危房改造和保障性安居工程项目都超额完成任务。三是社会事业全面进步。新建了一批乡村服务项目，如村级公共服务中心、乡镇无线发射台站、数字农家书屋和数字图书馆等。基本实现城乡居民社会养老保险和基本医疗保险制度的全面覆盖，新农合参合率达 98.9%，人口计生、妇女儿童、老龄、残疾人等社会事业也得到发展。高等教育入学率、高中阶段毛入学率和九年义务教育巩固率都有所提升，分别达到 25%、78% 和 90%。改扩建和增设的幼儿园分别是 583 所和 1626 所。四是加强就业和社会保障服务。农村劳动力转移就业和城镇新增就业都超额完成任务，其人数分别达到 82.7 万人和 51 万人，基本社会保险在全区的覆盖率达 83%。

二 2013 年广西与 GMS 合作：取得阶段性成效

（一）次区域经济合作进入以项目为主导的务实合作阶段

2013 年，大湄公河次区域合作进入第三个十年。GMS 是由亚洲开发银行支持的"南南合作"区域合作的成功典范，涉及的成员国包括中国、缅甸、老挝、泰国、柬埔寨和越南。GMS 合作实施 20 多年来，取得了令人瞩目的成就，强化了 GMS 各成员国之间的政治、经济和文化联系，促进了次区域经济、社会各领域的发展进步。与此同时，广西与 GMS 的区域合作也是我国重要的周边发展战略,为广西地区深化改革开放与经济社会发展提供了重要的战略机遇。通过跨境经济文化合作和跨境旅游等投资平台的建立与项目实施,广西抓住这一战略机遇,推动与 GMS 成员国乃至东盟各国的经济合作,促进全区的经济社会发展。

2013 年,GMS 经济合作进入以项目为主导的务实合作阶段。12 月 10 ~ 11 日,在老挝万象举行的大湄公河次区域经济合作第十九次部长级会议审议通过的 GMS 区域投资框架(RIF),预计投资总额为 515 亿美元,投资与技术项目援助达 200 多个,包括很多港口、机场、铁路和高速公路等传统交通基础设施项目以促进 GMS 互联互通建设,也包含新型多部门参与提升软实力的相关项目合作。这次会议还制定了新十年优先合作项目规划。

GMS 区域投资框架涉及广西的共有 13 个项目,环境、旅游、交通与贸易便利化、跨境经济合作是优先支持领域,其中包括中国 - 泰国"两国两园"合作、中国 - 东盟旅游产业园和中越跨境经济合作区等项目,投资总额达 5.22 亿美元。这 13 个项目获得亚行的资金支持并优先实施,区域投资框架经济走廊城镇化建设领域的重点发展城市还包括凭祥和东兴。[①]

(二)广西与 GMS 互联互通建设

广西作为中国 - 东盟的交通枢纽所发挥的双向沟通作用,在中国 - 东盟自由贸易区建立和中国 - 东盟博览会落户南宁之后,得到进一步显现。广西在我国与东盟的合作中具有独特的地理优势,作为唯一一个与东盟国家既有陆地接壤又有海上通道的省区,广西长期以来与东盟各国保持着紧密友好的合作关系,10 年来,广西第

---

① 《广西参与大湄公河次区域经济合作取得阶段性成效》,中华人民共和国财政部网站,http://www.mof.gov.cn/mofhome/mof/xinwenlianbo/guangxicaizhengxinxilianbo/201401/t20140117_1036652.html。

一大贸易伙伴一直是东盟。广西抓住了发展的好机会，加快了建设步伐，建成了广西至东盟各国的铁路、公路，进一步促进了双方的经贸合作，加快了中国－东盟自贸区建设。

与 GMS 开展经济合作后，广西得到亚洲开发银行对广西交通建设的支持。为了加快建设广西出海出边的国际通道的步伐，尽快构建物流基地和区域性交通枢纽，广西向亚洲开发银行贷款 7.02 亿美元，陆续建设了几个交通基础设施建设项目：防城港二期工程及高速公路——南宁至百色和友谊关、隆林至百色。GMS 交通论坛第十四次会议由广西交通厅承办，因为广西交通厅得到亚洲开发银行的支持，这次会议的举办为 GMS 各国探讨区域交通合作提供了一个很好的互动平台。广西的重要战略任务及战略举措是保持并加强与 GMS 在交通领域的合作关系，深化与东盟的合作，扩大对外开放。此外，广西还加快了连接东盟的铁路、公路、海港、空港及出海、出省、出边通道建设的步伐。①

2012 年 12 月 31 日，钦州至崇左高速公路建成，全长 129 千米，崇左到钦州路程缩短约 120 千米，崇左到防城港路程缩短约 90 千米，实现出边、出海两大通道对接，吴坪到上思及板利到东门的铁路线长度分别约为 63 千米和 35 千米，于 2008 年 11 月 24 日开工建设，项目投资总额为 64.5 亿元。

广西在高铁建设领域取得了重大进展。2013 年广西开通湘桂、柳南、南黎、钦北四个高铁项目，告别了广西没有高铁的时代，在全国五个自治区中是首个建成高铁的自治区，其投产新线约占全国 2013 年高铁新增里程的 20%，达到 1081 千米。自中国－东盟自贸区启动以来，广西更加重视互联互通建设，全面推进铁路建设。按

---

① 《广西参与大湄公河次区域（GMS）经济合作成绩斐然》，中华人民共和国中央人民政府网站，http://www.gov.cn/gzdt/2012－12/10/content_ 2286442.htm。

照"十二五"规划，至规划进程的末期，南宁的电气化铁路里程将达 3580 千米，南宁铁路局业务总里程达到 5700 千米。2012 年广西的铁路投资总额为 358 亿元人民币，列国内各省份第二位、西部地区第一位，贯通了德保至靖西铁路，为越南与中国的经济对接打下坚实的联通基础。①

由广西交通投资集团有限公司投资建设的钦崇高速公路是中国 – 东盟陆路通道的沿海公路，是一条重要的出海通道，也是广西高速公路网规划"6 横 7 纵 8 支线"中"6 横"之一合浦（山口）至那坡高速公路的重要组成部分。钦崇高速公路是广西出边与出海的大通道。通往重点园区的通道有很重要的作用，如通往钦州保税港区、凭祥综合保税区、中马钦州产业园区及崇左市的通道，它们不仅改善了区域交通运输条件，促进北部湾沿海港口运输和建设以及北部湾经济区的开放开发，而且还加快了中国 – 东盟自由贸易区以及中马钦州产业园区建设的步伐。

促进区域合作应该以运输通道合作为纽带。为推动中国 – 东盟自由贸易区发展，创建广西与中南半岛国家之间的快捷通道，广西提出建设中国 – 东盟快速铁路通道。目前，南宁至凭祥铁路扩能改造工程正努力推进，顺利完成了项目环评报告、前期准备工作和项目可行性研究报告的上报会签工作。

南宁机场扩建工程的投资总额为 68.8 亿元，是广西的重大建设项目，该项目前中期工程实施顺利，到 2013 年底已进入冲刺阶段。该项目建成后，货邮吞吐量和年旅客吞吐量可分别达到 16.4 万吨和 1600 万人次。

航空是旅游出行的首选，南宁吴圩国际机场新航站区及配套设施的建设对促进广西旅游业的发展意义重大，为南宁旅游业实现

---

① 广西社会科学院：《中国 – 东盟年鉴·2013》，线装书局，2013，第 157～158 页。

2020 年的发展目标提供了有力的保障。2012 年 9 月 1 日，南宁市旅游局提出了《南宁市旅游业发展总体规划》修编方案，计划到 2020 年将南宁打造成富有壮族民族特色的面向东南亚的区域性跨国旅游中心，实现旅游总收入达 362 亿~435 亿元，旅游总人数达到 3141 万~3850 万人次。[①]

（三）与 GMS 的贸易和投资合作

广西与东盟国家在产业结构、生产能力和自然资源方面存在差异并各有特点和优势，双方贸易有很强的互补性。中国－东盟自贸区全面建成后，已经实现了 90% 以上的产品零关税，双边贸易额快速增长。

广西与东盟国家在贸易投资领域的合作取得了显著成就。14 年来，东盟一直是广西最大的贸易伙伴。2013 年，东盟更是成为广西最大的出口市场和进口来源地，广西对东盟的进出口额分别为 33. 3 亿美元和 125. 8 亿美元，同比分别增长 22. 8% 和 34. 8%，进出口总额增长了 32. 1%，占全区进出口总值的 48. 4%。[②]

广西对越南进出口"一家独大"，占比为 79. 8%；对马来西亚、新加坡进出口实现倍增。14 年来，越南作为东盟内广西最大的贸易伙伴，与广西的双边贸易额占广西与东盟的 80%，占广西贸易总额的 30% 以上。东盟与广西的主要贸易方式是边境小额贸易，边贸互市规模不断扩大。广西与越南的双边进出口贸易总额在 2013 年 1~11 月达 107. 6 亿美元，同比增长 27. 2%，双方小额贸易进出口额达 97 亿美元，占双边贸易总额的 90. 2%，促进了双边

---

① 《南宁机场扩建助推旅游发展》，广西壮族自治区旅游发展委员会网站，http: // www. gxta. gov. cn/Public/Article/ShowArt. asp？ Art_ ID=68868。

② 《2013 年广西对东盟进出口贸易跻身全国前八》，中国－东盟博览会官方网站，http: // www. caexpo. org/html/2014/zimaoqudongtai_ 0122/202753. html。

经贸活动的发展。

广西与越南的双边经贸活动频繁，诸如靖西"端午药市"、中越凭祥商品交易会、中越东兴－芒街商贸旅游博览会和龙州－复和商品博览会等已经成为知名的边境商贸活动品牌。2013 年下半年，中越举行了一系列双边商贸合作活动。越南外交部副部长胡春山分别于 7 月和 9 月两次率团前往广西，考察跨境经济合作区的建设进展情况。10 月，中越两国签署了《关于建设跨境经济合作区的备忘录》这一重要经济合作协议。广西代表团 11 月前往越南谅山省和广宁省考察，在凭祥和东兴举行的"推进中越跨境经济合作区建设研讨会"上，与越方达成了许多重要合作共识。12 月，中越两国在南宁举行了广西与越南边境省联合工作委员会第六次会晤，进一步推进了关于经济合作区建设的具体时间规划工作。[①]

广西积极扩大与 GMS 的经贸合作。广西钦州保税港区口岸与东盟的进出口贸易取得了跨越式发展，同比增长 116.3%，进口、出口贸易额分别为 5234.5 万美元和 1270.2 万美元。主要进口国为印度尼西亚、菲律宾等，主要进口货物为镍矿和煤；主要出口国为缅甸、越南，出口货物为机器器具、油漆、阀门等。

（四）广西与 GMS 开展教育、人力资源开发和科技交流合作

教育、人力资源开发和科技交流合作是 GMS 合作的重要领域，中国政府与广西地区政府高度重视，以多种形式开展与 GMS 各成员国的定期交流与合作。

---

① 《广西－越南合作 2013：十大亮点见证互利共赢》，桂经网，http：//www.gxi.gov.cn/gxjj/qyhz/dtfx/201401/t20140110_ 538679.htm。

2013 年广西继续稳步推进与 GMS 的教育合作。教育的对外开放，也是我国的周边外交战略之一，外交部和教育部在 2012 年审批的 5 个面向东盟的职业教育培训中心已正式落户广西。广西高校通过与 GMS 各国开展合作办学、开设多门东盟各国的语言课程、举办职业教育联展暨论坛等形式，招收的留学生人数不断上升。

广西是中国与东盟合作的前沿，自中国－东盟自贸区建立以来，已经成为吸引东盟国家留学生人数较多的省份之一。广西与东盟国家的留学生双向交流与技能人才的培养培训合作是相当活跃的。2013 年广西接收的东盟国家留学生人数列全国之首，达到 8332 名，招收留学生的院校有 27 所，在东盟国家建立了 6 所孔子学院，广西－东盟双向留学生达 1.2 万人。广西科技馆于 2013 年 9 月 3 日举办了 2013 中国－东盟职业教育联展，来自东盟国家和广西职业教育学校的学生们分别展示了陶艺、木雕、泥塑、调酒、刺绣、编织等各种技艺。

广西与东盟国家之间的人才培养有着详细的规划，其目标是到 2015 年双边留学生人数达到 3 万人，到 2020 年建成东盟问题的研究、咨询和服务中心，成为面向东盟国家的人才培养培训基地和东盟国家青年学生出国留学的首选地之一。

中国与 GMS 成员国的教育合作并不仅限于人才教育领域，也积极开展在农业技术、旅游、法律、卫生等专业技术方面的培训合作。GMS 成员国每年有大批学员到广西民族大学学习法律、旅游管理等课程。2012 年 9 月，来自中国、老挝、越南、泰国、柬埔寨、缅甸六国的旅游行政管理部门的中高层官员参加了在桂林举办的第二期 GMS 高级旅游管理人才培训班。①

---

① 广西社会科学院：《中国－东盟年鉴·2013》，线装书局，2013，第 163 页。

（五）与 GMS 其他方面的合作

1. 农业

广西在与东盟国家开展农业科技交流与合作方面有着诸多有利的外部条件，它是扩大对外开放和与东盟合作的前沿，国家也出台了关于建设中国–东盟科技合作与技术转移平台的规划。为此，广西积极实施了一系列卓有成效的农业科技合作项目，为进一步深化与 GMS 成员国在农业科技领域的合作与交流打下了良好的基础。

第一，加快建设面向东盟的国际科技合作基地和园区，提升国际科技合作与技术转移服务能力。包括广西大学、广西科学院在内的 10 家广西单位被广西科技厅认定为首批广西国际科技合作基地，广西农业科学院、广西林业科学研究院、广西亚热带作物研究所等 5 个单位被科技部认定为"国家国际科技合作基地"，这些基地主要举办面向东盟的果树栽培技术等农业、林业国际培训班和国际学术交流会，成为广西农业"走出去"的良好平台。中国–老挝合作农作物优良品种试验站于 2012 年 9 月 29 日在老挝万象揭牌成立，两国的农业部副部长在 9 月举行双边会谈期间签署了《2012～2013 年中国–老挝农业合作工作计划》。

第二，面向东盟国家的科技合作项目顺利实施，对东盟科技合作与技术转移取得新成效。广西农业在积极贯彻开展境外农业科技示范、促进科技"走出去"、开展合作研究开发等工作方针后，获得了一批科技成果。广西农垦与越南归仁合作的年产达 10 万吨的木薯变性淀粉及配套项目二期工程于 2012 年 10 月 19 日开工。自中国–东盟自贸区建立以来，作为中国面向东盟最前沿的开放门户，广西与柬埔寨的农业合作不断发展。由柬埔寨皇家农业大学举办的柬埔寨–中国（广西）农业合作交流会于 2013 年 1 月 8 日顺利举行，广西与柬埔寨的农业合作进入新的发展阶段。在《中国广西农业职业技术学院与柬埔寨波雷烈农业学院合作备忘录》《柬埔寨农林渔业部与中国广西关于农业合作谅解备忘录》《中国广西农业厅仪器设备捐赠协议书》等一系列合作文件签署之后，广西与柬埔寨已初步建立起长效的合作机制。

第三，依托中国-东盟博览会先进技术展平台，搭建农业科技成果展示交流的舞台。

第四，加强与东盟国家开展农业科技合作。2012 年 1 月，中越两国 12 个省的代表成员参加了在南宁召开的第四次联席会议。

2. 环境卫生

大湄公河次区域核心环境项目生物多样性保护走廊计划（CEP-BCI）是由亚行支持的 GMS 国家之间的环境合作项目，为期 10 年。该项目一期于 2006 年开始实施，广西境内在加强生物多样性保护、减贫、提高环境管理和与次区域环境合作的能力方面取得了一系列成果。项目二期（2012~2016 年）于 2011 年底开始实施，内容包括生物多样性保护、可持续环境管理、气候变化和低碳发展等。

3. 旅游

近年来，在大湄公河次区域旅游合作机制、东盟-中日韩"10+3"机制等一些有效的合作平台下，中国与 GMS 成员国互为客源国与目的地的合作方式不仅使旅游合作迅速发展，而且还带动了双方的经贸合作与文化交流。广西的旅游资源具有竞争优势，旅游市场逐渐扩大，2012 年上半年接待的东盟国家游客达 48.76 万人次，同比增长 32.2%，占所有外国游客人数的 54.3%，越南和泰国两个 GMS 国家是广西十大客源国之一。[①] 2013 年 6 月 18 日，来自大湄公河次区域中国、柬埔寨、老挝、缅甸、泰国、越南六国

---

① 广西社会科学院：《中国-东盟年鉴·2013》，线装书局，2013，第 162 页。

旅游部门的代表出席了在桂林举行的第 31 次大湄公河次区域国家旅游工作组会议。

三 总结与展望

2013 年，广西地区政府在严峻复杂的形势下，经受住了经济增速下滑的考验，为全区进一步深化改革、调整经济结构、增强发展后劲打下了更坚实的基础。工业结构调整取得新进展，经济运行总体企稳回升，全年经济增长率提升至 10.3%。农业基础地位得到巩固，积极与其他国家和地区建立经贸合作关系和技术交流，发展农业科技，加强水利建设。通过提高城镇化水平、加强基础设施和重大项目建设、优化升级消费模式、加强投融资工作等措施，内需支撑动力不断增强。通过加快推进财税、金融、投资、价格、民生保障、新型城镇化和统筹城乡等相关改革，全面深化改革开放。通过加快发展循环经济、实施城市定位发展和重点生态功能区建设、加大节能减排力度等工作，生态环境建设迈出新步伐。通过加快扶贫开发、人口计生、妇女儿童、老龄等领域的工作，推进民生社会事业的全面发展。

2013 年是大湄公河次区域合作第三个十年的开端。自 2008 年以来，广西作为中国加入 GMS 经济合作仅有的两个代表省区之一，致力于不断深化与 GMS 国家之间在各领域的合作，积极贯彻落实国家有关大湄公河次区域经济合作的有关政策文件，成为开展国际性、地区性区域合作的重点，经济社会发展取得了一系列成果。2013 年，广西与 GMS 经济合作进入以项目为主导的务实合作阶段，在诸多合作领域取得了显著成果，如交通、投资与贸易便利化、城市基础设施建设、农业、环境保护、旅游、教育、医疗卫生等。广西参与 GMS 合作的一个重要战略任务，就是加强与 GMS 各方在交通领域的合作，它也是广西深化与东盟合作、扩大对外开放的重要举措。广西地区已经具有南、中、北三条通道的雏形,目前加快出海、出省、出边通道建设,以及通往东盟的铁路、公路、海港、空港建设。南宁机场扩建工程顺利实施,顺利完成中国－东盟快速铁路通道的项目环评和可行性研究报告的上报会签工作,在高铁建设领域取得重大进展。随着互联互通的日渐完善,广西进一步提升与 GMS 的开放开发合作。在"两区一带"的总体布局下形成沿海沿江沿边和内陆有机联系、相互促进的全方位开放新格局。通过钦州保税港区、边境商贸活动等商贸合作平台,深化以东盟为重点的开放合作,打造中国－东盟合作新高地。广西与 GMS 各国贸易与投资快速发展,对越南、马来西亚、新加坡等国的出口增长迅速,东盟更是成为广西最大的出口市场和进口来源地。农业、城市基础设施建设、教育、人力资源开发和科技交流合作、生态环境保护和旅游开发合作等诸多领域,也是广西与 GMS 国家经济与社会发展合作的重心,目前已取得积极进展,合作前景广阔。

广西政府的下一步工作计划,是继续深化经济体制改革,保持经济平稳较快增长,促进社会事业发展,实现全面开放合作。广西将充分发挥面向东盟合作的开放前沿的优势,利用加快全面改革开放、中国－东盟自由贸易区以及中国－东盟博览会等良好机遇与平台,深化与 GMS 的经济和社会发展合作。积极配合国家整体发展战略,谋划并参与 21 世纪"海上丝绸之路"建设,扩大沿边经济带的开放开发,建设与 GMS 各成员国的跨境经济合作区。借鉴GMS 的成功经验,积极探索泛北部湾经济合作机制,推进泛北部湾经济合作与参与 GMS 合作的有机结合,共同促进中国－东盟自由贸易区和中国－东盟战略合作伙伴关系的深入建设与发展。①

---

① 黄志勇:《广西的奇迹:对外开放新思路及参与 GMS 新举措》,"第三届西南论坛:GMS 合作二十年回顾与展望"国际学术研讨会会议论文,2013 年 9 月。

2013 年柬埔寨形势及其对大湄公河次区域合作的参与

李 涛[*]

摘 要:

2013 年柬埔寨国会大选引发国内政治僵局，但人民党依旧保持国内第一大党的绝对优势，经济整体运行态势良好；对外关系方面，柬埔寨与周边国家的关系得到拓展与深化；在参与次区域合作及与域外大国关系上，柬埔寨的多边外交活动也有突破性进展，在提升大湄公河次区域内部一体化水平方面发挥了积极作用。

关键词:

2013 年 柬埔寨形势 GMS 区域合作

2013 年对柬埔寨而言是不平凡的一年。政治上，在第五届国会大选中，人民党虽然延续 28 年来的执政，但招致反对党救国党的选举翻身仗以及对大选结果的指责，甚至陷入因救国党抵制新成立国会而组织示威活动的政治僵局；经济上，各项发展指标都较往年有了较大的提高；外交上，全方位、多层次发展的外交战略的实施保持了国家稳定和有利的周边环境。

---

　* 李涛，云南大学东南亚研究所副研究员，博士。

一 政治形势：政治僵局持续，
两党政治格局雏形显现

（一）第五届国会选举引发政治僵局

2013 年 7 月 28 日柬埔寨举行了第五届国会选举。根据国家选举委员会选举结果，人民党赢得 123 个议席中的 68 个，比原有的 90 席大为减少。救国党（CNRP）的席位几乎倍增，达到了 55 席。尽管人民党延续 28 年来的执政，但反对党出人意料的战绩让执政党深受挫折，这不仅意味着洪森的地位受到动摇，而且不断反映出人民要求社会变革的呼声。而反对派指责全国大选普遍存在舞弊行为，拒绝承认大选结果。① 在过去的一年，救国党主席沈良西和副主席金速卡组织支持者在总理府和主要政府部门、民主广场等公共场所进行数次大规模无暴力游行示威活动，抵制新一届国会的成立，导致数起暴力事件的发生。在西哈莫尼国王的调解下，两党高层进行了数次会谈，试图努力寻找解决政治分歧的机制。虽然两党在国家选举委员会的负责人选、政党资金、《选举法》、完善《选民名单》等问题上达成共识，愿意进行深入研究和改革，但在成立独立调查委员会、国会领导职务的分配上分歧很大，政治僵局依然存在。

（二）原有政党格局遭遇"破局"

在柬埔寨过去 20 多年的政治生活中，虽然人民党长期执政，但至少在形式上维持了多党制。在不同时期，各个主要反对党占据

---

① 《指舞弊连连，柬反对党挑战大选成绩》，〔新〕《联合早报》，http：//www.zaobao.com/news/sea/story20130730－234391。

不同席位，多党竞争机制和架构形式上存在，但反对党始终无法对执政党构成竞争威胁。然而，2013 年的国会选举似乎打破了原有的政治格局。执政党席位锐减，救国党席位大增，而其他反对党如保皇党奉辛比克党、民主联盟党、柬埔寨国籍党、高棉脱贫党、高棉经济发展党和民主共和党则遭遇"滑铁卢"，丧失了全部的席位。种种迹象显示，各政党力量此消彼长，维持多年的人民党一党独大的局面已被打破，"两党政治格局"雏形已现。①

（三）继续加大反腐力度，推动法治建设

贪污腐败已严重影响到柬埔寨经济社会发展、法治和民主建设，为此新组阁的第五届王国政府开始全面推行海关、商务、教育、卫生、司法、电信等各个领域的改革，严防走私漏税、贪污腐败。为提升公务员对《反腐败法》的认识，继续加大反腐力度，建设一个清廉、公正的社会。国家反腐败机构还向电信等领域公务员宣传《反腐败法》，提高执法人员的执法水平，增强执法意识。为学习反腐反贪知识技能，提高柬反腐机构的工作能力，政府还派反腐机构官员、联络参议院、国会和监察部官员、人民党内部官员到中国进行 20 天的培训，就打击贪污腐败、打击侵吞国有资产、中国政府反贪反腐策略及纪律措施等进行交流学习。类似的反腐反贪培训项目柬埔寨每年都派出官员参加，这充分表明第五届王国政府推行"反腐倡廉"政策、打击贪污腐败的决心。

（四）审红特别法庭审判工作进展顺利

为了能够给历史一个交代，并引以为戒，2013 年 6 月国会制

---

① 柳红：《柬埔寨：民主转型加速度》，《经济观察报》2013 年 8 月 23 日。

定了《反对不承认民主柬埔寨时期种族灭绝制度法（草案）》，以立法处分否认种族灭绝制度者。目前审红特别法庭的 001 号案件已经审结，002 号案件在审理过程中，而 003 号和 004 号案件还在调查阶段，被害人可以向法庭提出申请，要求加入到案件审理程序当中。正在接受特别法庭审理的前红色高棉政权的第二号人物农谢在法庭上首次公开承认对红色高棉执政期间的迫害屠杀罪行负有责任。另一名前红高领导人、前民主柬埔寨国家主席乔森潘也在法庭上向红色高棉政权的受害人表达深深的歉意。①

二 经济形势：整体运行态势良好

2013 年是大选年，大选后出现的政治僵局持续至今尚未得以化解，然而以人民党为执政党的王国政府仍然维持了相对稳定的政治经济局面，在农业、制衣业和建筑业为主导的工业、旅游业和外国直接投资四大领域的艰难拉动下，保持了宏观经济较好的增长。

（一）进出口贸易额创新高

商业部公布的数据显示，2013 年柬埔寨进出口贸易额增长了18.5%，即从 2012 年的 134 亿美元增长到 2013 年的 158.8 亿美元。其中出口额为 69 亿美元，较 2012 年增长了 26%，进口额为89.8 亿美元，增长了 13%。贸易逆差为 20.8 亿美元，相比 2012年降低了 15%。柬埔寨的主要贸易伙伴为美国、欧盟、中国、日本、韩国、泰国、越南、马来西亚等。最大的出口行业——制衣业在罢工不断的 2013 年，出口量还在稳步增长。全年纺织和制鞋业

---

① 《赤柬头目乔森潘及农谢首次向受害者家属道歉》，〔柬〕《柬华日报》2013 年 6 月 1 日。

产值为 52.18 亿美元，同比增长 16%，① 取得如此成绩实属不易。这得益于欧盟国家经济复苏，以及柬埔寨继续享有欧美日给予的最惠国待遇和普惠制等优惠政策。

（二）通货膨胀率处于较低水平

虽然 2013 年柬埔寨国内一部分货物涨价，但自 2012 年底政府采取严厉的税收措施，抑制了国内的流通商品价格高涨，燃油的价格也保持稳定，使国内通货膨胀率维持在 4%。② 这与国际货币基金组织、亚洲开发银行等早先的预计差不多，不仅反映出其国内通货膨胀率处于可控范围，更体现出柬埔寨的经济形势和贸易环境处于良好状态。

（三）建筑业仍保持稳定的发展趋势

国内强势的经济发展促进了建筑业的增长。建设部官方数据显示，2013 年所批准的建筑投资项目总计达 1641 项，建筑总面积为 750 万平方米，投资总额则高达 28 亿美元，相比 2012 年投资额大约提高了 31%。③ 政府所审批的建筑项目包括住宅区、工业区、商业大楼、公寓、仓库、教育大楼、酒店、加油站、宾馆和体育设施项目等。投资柬埔寨国内建筑项目的海外投资商大部分来自韩国、中国、英国、日本和泰国。人民生活水平的提高和房屋需求的提升，以及投资人数的增加成为该年建筑业发展的主要推动因素。

（四）农业发展步伐加快

柬埔寨 2013 年水稻种植面积为 293.58 万公顷，同比减少 3.52

---

① 《柬埔寨 2013 年宏观经济形势及 2014 年预测》，中国驻柬埔寨王国经济商务参赞处，http://cb.mofcom.gov.cn/article/zwrenkou/201404/20140400563948.shtml。
② 《去年国内通货膨胀率达 4%，处于可控制范围内》，〔柬〕《金边晚报》2014 年 1 月 21 日。
③ 《柬去年建筑业投资额提高 30%》，〔柬〕《金边晚报》2014 年 2 月 5 日。

万公顷，每公顷产量增至 3.16 吨，稻谷产量为 934 万吨，同比增长 0.4%。在大米出口方面，2013 年正式出口的大米共有 37.9 万吨，比 2012 年增长 84%。柬大米主要出口至法国、波兰、马来西亚、荷兰、中国、泰国、加蓬、西班牙、美国和德国。王国政府视大米为国家的"白米"，目前共有 84 家公司经营大米加工业，鼓励国内外投资商投资稻米加工和出口业。按照目前的发展速度，有望实现政府提出的 2015 年出口大米 100 万吨的目标。截至 2013 年底，天然橡胶种植面积为 32.88 万公顷，橡胶产量为 8.53 万吨，同比增长 32.2%，橡胶出口总量为 7.42 万吨，创收 1.7 亿美元。渔业产量为 70.95 万吨，同比增长 7%，主要包括淡水鱼、海水鱼和人工养殖的淡水鱼。畜牧业方面，全国共畜养黄牛和水牛 400 万头（出口 2 万头）、生猪 200 万头（出口 1 万头），饲养家禽 2700 万只。林业方面，实现种植面积 80693 公顷，其中柬埔寨林业局种植 3833 公顷，私营企业种植 70098 公顷，家庭种植 6762 公顷。全年林业收入为 1500 万美元，同比增长 155%。①

（五）旅游业增长明显，呈特色多元化集群发展

旅游业被认为是柬埔寨经济发展的第二大支柱产业，被柬埔寨政府誉为"绿金"。2013 年柬埔寨共接待外国游客 421 万人次，同比增长 17.5%，旅游收入达 25.5 亿美元，同比增长 15.4%，占 GDP 的 15.5%，创造 62 万个就业岗位。一年来，柬政府努力打造国内的旅游景点，开展"柬埔寨：奇迹的王国"和"清洁城市竞赛"等宣传和推介活动，努力打造四大景点集群，积极推动旅游业的多元化发展，提高旅游产品质量，培训旅游业人才，与国外合

---

① 《柬埔寨 2013 年宏观经济形势及 2014 年预测》，中国驻柬埔寨王国经济商务参赞处，http：//cb. mofcom. gov. cn/article/zwrenkou/201404/20140400563948. shtml。

作研究旅游特色；积极开通来柬航线，开拓旅游市场。截至 2013
年底，全柬共有 26 家航空公司，其中本地公司 2 家，国外航空公司
24 家，开通了数十条国外城市至金边、暹粒的直飞航线。旅游业继
续带动酒店业及相关产业的发展。截至 2013 年底，全柬共有旅游公
司和旅行社 613 家，同比增长 5%；酒店 671 家，同比增长 1%。[①]

然而，受大选后政治动荡以及自然灾害，特别是洪灾的影响，
柬埔寨经济受到一定程度的打击。如洪灾造成 180 万人受灾，168
人死亡以及 440 千米沥青公路和 3693 千米农村土路及部分桥梁、
卫生中心、学校、寺庙等公共设施受损，11.326 万公顷稻田被淹
没，其经济损失达 10 亿美元。大选后政治动荡使得 2013 年注册的
新公司共有 2986 家，较 2012 年的 3386 家减少了 11.8%。大选后
出现的示威和大罢工以及因此引发的冲突也给柬埔寨制衣、制鞋产
业造成 2 亿美元的直接经济损失，给外商投资信心造成的损害等非
直接损失无法估量。[②]

三 社会形势：总体趋向平稳，局部严峻

2013 年国家警察以及相关单位通力合作，既保证了大选的顺
利进行，又积极应对了大选后出现的示威、抗议等问题，遏制了社
会犯罪活动进一步扩大的趋势，与 2012 相比犯罪率仅增 1%。[③] 总
体上，柬埔寨的社会发展保持了稳定，局部劳资纠纷、土地纠纷、
罢工等问题依然突出。

---

① 《柬埔寨 2013 年宏观经济形势及 2014 年预测》，中国驻柬埔寨王国经济商务参赞处，
　http://cb. mofcom. gov. cn/article/zwrenkou/201404/20140400563948. shtml。
② 《工人罢工致工厂无法正常运作》，〔柬〕《柬华日报》2013 年 12 月 30 日；《柬史上最
　严重"罢工潮"致制衣业至少损失 2 亿美元》，〔柬〕《柬华日报》2014 年 1 月 7 日。
③ 《去年国内犯罪率同比微增 1%》，〔柬〕《金边晚报》2014 年 2 月 19 日。

（一）罢工事件频发

2013 年初以来，罢工事件几乎从未停止过，其中绝大多数为制衣工人的罢工，大多规模较大，而且有暴力化趋势。据内政部的《2013 年报告》指出，2013 年一共发生 842 起示威和罢工事件，有 424 起是市民参与，418 起是工人参与，并有一些政治人物、民间组织和工会插手干预。警方和示威罢工者发生了 6 次冲突，造成 6 人死亡，示威方 35 人受伤、警方 80 名警察受伤，并且还造成重大财产损失。① 动辄罢工，甚至破坏机器设备，搞人身伤害，不但严重破坏了社会治安，影响经济发展，而且也严重影响了柬埔寨的国际形象，恶化了投资环境。

（二）交通肇事仍处高位

柬埔寨公共工程和运输部数据显示，目前柬埔寨日均有 5 人死于车祸、16 人受伤，每年直接造成约 3 亿美元的经济损失。柬埔寨陆路交通事故的发生率突破 83%，超出 50% 的全球陆路交通事故发生率。② 在陆路交通事故中最易受伤害者为摩托车驾驶者、骑自行车者和步行者，占交通事故死亡总人数的 83%。车祸中 96% 是人为因素造成的，52% 是超速行驶、13% 是酒后驾驶、9% 是驾驶不遵守交通法规、9% 是在危险环境下驾驶，17% 是超载等其他因素。③

（三）土地纠纷案件居高不下

自 2005 年国家解决土地纠纷委员会成立以来，虽然成功解决

---

① 《去年全国共发生 842 起示威和罢工事件，造成 6 人死亡和 100 多人受伤》，〔柬〕《金边晚报》2014 年 2 月 20 日。

② 《日均死亡 5 人 16 人受伤，柬埔寨交通事故发生率超出全球》，〔柬〕《金边晚报》2013 年 12 月 26 日。

③ 《全国交通事故死亡者多为摩托骑手》，〔柬〕《柬华日报》2013 年 12 月 26 日。

了不少土地纠纷案，为社会安宁做出贡献，然而柬国内土地纠纷问题仍然突出。2013 年该委员会一共接到 103 宗土地纠纷案，其中 30 宗已解决，另有 53 宗不属于该委员会解决的范围，转交给省市土地局和相关政府部门处理。[①] 土地纠纷案主因是纠纷方太强硬，根本不遵守法律；另外，解决土地纠纷的官员不尽职，导致小纠纷变成大纠纷，甚至有的纠纷方跑到高级政府部门，向国家首相或者国王请愿。

（四）卫生状况不容乐观

2013 年，柬埔寨新增艾滋病感染人数 1093 人，柬埔寨目前已有 72512 名艾滋病患者，其中有 53340 人（含 4533 名儿童）已接受良好的治疗。[②] 虽与 2012 年 69551 例相比，下降了 40%，但 2013 年全国疟疾病例高达 41849 例。柬埔寨共发生 17533 例登革热病例，导致 59 人死亡。2013 年共发现 24 例禽流感（H5N1）病毒确诊病例，其中 13 名患者死亡。[③] 虽然相关数据与上年相比有所减少，但是要改善群众的卫生健康状况仍然需要巨大的投入。

四　对外交流与合作：继续呈现活跃态势

2013 年，柬埔寨外交继续保持了活跃的态势，全方位、多层次发展的外交战略的实施保持了国家和社会的稳定，为柬埔寨国家和人民谋取了更大利益，为柬埔寨的经济社会重建寻求到了更多的国际援助。

---

① 《柬国家解决土地纠纷委员会，去年共接到 103 宗土地纠纷案件》，〔柬〕《柬华日报》2014 年 2 月 21 日。
② 《去年柬埔寨新增 1093 名艾滋病感染者》，〔柬〕《金边晚报》2014 年 2 月 4 日。
③ 《柬去年发生 17533 例登革热病例致 59 死》，〔柬〕《金边晚报》2014 年 1 月 13 日。

（一）周边外交关系不断完善与巩固

1. 柬中全面战略合作伙伴关系不断向前发展

高层互访方面。2013 年 2 月 3 日，全国政协主席贾庆林抵达金边，参加柬埔寨前国王西哈努克的葬礼，中国政协主席出席外国政要葬礼，是近年来中国最高级别的赴外志哀外交行为。4 月，国务院总理李克强会见了来访的柬埔寨首相洪森，并发表联合新闻公报。为支持柬埔寨发展建设，中国政府宣布向柬提供 3 亿元人民币无偿援助和 5 亿美元优惠贷款。双方还签署了价值数亿美元的 8 个合作项目文件。正值中柬建交 55 周年和"中柬友好年"之际，2013 年 9 月 11~12 日，中共中央政治局常委、中央书记处书记刘云山对柬埔寨进行了正式友好访问。两国领导人就深化柬中全面战略合作伙伴关系达成重要共识。

柬中经贸往来方面。柬埔寨发展理事会的报告显示，2013 年，中国在柬埔寨的投资总额达到了 4.27 亿美元，与 2012 年的 2.63 亿美元相比，增长了 62%。截至 2013 年底，中国累计对柬协议投资超过 96 亿美元，是柬埔寨最大的外资来源国，主要的投资领域包括纺织业、加工业、银行业、金融业、农业、旅游业、能源开发、运输业、通信业等。[①] 中国巨大的投资不仅促进了柬埔寨消除贫穷和经济发展，同时也有效地缓解了柬埔寨对进口食品的依赖。对柬援助方面，中国驻柬大使 10 月底向柬埔寨政府捐赠救灾款 100 万美元，用于灾后重建和救济灾民。11 月，中国云南省政府向柬埔寨赠送 200 辆手扶拖拉机，用于推动柬埔寨班迭棉吉省农业发展，同时还承诺将继续提供总价值 50 万元人民币的援助，用于在班迭棉吉省兴建一所校舍。中国政府还援助柬埔寨建立大规模的

---

① 《柬埔寨中国商会执行会长：中国投资在柬埔寨呈多元纵深发展》，〔柬〕《金边晚报》2014 年 1 月 22 日。

"米仓"，同时承诺每年从柬埔寨进口 50 万吨大米。

柬中旅游、文化、金融等领域的合作。2013 年，柬埔寨接待中国游客 46 万人次，与 2012 年 33.39 万人次相比，增长 38%。中国已成为继越南之后柬埔寨第二大国际游客来源国。11 月，中国国际航空公司设立从北京到柬埔寨暹粒的直航航班，这对促进中国企业到柬投资、加快柬旅游业发展、进一步带动柬中双方合作意义重大。中国人民银行金边分行获柬埔寨中央银行批准，成为柬埔寨本地和跨境人民币业务清算银行。12 月，柬埔寨暹粒省和中国江西省签署《友好省协议书》，建立两省友好关系，推动两省在旅游、文化、教育等各个领域的合作。

2. 柬泰关系趋于缓和

高层会谈方面。洪森首相和英拉总理在国际场合多次会晤并强调，不论海牙国际法院的裁决如何，双方都会遵守执行，并且继续维护和发展两国人民的友谊、合作关系，特别是推动边境地区的合作与发展。在两国边界争端方面，5 月，副总理兼国防部部长狄班率领代表团赴泰国参加第九次柬泰边界委员会（GBC），就加强维护两国边境地区的和平稳定与发展等问题，同泰方进行协商。双方还在两国边境地区发展旅游业，以及共同打击和阻止砍伐森林等方面开展合作。6 月，由柬泰两国外长主持召开的联合边界委员会会议在金边举行，双方讨论了增设国际关口、协调贸易往来、卫生合作、排雷合作、铁路建设与连接、木薯出口泰国等事宜。虽然2013 年海牙国际法院宣判有关柏威夏寺的争端案件，但柬泰边境地区局势一直比较稳定，双方军队保持冷静。

经贸合作方面。3 月，柬埔寨邮政局和泰国邮政局签署了关于"电子汇兑系统"合作谅解备忘录，旨在为双方公司汇款提供方便；9 月，泰方准许柬方波比市民通过泰国孔叻国际口岸到泰国市场做生意，柬方同样也准许泰方人员免费到柬埔寨波比市做生意，两国的经贸往来日益增加，两国边境地区居民可凭借边境通行证往来。

3. 柬越政治经济关系进一步加强

政治互访方面。12 月，首相洪森率团对越南进行正式访问。两国领导人决心深化两国人民传统友谊及各个领域的合作，并签署了《2014～2015 年双边经贸协调合作文件》《柬埔寨王国和越南社会主义共和国关于货物交流协议》《柬埔寨和越南引渡条约》《柬埔寨和越南关于优惠贷款协议》《柬埔寨教育、青年和体育部与越南教育和培训部合作计划》《2014～2015 年柬埔寨新闻部和越南新闻与联络部合作计划》《2014 年柬埔寨内政部和越南公安部合作计划》《柬埔寨总理府国家档案局和越南内务部河内大学关于合作计划的谅解备忘录》和《农药购买协议》等多项合作文件。

经贸合作方面。2013 年柬越两国贸易额迅速增长，已超过 35 亿美元，并计划 2015 年双边贸易额达到 50 亿美元。在投资领域，柬埔寨不断吸引越来越多的越南投资。2013 年越南在柬投资 3.03 亿美元。越南主要在柬投资银行、电信、农业、旅游、航空和卫生等领域。截至 2013 年底，共有 18 家越南公司在柬埔寨投资种植橡胶，种植面积为 8.5 万公顷，计划到 2015 年增至 10 万公顷。① 在旅游业方面，2013 年柬埔寨接待国际游客 420 万人次。其中，越南游客为 85 万人次。

军事安全合作方面。2013 年 4 月，柬越两国国防部部长签署了《2013 年合作协议》，双方将加强国防、军事、部队培训、海上联合巡逻、边境安全等方面的合作。

4. 柬老关系稳步推进

2 月，首相洪森对老挝进行了正式访问。访问期间，柬老两

---

① 《2013 年柬越贸易额达 35 亿美元》，中国驻柬埔寨王国经济商务参赞处，http：// cb. mofcom. gov. cn/article/jmxw/xmpx/201401/20140100458775. shtml。

国政府签署了《卫生合作发展谅解备忘录》《法律和司法合作谅解
备忘录》《2014～2017 年文化和艺术合作谅解备忘录》《2014～
2018 年教育合作协议》《柬埔寨王国内政部和老挝民主共和国公
共安全部 2014 年合作计划》《柬埔寨王国和老挝民主共和国关于
设立总领事馆谅解备忘录》和《金边和万象结为友好城市协议》
七个文件。双方还达成共识，加强经贸、旅游、运输等领域的合
作，推动双边贸易额从目前的 1000 万美元到 2014 年或 2015 年增
至 2000 万美元，同时加强打击毒品和非法砍伐树木的合作，加强
边境地区的合作，通过城市与城市、省和省建立友好关系推动两
国地方建立密切的合作关系。双方领导人还同意在柬埔寨柏威夏
省和老挝忠巴萨省兴建跨河大桥，以连接柬埔寨和老挝。值得一
提的是，老挝已决定在暹粒省设立老挝驻柬领事馆，因为 2013 年
前 11 个月，老挝游客到柬埔寨旅游的人数高达 37.6226 万人次。
柬老政府考虑签署与实施老挝 – 柬埔寨单一签证协议，这也是实
施"伊洛瓦底江 – 湄南河 – 湄公河经济合作战略"（ACMECS）
框架的一部分。

（二）与区域外大国关系发展迅速

1. 柬美关系

5 月，柬美两国在实居省联合举行"2013 年吴哥哨兵"军事
演习，两国官兵联合进行维护和平、反恐怖行动、战场医疗行动
等科目演练，旨在提高柬埔寨军队维护和平与人道主义救援能力。
8 月，柬埔寨反腐败机构与美国联邦调查局联合举行以"财经侦
查"为主题的第六次培训班，旨在共同参与防范洗钱、贸易犯罪
等其他犯罪活动，进一步提高学员的侦查意识和办案能力，从而
更有力地打击腐败、恐怖、洗钱、贸易犯罪、贩毒、贩卖人口等
犯罪活动。

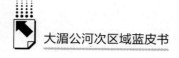

2. 柬日关系

1月，柬埔寨外交部和日本驻柬大使馆联合举行建交60周年纪念活动，双方在2013年举行演唱会、传统舞蹈表演、文化艺术展、传统武术表演、日语演讲比赛、放映日本电影等活动，纪念两国建交60周年。11月，日本政府通过利民工程无偿援助项目，继续向柬埔寨提供20.4899万美元经费援助，用于修建磅湛省和菩萨省的水利项目。自1991年以来，日本通过KUSANONE机构已向柬提供近5010万美元的资金援助，用于帮助柬埔寨政府和非政府组织落实全国各地的501个项目。12月，首相洪森率柬政府高级代表团出席东盟、日本建立伙伴关系40周年纪念峰会和第五次湄公河－日本峰会。两国领导人签署了《一号公路修复项目换文》《西哈努克省医院改善医疗设施项目换文》《修复吴哥窟西部古迹项目换文》和《日本防卫省和柬埔寨国防部军事合作备忘录》。

五 2013年柬埔寨对GMS合作的参与

2013年柬埔寨继续加强与大湄公河次区域国家的合作，尤其是与老、越、泰、缅之间开展三国、四国、五国的经贸、旅游、投资、预防传染病等各个领域的合作。通过举办GMS高教基金会年会、文化遗产展览以及次区域国际研讨会，在进一步提高大湄公河次区域内部一体化、便利化水平和对外开放水平的同时，也提升了自身在次区域的影响力。

（一）参加GMS系列峰会，构筑邻国互信机制

3月12~13日，柬埔寨首相洪森应越南、老挝的邀请，率领柬埔寨政府高级代表团赴老挝万象参加第七届柬老越三国峰会、第六届柬老缅越四国峰会和第五届柬老缅泰越伊洛瓦底江－湄南河－

湄公河经济合作战略峰会。洪森在上述峰会上，就三国、四国、五国的经贸、旅游、投资、预防传染病等各个领域的合作进行讨论。峰会期间，柬老越三国领导人签署和发表了《柬老越（CLV）三角区开发合作联合声明》，同时，柬老缅越四国领导人、柬老缅泰越五国 ACMECS 领导人也签署了《第六届柬老缅越峰会联合声明》《第五届柬老缅泰越 ACMECS 峰会万象声明》和《2013～2015 年 ACMECS 经济合作战略计划》。尤其在《第五届柬老缅泰越 ACMECS 峰会万象声明》中，ACMECS 国家提出在经贸合作方面要简化手续，通过举办区域商务与投资论坛、商展等措施来促进区域内的经贸与投资合作；ACMECS 领导人欢迎非 ACMECS 国家，尤其是东南亚地区国家参与经贸合作，扩大市场，并推动建立 ACMECS 大米共同市场。在农业领域，ACMECS 领导人强调深化 ACMECS 国家的稻米领域合作，推动大米出口，发展 ACMECS 国家同发展伙伴在稻米领域的合作关系，推动生产和保障粮食安全；在工业和能源领域，ACMECS 国家领导人提出分享信息和能源技术，发展生物能源、可再生能源和太阳能发电、风力发电、小型水电等。五国领导人提出在 ACMECS 国家边境地区，特别是东西经济走廊、北南经济走廊、南部经济走廊等地区建设工业区，推动区域国家可持续发展和绿色发展，参与 2015 年东盟经济共同体建设。在旅游领域，ACMECS 国家领导人提出"五国一个旅游目的地"，各方赞赏柬泰实行"单一签证"，推动其他三国尽早参与 ACMECS 国家的单一签证，以在 2015 年之前实现"五国一个旅游目的地"的旅游发展目标。ACMECS 国家领导人鼓励加快交通设施的连通，包括公路、铁路和航空的连通，以协调经贸、旅游和投资等领域的发展。此外，ACMECS 国家领导人还提出在人力资源培养、预防传染病、应对气候变化等领域加强合作。柬老泰越四国支持缅甸于 2014 年承办第六届 ACMECS 峰会。

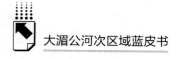

（二）举办 GMS 高教基金会年会，助推次区域高等教育合作

9 月 10 日，柬埔寨皇家农业大学成功举办了大湄公河次区域高等教育基金会（GMSTEC）第 15 次年会。大湄公河次区域高等教育基金会成立于 2001 年，共有 11 个成员，其中包括柬埔寨皇家农业大学、柬埔寨金边皇家大学、新西兰惠灵顿维多利亚大学、泰国孟古国王大学、老挝国立大学、澳大利亚国立大学、中国云南大学、越南国立经济大学、越南河内科技大学等。大湄公河次区域高等教育基金会致力于建立大湄公河次区域高校间的合作，推动次区域内教育及文化的交流合作，促进次区域内学生的交流，提高各成员国高校的教育水平及高校教师的学习研究能力。在年会上，与会各方充分地探讨了开展次区域高等教育合作的重点领域和有效途径，推进在成员单位间建立标准化课程，联合培养高端人才，以发挥高等教育推动次区域经济社会发展的作用。

（三）联合举办"柬、越、老三国文化遗产"展览，强化三国文化交流

2 月 19 日，在日本政府通过联合国教育、科学与文化组织（UNESCO）的赞助下，柬埔寨、越南和老挝三国共同举办了"柬、越、老三国文化遗产"展览。共有 9 个博物馆参展，其中柬埔寨有 4 个博物馆、越南有 4 个博物馆、老挝有 1 个博物馆参展，向广大民众与外国游客宣传柬埔寨文化遗产。此次文化遗产展览的目的是展现印度支那古代时期的文化、宗教交流和商贸往来。主办方希望通过本次文化遗产展览，促进广大民众积极参与保护文化遗产，加深柬、越、老三国之间的文化交流。

（四）柬、老、越三国议会签署协议，避免国家财政损失，制止腐败现象

3月4~5日，柬、老、越三国议会财政和经济委员会在柬埔寨金边市联合举办了第四届关于"国会在制定、审议和监督国家财政预算方面发挥的作用"的国际研讨会，各方签订了《柬、老、越三国议会财政和经济委员会合作计划》。该计划的签订旨在保障各国避免出现国家财政损失，制止腐败现象，有效管理国有财产，达到国家管理透明、平等和实现人民参与的目标。

2014年，柬埔寨国内政治僵局将会持续一段时间，人民党与救国党的两党谈判协商依然会在争执不休中进行，非暴力的游行示威活动仍将持续下去，但国内政局出现大的动荡不太可能。经济上，虽然国内出现不同程度的"罢工潮"，对制衣业带来一定的冲击，但整体经济形势依然良好。外交关系上，柬埔寨总的利好的国际大环境不会出现大的变动，不过泰国政局的未来走向是影响柬埔寨周边关系最为显著的一大变数。次区域合作方面，柬埔寨依然会以实际行动来促进次区域国家和地区之间的合作，进而促进本国经济与社会的发展。

B.11
2013 年老挝形势及其
对大湄公河次区域合作的参与

方 芸*

摘 要:

2013 年老挝人民革命党加强执政能力建设,总体上保持了政局的稳定和外交的活跃。年内,老挝克服了外部经济不景气和内部财政赤字、自然灾害等因素的困扰,保持了经济的平稳增长势头;与中国和越南的关系全面深化,与泰国的经贸关系保持密切,与柬埔寨和缅甸的合作也逐步拓展,与美日等域外大国的经济合作进一步拓展。

关键词:

2013 年 老挝形势 GMS 区域合作

2013 年,老挝人民革命党在政治建设方面加强党建理论和组织建设,推动"三建"工作,落实"九大"决议。经济上,尽管世界经济不景气的外部因素仍然存在,贸易和投资等领域困难加剧,政府财政赤字扩大,但老挝经济仍然保持了平稳的发展势头。社会有所进步,但问题不少,经济发展面临一些挑战,空难、登革热等热点问题使人们更多地关注社会发展问题。在对外

---

* 方芸,云南省社会科学院东南亚研究所研究员。

关系上，老挝坚持对外开放政策，开展全方位外交，国际地位进一步提升。

一 政局平稳，政治和法治建设逐步推进

年内，老挝人民革命党继续加强党建理论研究工作，落实"三建"工作，逐步推进党的基层组织建设，强化政府职能，努力克服政府行政管理中的不足之处，保持政治局势的稳定。

（一）加强党建理论交流和宣传，巩固党的领导

老挝历来重视人民革命党在国家建设和发展中的决定性作用，一方面从多年的革命斗争和国家发展中总结经验，另一方面重视与其他政党的交流。近年来，老挝特别关注中国 30 多年来改革开放的成功经验，通过宣传、邀请中国专家赴老挝交流等多种形式，结合本国实际，积极探索本国执政党的建设和发展道路。

一是发挥《人民报》的党报核心功能，大力宣传和学习中共经验。2013 年 1 月 15 日，《人民报》发表题为《改革开放 30 年中国共产党思想理论工作的新变化》的长篇署名文章，详细介绍改革开放 30 多年来中国共产党的理论建设历程和理论创新成果。二是邀请中国党建理论专家赴老进行交流，组织党员干部学习交流。专家组于 4 月 21 ~ 24 日访问老挝，就中共十八大主要精神和理论创新、小城镇建设、国际和地区形势等问题做了专题介绍，老挝人民革命党副司局级以上领导干部 1000 多人参加交流活动。三是在交流学习的同时，老挝人民革命党还注意理论学习与老挝国情的结合，扩大理论宣传，探讨加强老挝人民革命党的领导核心的具体途径。《人民报》9 月 10 日发表题为《全面加强党的领导》的社论，

强调党的领导是老挝革命取得胜利和成功的决定因素，并指出全面加强党的领导的六个要素。

（二）狠抓"三建"工作，推动地方和基层政权建设

为了贯彻实施老挝人民革命党"九大"决议，实现四个突破，老挝党和政府制定了"三建"（即把省建成战略单位、把县建成全面坚强单位、把村建成发展单位）方针，并从 2012 年 10 月开始，在 15 个部、17 个省，每个省市 3 个县，全国 108 个村进行分级、逐级试点工作。

2013 年，老挝加大了对各级"三建"工作的检查和指导工作。在 2 月 4～5 日召开的老挝全国"三建"工作会议上，"三建"工作委员会主任、国家副主席本扬·沃拉吉分析总结了"三建"工作中存在的问题，包括中央文件精神的传达和落实不彻底等。① 老挝人民革命党中央总书记、国家主席朱马里·赛雅颂在闭幕式上要求全党、全国将"三建"工作作为一项重点工作来抓，同时提出加强"三建"人才培养等建议。②

根据会议精神，老挝加强了对各级"三建"工作的检查和指导，国家副主席、政府总理、副总理等国家领导人多次到试点省、县和村进行实地调查，并提出具体的指导意见，从基层政权组织、干部制度等方面落实和推进"三建"工作。例如，在"三建"工作中，注意与地方三级党代会结合，从完善村级政权、落实村级干部补助政策和推动地方三级党代会等方面，推进"三建"工作。同时，多渠道开发资金来源，推动"三建"工作顺利进行，包括

---

① More work needed to realise "three-build" directive, Vice President says, http：//www. vientianetimes. org. la/FreeContent/FreeConten_ More%20work. htm.

② President asks officials to work harder to realise Sam Sang, http：//www. vientianetimes. org. la/Video_ FileVDO/Feb13_ President_ asks. htm.

利用国家治理和公共行政改革项目（NGPAR）中的县发展基金，为"三建"工作提供支持，对县级干部进行计划、预算和项目实施等方面的培训，提高县级干部的能力，等等。

（三）国会继续关注发展问题，推进法律体系完善

年内，老挝七届国会第五次会议总结了 2012～2013 上半财年经济社会发展规划执行情况，针对老挝当前面临的发展问题，提出具体建议，包括政府应继续通过发展农村电网等项目惠及偏远地区的人民群众、缩小城乡发展差距、普及教育、提高妇女健康水平和降低未爆炸弹带来的影响等联合国千年发展目标。

为适应国家经济社会快速发展的需要，老挝国会立法工作又取得新的进展。七届国会第五次会议上通过了《科技法》《社会保障法》《老挝妇联法》三部新法律，以及《旅游法》和《食品法》的修正案。11 月的月度会议听取了新制订的 6 项法律草案（《军事检察机关法》《军事法院法》《治安法》《职业教育法》《青少年案件审理法》《环境技术安全法》）和新修正的 8 项法律（《国家遗产法》《水资源法》《劳动法》《增值税法》《企业法》《测量法》《财务法》《邮政法》）的报告，这些法律草案和修正案提交七届国会第六次会议审议。

二　社会发展：进步明显，挑战严峻

（一）贫困率有所下降，千年发展目标任务仍然艰巨

2013 年，老挝全国约有贫困家庭 199750 户，贫困率下降到 22%。2012 年，贫困村比率为 30.27%，2013 年贫困村比率降至 25%。按照老挝减贫计划，到 2015 年，贫困村比率将降到 15%。

制约这些村发展和脱贫的主要因素是交通基础设施匮乏，缺乏可全年通行的道路。同时，由于受近年来通货膨胀、物价上涨等因素的影响，原定的贫困线已不能反映老挝真实的贫困现象了。2009 年确定的贫困线是农村人均收入不足 18 万基普，城镇人均收入不足 21 万基普。随着物价上涨、生活成本的提高，农村居民的贫困线调整为 25.3 万基普，城镇居民的贫困线调整为 28.4 万基普。[①] 根据老挝政府七五（2011～2015 年）发展规划，老挝在农村发展和脱贫工作上年均应投入 7550 亿基普（约合 9800 万美元），但近 3 年投入总额仅 3940 亿基普（约合 5110 万美元），相当于七五规划计划投入总额的 10.44%，资金投入严重不足。[②]

根据老挝最新发布的《老挝社会指标调查报告》，老挝儿童伤亡率尽管有所下降，但仍为东南亚地区最高。孕产妇死亡率为 3.57‰，也是东南亚地区较高的几个国家之一。全国各地卫生设施的使用水平不一，如万象市 84% 的人口可以饮用清洁水，而沙拉湾省则只有 15% 的人可以饮用清洁水。5 岁以下儿童面临着严重的营养不良问题。[③] 要实现联合国千年发展目标对老挝来说仍然是一个巨大的挑战。

（二）妇女地位稳步提升，妇女权益需加强保护

老挝全国人口男女性别比率一直保持平衡，在全国劳动力人口中妇女所占比率甚至稍高，约为 52%。因此，妇女在老挝社会经济发展中的地位突出。老挝党和政府采取积极措施，维护妇女儿童

---

① Laos' poverty thresholds to be raised，http：//www. asianewsnet. net/Laos-poverty-thresholds-to-be-raised – 45606. html.

② 《老挝农村发展和脱贫工作资金投入严重不足》，http：//la. china-embassy. org/chn/lwdt/t1060687. htm。

③ Govt launches social survey report ，http：//www. vientianetimes. org. la/FreeContent/FreeConten_ Govt. htm.

权益，提高妇女地位，其中一项重要举措就是积极培养妇女干部，提高妇女干部比例。9 月 23～24 日老挝党中组部、全国妇联共同举办妇女干部培养工作研讨会会议文件显示，当前老挝女公务员人数占全国公务员总人数的 43.33%。在中央部委任职的女性领导干部中，女性国会议员 33 人，占 25%；部党委书记 2 人，占6.89%。在中央部委中，女性部长级以上官员 6 名、副部级 18 名、部长助理 3 名、司局级 18 名、副司局级 186 名、驻外大使 3 名。在地方任职的女性领导干部中，女性省委副书记 2 名，占 7%；副省长 4 名，占 8.33%；省党委成员 35 名，占 12.77%；厅级 164 名，占 10.14%；县委书记 10 名，占 6.89%；县委副书记 18 名，占8.29%。① 显然，无论中央还是地方，妇女干部的比例虽然有所提高，但与 15% 的目标仍有一定差距，仍需加大培养力度。

与此同时，妇女儿童权益保护力度也需要加强。2011 年，老挝的人类发展指数在全球 187 个国家中排第 138 位，在 146 个国家中性别平等指数排第 107 位，排名较低的原因是针对妇女和女童的暴力事件比率较高。老挝妇女联合会的一项调查显示，对妇女的家暴多为丈夫酗酒所致。②

（三）劳动力市场供不应求，职业教育发展滞后

近年来，老挝的服装加工和橡胶种植等产业经济的发展、矿产和水电资源开发等项目的运行，创造了大量的就业机会，但从老挝劳动力市场和人力资源储备的角度来看，老挝现有的熟练技术工人数量远不能满足这些经济发展项目的需要。据老挝劳动和社会福利

---

① 《老挝妇女干部队伍建设情况》，http：//la. china - embassy. org/chn/ljlw/lwxz/t1088870. htm。

② Govt steps up efforts to end violence against women，http：//www. vientianetimes. org. la/FreeContent/FreeConten＿ Govt%20steps. htm。

部的资料，2011～2015年老挝劳动力总缺口达9万人。近两年老挝已雇用外籍劳工2万人，未来两年还将再雇用7万人。

为适应经济社会发展所需，老挝在发展普通教育的同时，还加强了职业技术教育。目前，老挝有二年制或三年制职业学校159所，其中私立学校125所，仅2013年，各级各类职业学校毕业生约1.2万人，但这仍然不能满足老挝劳动力市场的需求。原因主要有三个方面：一是人们对职业教育存有偏见，评价不高，人们普遍认为，教育程度与就业机会、薪酬成正比，许多学生高中毕业后以接受高等教育为主，而非职业教育。二是职业学校开设的专业与劳动力市场需求脱节，一部分学生毕业后无用武之地。三是国外熟练技术工人收入远高于国内，从而吸引了大量技术工人出国务工，老挝每年约有10万名劳工在国外工作，这在一定程度上加剧了国内熟练技术工人的紧缺。公务员工作性质的稳定、比私人企业的工作压力小等特点，以及近年来公务员加薪计划吸引了大量毕业生。国家每年招收公务员数量约为8000人，而当年毕业大学生却有5万人，其余4万余人就业的选择机会较少，甚至低于接受职业教育的毕业生。① 尽管老挝教育改革加大了对职业教育的重视程度，已采取措施发展职业教育，包括建立五个省一级的职业培训中心，鼓励在岗工人参加在职培训，开展职业技能比赛等，但职业教育的发展仍然需要不断地探索和人们观念的转变，才有可能跟上国家经济社会发展的步伐。

（四）社会治安隐患增大，交通安全问题严峻

2月11～13日，老挝2012年度全国禁毒工作会议在万象召

---

① New graduates failing to fulfil employers' needs，http：//www. vientianetimes. org. la/sub-new/Business/Business_ New. htm.

开，老党中央政治局委员、副总理阿桑出席会议。据《万象时报》报道，老挝毒品上瘾高危人群有 5.5 万人。① 尽管老挝自 2006 年宣布全国已根除罂粟种植，但是北部地区偷种现象屡禁不止，且以每年 20% ~ 30% 的幅度增长。联合国航拍和中国卫星定位显示，2012 年老挝罂粟种植面积约为 5000 公顷。2012 ~ 2013 年，老挝破获涉毒案件 1457 起，抓获犯罪嫌疑人 2202 人，其中有外国人 47 名，查获冰毒 1320 万片、大麻 4.6 吨、鸦片 128.8 千克、海洛因 208.6 千克。②

年内，老挝航空公司接连发生两起空难。4 月 17 日，该公司一架小型飞机在老挝华潘省纳通机场起飞时坠落，导致多人受伤，所幸没有人员死亡。10 月 16 日下午，该公司一架从万象飞往南部占巴塞省的航班在降落时坠入湄公河，机上 49 人全部遇难。老挝航空公司成立于 1976 年，目前共有 14 架飞机。近年来老挝旅游业的发展带动了老挝航空业的发展，2012 年，超过 330 万人次的国际游客到老挝旅游，基本达到了老挝总人口的一半，老挝航空公司面临着前所未有的运力压力。为适应老挝旅游业的发展，老挝航空公司计划购置飞机和开辟新的航线。目前，老挝航空公司的国际业务包括万象飞往曼谷、河内、金边等地的航线。这些航线也拉动了老挝、柬埔寨、泰国以及越南四国的旅游业市场。一年内发生两起飞行事故，这在老挝民航史上还是第一次，足以引起老挝相关部门和老挝航空公司的高度关注，否则老挝旅游业也可能因民航安全问题受损。

（五）自然灾害频发，医疗卫生条件急需改善

洪灾是老挝最为常见、危害最大的自然灾害。8 月，台风"山

---

① Over 55000 people at risk of drug addiction，http：//www.vientianetimes.org.la/Video_FileVDO/Feb13_ Over_ 55000. htm.

② Drug abuse remains a concern，http：//www.vientianetimes.org.la/sub-new/Current/Curre_ Drug%20abuse. htm.

竹"席卷老挝,北部乌多姆赛省南边河岸的披虎南、普沙阿、那巴等村庄遭受洪水和泥石流灾害,造成 17 人死亡,房屋和庄稼被冲毁和淹没,多处道路和桥梁被毁,受灾人口约为 9600 人,初步估计,直接经济损失超过 2970 亿基普。据不完全统计,2013 年 7 月以来,全国受灾人口超过 35 万人,29 人死亡,1 人失踪,直接经济损失超过 1 万亿基普。[①]

由于卫生设施状况不佳,医疗条件欠缺,登革热一直是老挝每年必须严阵以待的灾害之一。年内登革热大面积暴发,从 1 月 1 日至 9 月 15 日,老挝全国登革热感染病例达到 4.8 万人,其中 92 人死亡。仅首都万象市,同时期就有 1.6 万例,其中 25 人死亡。[②]

三　经济稳步增长,财政赤字扩大

2013 年,老挝政府努力克服全球经济低迷和内部自然灾害频发所带来的不良影响,保持了经济的快速增长,计划投资到位,农业、水电和旅游业发展趋势良好;但财政赤字扩大,通货膨胀压力增大。

(一)宏观经济形势

老挝 2013 年经济增速为 8%,全年 GDP 达 80.2 万亿基普(约合 101.9 亿美元),国内人均生产总值达 1210 万基普(约合 1534 美元)。农林业增幅为 3.1%,占 GDP 的 25.2%;工业增长 7.4%,占 GDP 的 28%;服务业增长 9.7%,占 GDP 的 38.9%。

---

① Flood victims in need of more aid , http://www.vientianetimes.org.la/FreeContent/FreeConten_Flood%20victims.htm.

② Dengue death toll reaches 92 , http://www.vientianetimes.org.la/sub-new/Current/Curre_Dengue.htm.

据老挝《万象时报》报道，截至 2013 年 8 月底，距 2012 ~ 2013 财年结束仅剩一个月，老挝财政收入仅完成本财年计划的 78.38%。造成本财年老挝财政收入现状与目标脱离的原因主要有：第一，制定 2012 ~ 2013 财年财政收入计划时过于乐观。老挝计划本财年的财政收入增长 27.15%，定位过高。第二，全球经济危机影响尚未结束，油价波动较大，金铜矿价格下降，同时老挝国内食品价格上涨、自然灾害频发。第三，老挝提高公务员薪酬。① 为应对财政赤字问题，老挝政府计划发行总额为 30 亿泰铢（约 1 亿美元）的泰铢计价债券，并将所获资金填补国家财政缺口。此外，政府加强对木材出口的管控，防止该行业税收流失。②

为实现到 2015 年建成东盟经济共同体的目标，老政府于 2012 年 12 月宣布免除 7252 种进口商品的关税，占所有进口商品的 79%，并承诺将进一步削减关税，到 2015 年免除所有进口商品的关税。虽然作为新东盟国家，老挝有权延迟对燃料等敏感商品的减税进程，但此举仍将对老挝税收造成重大损失。为此，老挝政府已开征增值税，并计划调整消费税。因中国是东盟对话伙伴，到 2020 年老挝必须把所有中国商品关税降至零至 5%。③

2012 ~ 2013 财年，老挝海关关税达到 42140 亿基普，仅完成原计划的 95.84%，但是仍然比上一财年增长了 17.6%。原计划未完成的原因之一是政策法规模糊，不能及时跟上老挝与地区的融合与合作发展所需。④

---

① 《老挝 2013 财年财政收入预计难完成目标》，http：//la. mofcom. gov. cn/article/jmxw/201309/20130900305993. shtml。

② New measures to plug budget hole, http：//www. vientianetimes. org. la/FreeContent/FreeConten_ New_ measures. htm.

③ Laos to eliminate ASEAN import tariffs by 2018, http：//www. vientianetimes. org. la/sub-new/Business/Business_ Laos_ to%20eliminate. htm.

④ Customs fails to reach revenue target, http：//www. vientianetimes. org. la/sub-new/Business/Business_ Customs. htm.

2013 年老挝粮食、食品及饮料价格持续上涨，汽油、柴油价格保持小幅上涨，导致从 2012 年底至 2013 年 7 月，老挝通货膨胀率持续上扬，并在 7 月创下 19 个月以来的最高水平，达到 7.43%。粮食、食品及饮料等商品价格涨幅由 6 月的 13.16% 增长至 7 月的 14.45%，鸡、鱼、肉及新鲜水果、蔬菜等商品价格均有不同幅度的上涨。住宿、水、电、居民用燃气价格保持稳定。[①] 9 月，全国通货膨胀率有所下降，平均水平达到 6.87%，其中中部地区高达 7.32%，南部是 6.22%，北部达到 6.12%。

（二）农业

据老挝《新万象报》报道，老挝"七五"规划实施两年半以来，在农业领域取得了较好的成果，年增长率为 2.8% ~ 3%（五年规划年增长率目标为 3% ~ 3.5%），占国内生产总值（GDP）的 27%（规划目标为占 GDP 的 23%）。2012 ~ 2013 年老挝全国稻谷产量达到 340 万 ~ 350 万吨，人均达 500 多千克，超出老挝年人均 300 ~ 350 千克的实际消费需求。

2013 年，老挝大米价格上涨，稻谷由上年的 1000 基普至 1500 基普每千克，上涨至 2500 基普到 2600 基普每千克。大米价格约为 6000 基普至 6500 基普每千克，获得政府认证的高质量的大米价格甚至高达 8000 基普每千克。土地、劳动力、种植和加工成本增加，促使大米价格上涨，这对大米种植户来说无疑是市场的吸引力所在。从国家粮食安全的角度来看，鼓励更多的农户种植大米，提高本国大米产量，可以降低对从邻国进口的依赖。目前，老挝是东南

---

① 《老挝通货膨胀率达 19 个月最高位》，http：//la. mofcom. gov. cn/article/jmxw/201309/20130900288560. shtml。

亚主要的稻米种植国之一，每年向越南、泰国、中国及其他地区出口大米 20 万 ~ 30 万吨。①

对照老挝"七五"规划，2012 ~ 2013 年，主要农作物的种植和生产情况是：从上半年生产情况看，雨季稻生产发展良好，但下半年全国各地自然灾害频发，影响全年目标的完成。旱稻 2012 ~ 2013 年耕种面积达 10 万公顷，稻谷产量约 195000 吨，已完成五年规划目标。薯类 2012 ~ 2013 年产量为 611000 吨，超出五年规划目标的产量（规划产量为 303500 吨）。值得一提的是，老挝有机农产品项目发展迅速，截至 2013 年底，全国有 8 个省 59 家企业生产有机农产品，可以基本满足社会消费需求。② 养殖和畜牧业得到长足发展，2012 ~ 2013 年，老挝全国新鲜肉类产量为 145550 吨，禽蛋类 29550 吨，鱼类 142800 吨。老挝黄牛肉出口 90000 吨，水牛肉 22000 吨，主要出口中国和越南。③

（三）旅游业

旅游业是老挝第二大创收行业，2013 年老挝共吸引外国游客 377.9 万人次，超过原定目标的 340 万人次，并提前实现 2015 年达到 375 万人次的目标。东盟其他成员国来老游客达 304 万人次，其中泰国游客达 190 万人次，是老挝第一大游客来源国，越南游客为 90 万人次。此外，欧洲游客 21.2 万人次，中国游客 24.5 万人次，韩国游客 8 万人次。外国游客中，高端游客不足 2%。④

---

① High rice price motivates farmers，http：//www. vientianetimes. org. la/FreeContent/FreeConten_High%20rice. htm.
② 《老挝农产品生产情况》，http：//la. mofcom. gov. cn/article/jmxw/201307/20130700186325. shtml。
③ 《老挝畜牧业得到长足发展》，http：//la. china-embassy. org/chn/lwdt/t1100151. htm。
④ 《2013 年一季度老挝吸引外国游客近 100 万人次》，http：//la. mofcom. gov. cn/article/jmxw/201307/20130700182824. shtml。

对内陆国老挝来说，区域旅游合作是提升本国旅游业的主要途径。11 月 14 ~ 17 日，老挝新闻文化与旅游部在万象举行第三届"文明之旅"旅游部长级会议。参加会议的老挝、柬埔寨、印度尼西亚、越南、泰国和缅甸六国共同商议推进本地区旅游合作，发掘宗教资源，开发宗教旅游线路，老挝的琅勃拉邦被列入六国宗教旅游线路的互联互通点之一。① 这对老挝来说，是借其丰富的宗教文化发展旅游业的又一大好机遇。

（四）矿产与能源

水电是老挝重要的经济支柱之一。2012 ~ 2013 财年上半年，老挝发电 61.2 亿度，完成全年计划的 46%，收入约 7 万亿基普（约合 8.72 亿美元）。

为遏制矿产滥采现象，保护环境，老挝政府于 2012 年 6 月下令，除煤炭开采外，在 2016 年之前不再批准新的采矿申请。迫于矿产滥采造成的环境危害的严重性，2013 年 7 月，国会要求政府尽快出台更加严格的应对之策，包括终止不遵守相关法律法规的矿产公司的合同，取缔非法开采。②

（五）外资、外贸和外援

2013 年 2 月，老挝正式加入世贸组织。从 2012 ~ 2013 财年上半年的进出口发展情况看，进出口贸易稳步增长，贸易逆差加大，其中老挝进出口总额为 20.41 亿美元，同比增长 9.4%。出口 8.8 亿美元，同比增长 6.7%，完成全年计划的 42.71%；进口 11.61

---

① Regional meeting paves way for stronger tourism links, http：//www. vientianetimes. org. la/FreeContent/FreeConten_ Regional. htm.

② Unregulated mining poses environmental threat, http：//www. vientianetimes. org. la/sub-new/Previous_ 217/FreeContent/FreeConten_ Unregulated. htm.

亿美元，同比增长 15.78%，完成全年计划的 69.7%；贸易逆差
2.81 亿美元，较上年同期增长 30%。

2012~2013 财年，万象市吸引内外投资总额为 10.938 万亿
基普，超出预期目标 10%，大部分投资项目在基础设施、贸易、
旅游等领域。2012~2013 财年，为提升中央及地方社会经济发展
的基础设施水平，老挝国会批准实施 5581 个项目，金额为 8.11
万亿基普（约合 10.09 亿美元）。截至目前已实施 4954 个项目，
金额为 5.29 万亿基普（约合 6.59 亿美元），完成全年计划的
65.3%。[1]

由于全球经济下行，世界范围内的官方发展援助持续减少，但
老挝获得的援助不减反增。据老挝官方统计，老挝获得的官方发展
援助，从 2011 年度的 6.3 亿美元，增加到 2012 年度的 7.0483 亿美
元，2013 年度更是达到 7.771 亿美元。美国对老挝的援助，从过去
一年不足 300 万美元，跃升到 2013 年度的 2700 万美元。老挝政府将
吸引到更多的官方发展援助归功于平等的对外政策、长远的发展目
标、完成既定目标的实际行动以及透明的援助支出。[2]

四　外交活跃，成果显著

2013 年，老挝继续奉行"五多"外交方针，积极参加国际性
会议，主办各类地区性会议，提高国际声誉；继续深化和落实与中
国的战略伙伴关系，保持和发扬与越南的特殊关系，巩固与泰国的
经贸合作等，努力拓展与美日等发达国家间的合作。

---

① Unregulated mining poses environmental threat, http://www. vientianetimes. org. la/sub-new/ Previous_ 217/FreeContent/FreeConten_ Unregulated. htm.

② Worldwide ODA shrinks but Laos gets more, http://www. vientianetimes. org. la/ FreeContent/FreeConten_ Worldwide. htm.

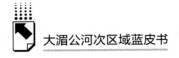

（一）积极参与国际性事务，借助国际舞台减小内陆地缘劣势

2013 年，老挝继续保持在国际及地区舞台上的活跃态势。3 月 11~13 日，老挝主办了第 5 届伊洛瓦底江–湄南河–湄公河经济合作战略峰会、第 6 届柬老缅越峰会及第 7 届柬老越三角开发峰会。老挝政府总理通邢、柬埔寨首相洪森、缅甸副总统赛茂康、泰国总理英拉、越南总理阮晋勇及东盟秘书长黎良明分别出席相关会议。上述峰会为区域内三个合作机制，目的是加强区域内经济合作，促进边境地区经济发展，改善交通基础设施，吸引域外的援助和投资。

2013 年 3 月 5~7 日，由联合国亚洲及太平洋经济社会委员会（UNESCAP）、联合国欧洲经济委员会（UNECE）、最不发达国家、内陆发展中国家和小岛屿发展中国家高级代表办事处（OHRLLS）和老挝政府共同主办的《阿拉木图行动纲领：在内陆和过境发展中国家过境运输合作全球新框架下满足内陆发展中国家的特别需要》（以下简称《阿拉木图行动纲领》）地区性终期审查会议在老挝万象举行。14 个亚欧内陆发展中国家代表和印度、俄罗斯等过境国代表以及来自美国、日本、韩国等发达国家和国际组织代表共 100 余人参加了会议。这次地区性终期审查会议审查《阿拉木图行动纲领》确定的基本过境政策问题、基础设施建设和维修、国际贸易和贸易便利化、国际支持措施十年来所取得的进展和面临的挑战等，并商定协助内陆发展中国家加强有效参与国际贸易和世界经济的机会的行动，大会通过了旨在呼吁加强国际合作、推动内陆发展中国家社会经济发展的《万象共识》。作为东南亚唯一的内陆国，《阿拉木图行动纲领》对老挝来说具有特殊的意义。

2013 年，老挝主办的国际或地区性会议还有：第十次东盟国家空

军司令会议（11 月 3 日），第九次东南亚反腐联盟组织会议（11 月
14 ~ 15 日），大湄公河次区域（GMS）经济合作高官会议（9 月 25 ~ 26
日），第九次东盟打击跨国犯罪部长级会议、第三次东盟与中国打击跨
国犯罪部长级会议、东盟与中日韩打击跨国犯罪部长级会议、第一
次东盟与日本打击跨境犯罪部长会议等系列会议（9 月 16 ~ 18 日）。

（二）继续深化和落实与中国的战略合作伙伴关系

年内，老挝与中国之间的战略合作伙伴关系不断深化，政治关
系继续巩固，经济关系进一步密切。

1. 政治上双方保持了密切的高层互访与沟通

9 月 26 ~ 30 日，老挝人民革命党中央总书记、国家主席朱马
里·赛雅颂对中国进行友好访问，与中共中央总书记、国家主席习
近平举行会谈。习近平指出，"中老关系不是一般意义的双边关
系，而是具有广泛共同利益的命运共同体"。[①] 中老双方共同发表
了《中华人民共和国和老挝人民民主共和国联合声明》，声明为丰
富和发展中老全面战略合作伙伴关系提出了具体的努力方向。朱马
里此次访华期间，双方签署了《落实中老全面战略合作伙伴关系
行动计划》《中老两国政府经济技术合作协定》及多项经济合作
文件。

朱马里此次北京之行是中国新一代领导集体产生后，老挝党和
国家最高领导人首次访问，凸显了中老双方对进一步发展双边关系
的重视，尤其是在全面战略合作伙伴关系基础上，将中老关系视为
"具有广泛共同利益的命运共同体"，无疑是对双边传统友谊的继
承和发扬。

---

① 《习近平同老挝人民革命党中央总书记、国家主席朱马里会谈》，http：//news.
xinhuanet. com/politics/2013 - 09/26/c_ 117526211. htm。

2013 年 6 月 5 日，老挝国家副总理宋沙瓦·凌沙瓦在首届中国－南亚博览会暨第 21 届中国昆明进出口商品交易会上的全汉语致辞，以一种特别的方式向中国传递了来自老挝人民的信任和认同，同时也向国际社会表达了老挝对发展老中全面战略合作伙伴关系的坚定信心。

中国与老挝同为社会主义国家，都面临着全球化和西方"和平演变"的挑战，加强治党理政理论和经验的交流，增进共识，是两党两国维护国家独立、实现可持续发展的必要途径之一。年内，两党两国间的理论交流的主要内容包括党风廉政建设[①]、中共十八届三中全会精神以及中国周边外交方针政策等。

2. 经济技术合作进一步深化

本着互利共赢的原则，中老双边经济合作进一步深化。双边贸易、投资持续增长，中国成为老挝最大的投资来源国和第三大贸易伙伴；中国对老挝的投资和援助范围不断扩大，从老挝国家的形象工程，到关系民生的农田水利、电网建设、互联互通等基础设施建设，以及首都万象市城市规划建设等。

中国继续以多种方式支持老挝基础设施建设，包括南腾 2 水电站尾水 3 号闸门灌溉项目、丰沙里省本怒至兰堆 1A 道路建设修整项目。琅勃拉邦国际机场项目、援老挝国际会议中心项目一期工程、万象市东珍排洪渠及泵站项目等，都如期完成并正式移交老挝。2013 年 1~8 月，云南电网公司对老挝送电 1.44 亿千瓦时，比上年同期增长 122.24%。利用我优惠贷款实施的老挝国家电力公司电力调度中心项目于 9 月正式启用，该项目通过光纤通信网络，将电力调度中心与老挝国家电力公司的 16 个厂站建立通信连

---

① 《第二次中老两党理论研讨会在北京召开》，http://la.china-embassy.org/chn/zlgxdbwj/t1099857.htm。

接，帮助老挝国家电力公司实现初步发电计划的制定。

中老金融合作进一步扩大和深化。5 月，中国国家开发银行与老挝国家银行在万象签署 4 份银行间账务处理细则。经老挝证券管理委员会批准，2013 年 11 月 16 日，首家老中合资的证券公司——老 – 中证券有限公司在老挝首都万象市正式挂牌成立，这是中老两国金融合作不断扩大和深化的又一标志性成果。老 – 中证券有限公司也是中国证监会批准在境外设立的首家合资证券公司，老挝成为中国证券公司走出去的第一站。

近年来，中国与老挝双边贸易保持稳步增长，2013 年 1 ～ 11 月，中老双边贸易总额达到 20.3 亿美元，中国对老挝投资累计达 50.85 亿美元，成为老挝最大的投资来源国。①

（三）继续保持和巩固与越南的特殊关系

老挝历来重视与越南的特殊团结和传统友谊。2013 年，老挝与越南保持着密切的政治经济交往，共同培养和发展两国间的特殊关系。

两国高层密切交往既是老越特殊关系的重要表现，也是巩固和发展两国特殊关系的主要方式。10 月，与老挝人民革命党有着共同的战斗经历和深厚友谊的越南大将武元甲逝世，老挝党和国家领导人以不同的方式表示哀悼和慰问。老挝人民革命党总书记、国家主席朱马里·赛雅颂率领老挝代表团前往河内，参加武元甲的葬礼。其间，会见了越南共产党总书记阮富仲②。朱马里此行再次彰显了老挝对两国传统友谊和特殊关系的重视程度。

---

① 《中国跃升为老挝最大投资国》，http：//news. xinhuanet. com/world/2014 – 01/30/c_
119188661. htm.

② Vietnamese Party leader receives Lao delegation ，http：//www. kpl. net. la/english/news/
newsrecord/2013/Oct/15. 10. 2013/edn1. htm.

在安全方面，老挝与越南保持着密切合作，包括共同维护边境安全、打击跨境犯罪、组织边境地区两国法律宣传。3月初，两国国防部还签署了2013年国防合作计划。在党政干部培养方面，两国继续开展定期或不定期的干部交流培训，截至2012年底，老挝每年选派6500名干部到越南参加培训。此外，老挝与越南还在教育、传媒等文化领域开展广泛的合作，仅2013年，越南向老挝学生提供奖学金的人数就达到了750名，位居向老挝提供奖学金各国之首。

经济方面的合作不断深化。根据越南海关资料，2013年1~9月，越南向老挝出口额为3.92亿美元，比上年同期增长12.3%，进口额为3.946亿美元，增长10.3%。木材和金属矿产品是主要的进口产品，分别为2.467亿美元和1850万美元，占进口总值的80%。越南海关报告指出，尽管越南向老挝出口增幅明显，但越南产品在老挝市场上所占份额依然很低。2012年，越南向老挝出口钢铁，出口值为6720万美元，占老挝市场的24%。其他主要的出口产品还有机械设备和工具。同时，老挝出口价值为4.446亿美元的商品到越南，位居越南贸易伙伴的第28位。[1] 两国商定的贸易发展目标是到2015年实现20亿美元，到2020年实现50亿美元。

2000年以来，越南始终保持着老挝外来投资首位的优势，到2013年10月，在老挝的越南企业有435家，资产总额达到52亿美元。[2] 双方的金融合作历久弥新。2013年，老越合资银行成立14周年，老越保险公司成立5周年。老越合资银行注册资金为7000万美元，注册资金规模在老挝仅次于老挝外贸银行（BCEL），目前由越南投资发展银行（BIDV）占股65%、BCEL占股35%。通

[1] Vietnam sees trade deficit with Laos，http：//www.kpl.net.la/english/news/newsrecord/2013/Oct/08.10.2013/edn10.htm.

[2] Vietnamese investments contributing to Lao economic development，http：//www.kpl.net.la/english/news/newsrecord/2013/Oct/16.10.2013/edn6.htm.

过控股老越合资银行，BIDV 成为首家在海外开设子银行的越南银行。老越保险公司是由越南投资发展银行、越南 BIC 保险公司、BCEL 和老越联营银行（LVB）四方于 2008 年合资成立，目前是老挝第二大保险公司，仅次于老挝保险公司（AGL）。

（四）推进与泰国等邻国的经济技术合作

2013 年，老挝政府与泰国政府交往密切，共同推动两国经济技术合作和文化教育等领域的交流。5 月 19 日，老泰第二次政府间非正式会议在清迈召开。老挝总理通邢、泰国总理英拉出席。会议回顾了两国合作成果，就继续加强在跨境运输便利化、地区互联互通、贸易、旅游、劳工、打击人口贩卖、维护边境地区秩序、禁毒和勘界立碑等领域的合作交换意见。双方签署了《老泰第二次政府间非正式会议联合声明》、《老泰农业合作谅解备忘录》和《关于老泰会晒－清孔第四座跨湄公河友谊大桥所有权、使用、管理、维护的决定》三份合作文件。[①]

5 月 30～31 日，泰国王室诗琳通公主对老挝进行为期两天的正式访问，其间，会见了老挝国家主席朱马里·赛雅颂、总理通邢·塔马冯等老挝党和国家领导人。诗琳通公主的到访，增进了老挝与泰国两国人民的传统友谊。近年来，泰国已成为老挝旅游业的第一大客源地。语言文化的相近，在很大程度上便利了双边的经济合作与人文交流。

老挝与泰国的互联互通合作取得突破性进展。2013 年底，老泰第四座跨湄公河大桥正式通车，标志着昆曼公路实现全线贯通。同时，两国还就铁路的联通进行了有效的磋商。2 月，老挝铁路局

---

① Laos, Thailand agree on future cooperation, http：//www. vientianetimes. org. la/FreeContent/FreeConten_ Laos_ Thailand%20agree. htm.

与泰国铁路委员会在万象就两国间的铁路联通问题举行了会谈，会谈涉及了中老铁路、越老泰铁路的计划和进展。双方具体讨论了老泰铁路二期工程实施方案，由达拉冷车站通往万象市坎洒瓦村、长达9千米的铁路将于2015年建成通车。

泰国是老挝最大的贸易伙伴，2012年双边贸易额达到44亿美元，比2011年增长了26.5%。同时，泰国也是老挝第三大投资来源国，2012年，泰国对老挝投资项目共9项，投资金额为3.46亿美元。双边贸易和投资的扩大带动了双边金融合作的深化，如2013年7月8日，老挝央行储户保护基金与泰国存款保护机构签订合作谅解备忘录。根据备忘录，双方将每年举行至少一次会议，就保护储户利益、避免银行挤兑等加强信息交流与合作。

在处理周边国家关系上，老挝在推进与中国、越南和泰国的关系的同时，还积极发展与柬埔寨和缅甸的合作，利用缅老越成长三角机制，积极发展与柬埔寨的全面合作；在对缅关系上，保持政府间对话，并以建设老缅跨湄公河大桥为契机，拓展经济技术合作。

（五）拓展与美国、日本等发达国家的合作

美国重返东南亚的步伐正悄然迈进深处东南亚内陆的老挝，从冷战结束后双边合作仅限于搜寻越战失踪人员开始，今天的老美合作逐步向经济、社会领域拓展。

2月13日，美国太平洋司令部弗朗西斯科将军（Francis J. Wiercinski）访问老挝，与老挝军方高级官员会谈，共同讨论两国正在实施的项目和未来的合作意向。过去15年来，美国太平洋司令部向老挝提供了940万美元的人道主义援助。[①]

[①] Lao military welcomes US Army, Pacific Commander visits, http：//www. vientianetimes. org. la/sub－new/Current/Curre_ Lao_ military. htm.

4 月 4 日，美国驻老挝大使卡伦·斯图尔德在《万象时报》发表了题为《美国援助——永远在这里》（"US assistance—here to stay"）的文章，文章罗列了美国对老挝的援助项目，其中自 1989 年以来，美国向老挝提供的禁毒援助总计超过 4500 万美元。该文的发表在老挝社会引起了一阵关于如何看待美国援助的讨论，有人持乐观的态度，认为美国将会承诺并兑现更多的援助，而有的人则持谨慎态度，认为美国的援助力度不会有大的改变和增加。① 从这次讨论中，我们可以看到，美国对老挝援助有限，影响不大。虽然美国早在 2004 年就给予老挝正常贸易关系，但双边贸易的发展仍然保持在较低水平，2011 年，双边贸易额为 8500 万美元。总体上看，虽然老挝和美国都在积极地商讨拓展合作的空间和方向，但双边关系短期内难以取得突破性发展。

年内，老挝与日本的经济技术合作继续拓展，日本继续加大对老挝的援助。11 月 17 日，日本首相安倍晋三对老挝进行为期一天的访问。在与老挝总理通邢·塔马冯的会谈中，安倍介绍了其此次东南亚之行中一直鼓吹的、旨在为世界和平与稳定积极负责的"积极和平主义"，希望加强与老挝外交和国防部门的沟通与交流。经济外交一直是老挝与日本外交的主要内容，安倍此行也为老挝准备了一份厚礼，包括向老挝国际机场扩建工程提供 90 亿日元贷款、加强医疗领域的合作。为促进日本民营企业对老挝的投资，日本贸易促进机构将在老挝设立办事处，还计划开通日老两国间直航线路。② 安倍晋三此次访问老挝是日本首相除参加多边会议外，时隔 13 年再次访问老挝。2000 年 1 月，日本已故前首相小渊惠三访问

① American assistance is welcome in Laos, http：//www. vientianetimes. org. la/FreeContent/FreeConten_ US_ funds. htm.

② Japan pledges support for four projects, http：//www. vientianetimes. org. la/FreeContent/FreeConten_ Japan. htm.

老挝。

2013 年，老挝与法国、澳大利亚、德国、俄罗斯、加拿大、瑞士、新西兰等西方国家保持着正常的交往与合作，与东盟其他成员国进行密切的交流与沟通。

五　2013 年老挝参与大湄公河次区域合作情况

（一）积极推动 GMS 互联互通合作

12 月 10～11 日，大湄公河次区域经济合作第十九次部长级会议在万象举行。该会议的主题为"做好新一代 GMS 合作规划，推动次区域快速发展"。会议讨论了次区域内部的铁路互联互通问题，最后签署了成立 GMS 铁路联盟备忘录，为推动次区域内铁路互联互通，促进铁路基础设施资源的优化配置提供制度性安排。[①]在 GMS 为推动区域内铁路互联互通达成共识的同时，作为该区域内唯一的内陆国，老挝已在与周边国家的公路连通方面取得了显著的成就。

2013 年 12 月 11 日，连接老挝会晒和泰国清孔的老泰友谊大桥正式通车，昆曼公路实现了全线贯通。这使得老挝向其努力打造的 GMS 交通枢纽地位前进了一步，也为南北经济走廊的建设提供了更加完善的基础条件。老泰两国计划修建第五座和第六座友谊大桥，即连接老挝波利坎赛省与泰国廊开府汶干县，以及连接老挝沙拿湾省与泰国乌汶府的跨湄公河大桥。连接老挝南塔省龙县与缅甸掸邦大其力县的第一座老缅友谊大桥建设进展顺利，

---

① 19th GMS Ministerial Conference to open today，http：//www.kpl.net.la/english/news/newsrecord/2013/Dec/10.12.2013/edn9.htm.

2013 年内已完成 35% 的工程量，按现在工程进度，将于 2015 年建成通车。①

（二）与 GMS 国家的贸易小幅增长

泰国、越南和中国是老挝在 GMS 的主要贸易对象国。其中，泰国长期保持着老挝第一大贸易伙伴的优势。2012 年，老挝从泰国的进口占老挝进口总额的 63.2%，老挝对泰国的出口则占老挝出口总额的 32.8%。越南商品占老挝进口总额的 5.6%，老挝对越南的出口占老挝出口总额的 14.0%。② 中国是老挝第三大贸易对象国，2012 年的中老双边贸易总额、中国对老挝出口额增速位居中国对东盟贸易的首位，中国与老挝双边贸易总额达 17.28 亿美元，同比增长 32.8%，老挝的贸易逆差有所扩大，其中，中国对老挝出口 9.37 亿美元，同比增长 96.8%；中国自老挝进口 7.91 亿美元，同比下降 4.1%。老挝与柬埔寨、缅甸的双边贸易量较小，无论是进口还是出口，在老挝外贸中的比例不超过 0.2%。

（三）与中国云南省的合作不断加强

2013 年，老挝与中国云南省的合作取得了新的突破，合作机制不断完善，跨境经济区合作、境外经贸合作区、口岸、电力、农业、文化、教育等合作不断推进和扩大。

中国云南 – 老挝北部合作工作组自 2004 年成立以来，经过 9 年的合作与沟通，工作组已成为中国和老挝地方合作的有效机制和平台。2013 年 10 月 16～17 日，中国云南 – 老挝北部合作特别会议暨工作组第六次会议在云南普洱市召开。会议围绕交通通信、财

---

① Laos, Myanmar enhance border cooperation, http：//www. kpl. net. la/english/news/newsrecord/2013/Dec/24. 12. 2013/edn2. htm.

② Economist Intelligence Unit, Country Report：Laos, March 2014, p. 6.

贸金融、旅游文化、农林业和替代种植、边境口岸管理等七个领域
合作的重点工作和具体项目、合作中存在的问题等事宜进行了深
入、坦率的讨论和磋商。双方就边境管理、人力资源培训、昆曼大
通道建设、经济合作区规划等问题达成多项共识，并签署会议纪要
和备忘录，推动区域合作进一步深化发展。

此外，双边在跨境生态保护、疫情防治等领域合作卓有成效。
自2013年1月1日起，西双版纳傣族自治州与老挝丰沙里省签署
的中老联合保护区域协议正式实施，构架起了"中老边境绿色生
态安全屏障"和"中老边境生物多样性走廊带"建设的新格局。
2013年1~5月，老挝面临严重登革热疫情，云南及时派出了云南
登革热防治专家组对老挝北部地区登革热疫情处置进行技术指导，
并积极在老挝筹建中国-老挝边境地区疟疾和登革热联防联控工作
站和联络办公室，以解决老挝疟疾和登革热防控中存在的问题。云
南-老北合作工作组会议期间，中老双方签署了《加快中国磨憨
-老挝磨丁经济合作区建设合作备忘录》，中国磨憨-老挝磨丁
经济合作区建设有望得到推进。

老滇合作得到了老挝国家领导人的充分肯定，2013年9月，
老挝人民革命党总书记、国家主席朱马里在即将结束访华之行前，
在昆明会见云南省主要领导时，指出云南在推动老中全面战略合作
伙伴关系中发挥越来越重要的作用。

总体上，2013年的老挝在政治、社会、经济和外交领域保持
平稳和良好的发展态势。人民革命党保持着高度的警惕，继续采取
措施，巩固其执政党地位和加强执政能力的建设。经济方面，能源
和旅游业成为经济增长的两大支点；老挝外贸表现平平，似乎加入
世贸组织的机遇仍未得到有效的利用；财政赤字的增加是老挝政府
年内面对的最大挑战。社会方面，新老问题交织，减贫工作仍然艰
巨，劳动力紧缺，加上应对自然灾害和疾病的能力有限，老挝社会

的发展压力更大。但凭借务实的多边外交政策，老挝与中国和越南的关系都在朝着全面深化的方向发展，与泰国、柬埔寨、缅甸等国间的经济合作也有不同程度的发展；与美日等区域外大国间关系通过经济援助等方式而加强。而在 GMS 的舞台上，老挝的积极态度使其本身获得了更大的发展空间，内陆的劣势逐渐减少。

2014 年，老挝仍将稳步前行。存在的问题难以在短期内解决，新问题也许会不断出现，但是，老挝人民革命党的执政地位稳固；老挝经济社会发展仍将保持稳中有升的发展趋势；社会的安宁和稳定可能会面临一些不协调因素的挑战，但仍无大碍；游刃有余的外交政策和活动仍将帮助老挝获得更多的发展机遇。

B.12

2013 年缅甸形势及其
对大湄公河次区域合作的参与

祝湘辉 李晨阳*

摘 要:

2013 年,缅甸改革进入深水区,政府注重能力建设,清除腐败,取得了显著成果。随着 2015 年大选临近,昂山素季在国内外就修宪频频发声,力求取得参选总统资格;教派冲突由边疆扩展到内地,对改革进程造成极大挑战;政府与少数民族武装谈判在艰难中前行。同时,缅甸继续在投资、能源、交通、禁毒、安全和农业等领域深化与 GMS 各国的合作。

关键词:

2013 年 缅甸形势 GMS 区域合作

2013 年,缅甸改革逐渐进入深水区,政府总体上延续了 2012 年以来的政策,并将增强政府能力、清除腐败作为施政重点。虽然缅甸政府在内政和外交方面取得了一定的成绩,但也面临着修改宪法、教派冲突和民族和解等关键问题的挑战。同时,缅甸继续在投资、能源、交通、禁毒、安全和农业等领域深化与 GMS 各国的合作。

---

* 祝湘辉,云南大学国际关系研究院东南亚研究所副研究员;李晨阳,云南大学社科处副处长、云南大学缅甸研究中心主任,博导。本文为 2012 年云南省教育厅科学研究基金项目"缅甸政治转型与新政府内外政策调整研究"(项目批准号 2012Y248)的阶段性成果。

一 政治形势

（一）大力提高政府治理能力

1. 改组内阁

2013 年缅甸政府进行了两次大改组。1 月 26 日，通信与信息技术部部长登通和宗教事务部部长敏貌辞职。2 月 5 日，吴登盛总统任命了新的宗教事务部、能源部、矿业部、劳工就业和社会福利部、饭店旅游部 6 名正副部长，其中饭店旅游部副部长丁瑞来自反对党全国民主力量党，另有 3 名为非军方人士。2 月 13 日，空军司令妙亨被任命为通信与信息技术部部长，德奈温中将被任命为边境事务部部长。7 月 25 日～8 月 13 日，吴登盛任命了 12 位副部长，调整 5 位部长，两位部长退休。9 月 27 日，吴登盛总统召开内阁会议，宣布为了推进改革进程，23 位新任副部长同时兼任包括外交、财政、旅游、环境保护等在内的 26 个分委员会主席，分委员会深入基层，发挥政府与民众、地方与中央沟通的桥梁作用。

2. 清除腐败

缅甸政府出重拳打击商业腐败行为。2013 年 2 月，16 名仰光港海关官员由于接受贿赂非法进口车辆被迫辞职。7 月 1 日，反腐败工作研讨会在内比都召开，赛茂康副总统称贪污腐败行为破坏了投资环境，必须认真整治。据 2013 年 7 月 18 日《伊洛瓦底新闻》报道，因为收受贿赂协助企业逃税，财政部税务总局 14 名高官被开除公职。8 月 7 日，吴登盛总统签署了《反贪污腐败法》，决定组建反贪污腐败委员会，规定了启动调查和处理腐败案的程序。2014 年 2 月 25 日，吴登盛总统签署 2014 年第 6 号令，组建以吴妙温为主席的反贪污腐败委员会，委员会直接向总统负责，领导国家的反腐工作。

3. 增加透明度

缅甸政府继续放宽对媒体的管制。2013 年 4 月 1 日，《联合日报》《黄金大地日报》《标准时报》和《每日之音》作为首批民营报纸上市发售，这是半个世纪来缅甸政府首次允许民营日报出版发行。6 月 25 日，缅甸印刷、出版、登记、发行工作监督中央工作组召开 2013 年第 5 次工作会议，批准《人民网络日报》和《缅甸日报》等 5 份民营日报自 7 月 1 日开始发行。8 月 6 日，美联社仰光分社开业典礼在仰光举行，这是放宽媒体管制以来首次获准在缅甸设立的西方通讯社。8 月 26 日，缅甸宣传部提交的《出版法》草案获得民族院通过，取消了对未注册的非法出版者处以刑罚和罚款的规定。[①] 12 月 2 日，英国 BBC 宣称将在缅甸设立分支机构。

4. 重视民生问题

缅甸政府继续将民生问题放在首位。2013 年 4 月 1 日，缅甸财政部宣布将中下级公务员工资上涨 50%，以应对通货膨胀。5 月 14 日，吴登盛总统签发命令，组建以副总统为首的国家自然灾害防治救济委员会和以社会救济安置部部长为首的国家自然灾害防治救济计划工作委员会，主要职责是组织风灾防范和灾后重建安置等工作。8 月 25 日，消除农村地区人民贫困和促进农村地区发展研讨会在内比都召开，缅甸政府计划至 2016 年将贫困人口比例下降至 16%。政府成立了联邦议会农田和其他土地征收调查委员会，以返还或赔偿被军队不当征收的农民土地。从 2014 年 1 月 1 日开始，政府在全国范围内进行农业用地登记和核发农业土地使用证。

---

① Ko Htwe, "Burma amends controversial publishing law," *Democratic Voice of Burma*, 13 November 2013, http://www.dvb.no/news/burma-amends-controversial-publishing-law/34369.

5. 释放全部政治犯

2013 年 4 月 23 日，吴登盛总统签发大赦令赦免 93 名囚犯，其中包括 59 名政治犯。10 月 8 日，缅甸政府再次释放 56 名政治犯。11 月 15 日，69 名政治犯被释放。12 月 11 日，第 27 届东南亚运动会开幕，吴登盛总统签发大赦令再次释放 41 名政治犯。12 月 30 日，吴登盛总统签发特赦声明，宣布释放以非法结社罪、叛国罪、蔑视政府罪和违反和平集会法罪被扣押或正在受审的全部犯人，缅甸至此不再有政治犯。

6. 举办国际盛会

2013 年，缅甸频频举办国际盛会。2013 年 6 月 4～7 日，缅甸在内比都举办了第 22 届世界经济论坛东亚会议，这是缅甸首次作为东道国主持这一论坛，参会者超过 1000 人。9 月 10～11 日，缅甸全球投资论坛在内比都举行，来自 35 个国家的 850 多位代表出席，主要议题为缅甸经济发展、贸易与投资机遇等。12 月 11～22 日，第 27 届东南亚运动会在内比都举行，这也是 44 年来首次在缅甸举办东南亚运动会，东南亚 11 国 6000 多名运动员和官员参加，缅甸奖牌数居第 2 名。2014 年 1 月 14～20 日，第 7 届东南亚残疾人运动会在内比都举行。

7. 与"民地武"继续谈判

缅甸政府与克钦独立军的谈判在艰难中前行。2013 年 1 月 18 日，缅甸政府、议会和军队同时发表声明与克钦独立军停火。5 月 29～30 日，联邦和平工作委员会副主席吴昂敏与克钦独立军代表在密支那举行谈判，双方就举行政治对话、成立联合监督委员会等达成 7 点共识。10 月 30 日至 11 月 2 日，17 支"民地武"组织在克钦独立军总部拉扎举行会议，协调立场，就政治路线图和全国性停火协定等达成了多项共识。11 月 4～5 日，缅甸政府首次与这些"民地武"组织举行集体对话，协商"全国性停火协定"和政治对话等事宜。①

总体来看，2013 年缅甸政府已经开始转向采取非武力方式解决"民地武"问题。5 月 10 日，政府代表团与佤族代表团在邦康进行谈判，佤族领导人提出了修改 2008 年宪法等 7 点要求。10 月 4 日，以吴登佐为首的政府代表团与佤族代表团在邦康举行会谈。缅甸政府还分别于 6 月 20 日和 8 月 10 日与克伦尼民族进步党、全缅学生民主阵线达成了停火协议或共识。

（二）昂山素季积极推动修宪

2013 年 3 月 8～11 日，民盟在仰光举行为期 3 天的全国代表大会，选举领导层和准备 2015 年大选。民盟近 900 名成员出席了此次会议，一致选举昂山素季为总书记。6 月 6 日，在内比都召开的第 22 届世界经济论坛东亚会议上，昂山素季宣布决定竞选下届总统，并呼吁加快修宪进程。人民院议长吴瑞曼也发表了参选总统声明，表示愿意与昂山素季组成联合政府。9 月 14 日，民盟与 11 个党派举行联合会议，声明修改 2008 年宪法或重新起草宪法与实现国内和平有着不可分割的联系。

7 月 25 日，缅甸联邦议会成立一个由 109 名议员参加的宪法评估联合委员会，对 2008 年宪法修改进行评估。② 8 月 23 日和 9 月 30 日，该委员会分别召开了两次工作会议，鼓励民众将有关修宪意见递交至委员会。12 月 27 日，民盟举行中央委员会第 2 次会议，通过了对 2008 年宪法的修改建议报告，指出宪法限制昂山素季参选、少数民族权益得不到保障和公民权利缺失等。民盟修改宪

---

① 张云飞：《缅甸政府首次与多支少数民族武装组织集体对话》，新华网，2013 年 11 月 4 日，http：//news. xinhuanet. com/world/2013－11/04/c_ 118001596. htm。

② 《缅甸议会组成宪法评估联合委员会　迈出修宪第一步》，缅甸《金凤凰》中文报，2013 年 7 月 31 日，http：//www. mmgpmedia. com/local－news/4478－2013－07－31－06－49－32。

法的建议得到了吴瑞曼议长的正面回应，他说要使 2015 年大选成为一个公平自由的大选，应修改总统任职条件限制。

（三）教派冲突蔓延至内地

2013 年，极端主义教派冲突已从缅甸边疆地带蔓延到内地。3 月 20 日，缅甸中部曼德勒省密铁拉市一家金银首饰店店主与顾客发生争执，演变成穆斯林与佛教徒的严重暴力冲突，导致 44 人死亡。3 月 25 日，冲突蔓延到仰光以北 150 千米的勃固省明拉、奥波和九彬高，暴徒摧毁了一座清真寺、数栋建筑物和商店。[①] 4 月 30 日，在仰光省奥甘、代基镇区，暴徒袭击了两座清真寺，造成 1 人死亡 9 人受伤。5 月 28 日，腊戍一名佛教徒妇女遭到一名穆斯林浇泼汽油而被烧伤，这一事件在腊戍引发了骚乱，导致 1 人死亡 5 人受伤。8 月 24 日在实皆省甘勃卢，暴徒纵火烧毁了 50 多栋伊斯兰建筑。9 月 29 日在若开邦丹兑，教派骚乱再次爆发，导致 7 人死亡。教派冲突使缅甸承受了来自国际社会的强大压力。

二 经济发展情况

2013 年，缅甸以完善税收系统、减免外债和争取外援、推动边贸发展等为中心，实现了经济平稳增长。

（一）经济政策

1. 稳步推进金融业改革

缅甸政府系统推进金融业改革。2013 年 7 月 12 日，吴登盛总

---

① "Promoting peace amid Myanmar's sectarian violence," Integrated Regional Information Networks, April 20, 2013, http://www.irinnews.org/fr/report/97881/promoting-peace-amid-myanmar-s-sectarian-violence.

统签署了《缅甸中央银行法》，赋予央行独立干预货币市场、设立金融监督机构和资本市场的自主权。① 从 8 月 5 日开始，获准外汇交易的缅甸银行间实现了外汇市场信息共享系统服务。2014 年1 月 12 日，缅甸建筑房地产开发银行正式营业，这是缅甸第一个为私人和公司购买房地产提供长期贷款的银行。②

缅甸还准备向外资开放银行业。政府计划于 2014 年允许外资银行进入缅甸开设分行，但将对外资银行设部分业务（如国内存取款）限制。11 月 3 日，缅甸合作社银行开始启用缅甸首条互联网在线支付系统，世界各地 Master 信用卡用户可通过该系统在缅甸国内开展支付业务。2014 年 3 月 17 日，银联国际与缅甸合作社银行在仰光签署合作协议，约定年内在缅甸发行银联卡。

2. 努力减免外债

1 月 28 日，挪威宣布免除缅甸政府 5.7 亿美元的债务。同日缅甸政府发表声明，巴黎俱乐部债权国已经免除缅甸近 60 亿美元债务，相当于缅甸所欠外债的 50%。5 月 24～26 日日本首相安倍晋三访缅期间，宣布免除缅甸剩余 1900 亿日元（18.8 亿美元）债务。7 月 31 日，法国贸易部部长妮可尔·布里克与缅甸政府在内比都签订协议，免除缅甸到期债务 11 亿美元中的 5.5 亿美元，其余 5.5 亿美元将以 2% 的利率在 15 年内还清。10 月 4 日，财政部部长吴温盛在议会上发言说，缅甸与亚洲开发银行、世界银行的债务已经清理完毕，这让缅甸重新获得从这两个金融机构贷款的资格。2014 年 1 月 9 日，到访缅甸的丹麦发展部部长彼得森与缅甸财政部部长吴温

---

① 《缅甸中央银行法颁布》，中国商务部网站，2013 年 7 月 16 日，http：//www.mofcom.gov.cn/article/i/jyjl/j/201307/20130700201225.shtml。
② "Myanmar Launches Construction And Housing Development Bank," *Eleven News*, January 13, 2014, http：//www.elevenmyanmar.com/index.php? option = com _ content&view = article&id = 4710: myanmar-launches-construction-and-housing-development-bank&catid = 33: business&Itemid = 356.

盛签署免除缅甸所欠丹麦 5113.9 万美元债务的协定，丹麦和挪威成为免除缅甸所欠全部债务的国家。2014 年 2 月 9 日，约阿希姆·高克访缅期间与缅甸政府就免除缅甸欠德国债务总额 10.84 亿欧元中的 50% 债务、其余债务延长还款期限事宜签署了协定。

3. 扶持私营经济

为了促进私营经济发展，缅甸政府一方面开放市场准入，一方面简化审批手续。4 月 3 日，财政部副部长貌貌登宣布，2013 年已向 12 家私营保险公司颁发了许可证。10 月 2 日，能源部部长吴泽亚昂称将允许私营企业参与能源项目。11 月 20 日缅甸民航局副局长丁奈通称，缅甸政府计划向私营企业转让机场经营权。[①] 缅甸政府从 2013 年 8 月开始启动扶持小企业发展政策，根据该政策雇用 25 名以下工人的企业不再需要登记注册且 3 年内免税。10 月 30 日，缅甸私有化发展委员会发布公告称，取消贸易、服务业、旅游业和珠宝业私营企业注册资本金为 1 亿缅元的规定，以及酒店业、工业、建筑业注册资本金为 5 亿缅元的规定。

4. 完善税务系统

2013 年政府重点强化税收能力，取得了很大成效。5 月 8 日，缅甸政府发布命令组建以杜雅吴丹伦为主席的税收监管组织，负责对国内制造业、贸易和服务业税收情况进行监管。从 6 月 14 日开始，缅甸国内税务局实行预征税措施，对于出口和进口商预征 2% 的收入税。2012 年 11 月 1 日开始，缅甸政府还在边境贸易口岸组建了流动执法队，打击走私和非法贸易，防止税收流失，使2012～2013 财年边境贸易额较上一财年增长 3.86 亿美元。2013 年 8 月开始，仰光联合流动执法队开始对 7 个海运口岸进行检查，取得了很

---

① Kyaw Hsu Mon, "Govt Invites Private Investors to Upgrade 30 Domestic Airports," *Irrawaddy News*, November 20, 2013, http://www.irrawaddy.org/investment/govt-invites-private-investors-upgrade-30-domestic-airports.html.

大成效。据缅甸财政部税务总局发布的数据，自 2011 年 10 月 25
日海关开始执行旧车淘汰计划以来，到 2014 年 2 月底税务总局共
对 255630 辆进口汽车征收关税，为国家财政增加关税 7381.17 亿
缅元（约合 7.6 亿美元）。[①]

5. 重视边贸发展

2012 年 11 月 21 日，缅甸政府在印缅边境的德木口岸首次实
行个人贸易卡（ITC）制度，额度为每天每人 100 万缅元，个人无
须组建公司即可进行边境贸易。据德木口岸统计数据，实行这一制
度后，2013 年 4 ~ 11 月，缅印边境贸易额已超过 1700 多万美元，
同比增加了 441 万美元。据《缅甸新光报》11 月 18 日报道，缅甸
政府同意重开连接印度、缅甸和中国的雷多（史迪威）公路，已
完成印度边境至缅甸德奈镇的扩宽项目，从中国畹町至密支那和德
奈的公路改造由中方负责。

（二）宏观经济形势

2013 年，在缅甸政府的努力下，缅甸经济实现了较快增长，
外来投资较 2012 年有所回升，但通货膨胀、电力短缺、缺乏专业
人才困扰着缅甸经济的可持续发展。

根据国际货币基金组织 2014 年 1 月 22 日公布的数据，2013 ~
2014 财年缅甸经济增长率为 7.5%，2014 ~ 2015 财年可望增幅为
7.75%。根据缅甸国家计划与经济发展部的数据，2013 ~ 2014 财
年由于缅元贬值、国外进口成品油价格上涨和综合转移费用上涨等
因素，缅甸通货膨胀率为 6.3%。为降低通货膨胀带来的压力，缅
甸需减少财政赤字和增加税收。之前缅甸出现预算赤字并不向外界

---

① 《缅甸汽车进口关税实现 7.6 亿美元》，缅华网，2014 年 3 月 18 日，http：//www.
mhwmm.com/Ch/NewsView.asp？ID = 3878。

公布，2011 年新政府上台后走向透明化，公布 2011～2012 财年为 4.6%，2012～2013 财年为 3.7%，世界银行预测 2013～2014 财年缅甸预算赤字为 5%。[①]

（三）产业经济形势

由于国际社会尤其是周边国家加大了对缅甸投资力度，2013 年外国对缅投资总额有所回升。缅甸国家计划与经济发展部投资与公司注册管理司司长吴昂奈乌称，在 2013～2014 财年，外国投资达 30 亿美元，比 2012～2013 财年增长一倍，2014～2015 财年外国投资可望达到 40 亿～50 亿美元。外资 80% 进入了工业和制造业，尤其是服装加工业。酒店业、通信领域的外资项目也逐步增长。缅甸对外贸易额在 2013～2014 财年达 232.24 亿美元，比 2012～2013 财年增加 60 亿美元。其中海路贸易额为 189.79 亿美元，边境贸易额为 42.45 亿美元。

在农林业方面，缅甸年产大米总量约为 1400 万吨，2013～2014 财年计划大米出口总量为 300 万吨。缅甸商务部部长吴温敏 3 月 16 日称，本财年缅甸共出口了价值 8.05 亿美元的豆类 117.83 万吨，豆类已超过大米成为缅甸获取外汇最多的农产品。2013～2014 财年缅甸计划出口橡胶 9.5 万吨，传统出口国家为中国、新加坡和马来西亚，目前正在努力向西方国家扩大出口。

在旅游业方面，来缅游客人数再创新高。本财年外国到缅甸游客总数已达 204.4 万人次，其中泰国游客人数占第一位，中国为第二位，日本和韩国分别为第三和第四位。截至 2013 年 9 月，缅甸全国共有酒店饭店 859 家，客房 313221 间，其中五星级酒店 6 家、

---

① "World Bank expects Myanmar to see 5 percent budget deficit for 2013 – 14", The Nation Multimedia, October 15, 2013, http://www.nationmultimedia.com/aec/World-Bank-expects-Myanmar-to-see-5-per-cent-budge-30217076.html.

四星级酒店 17 家。

在通信业方面，2013 年 1 月缅甸政府向境内外投资者招标两家电信运营商，共吸引 91 家国内外公司参与竞标。6 月 27 日，缅甸电信运营商招标评选委员会宣布，挪威电信公司（Telenor）和卡塔尔电信公司（Ooredoo）中标。10 月 8 日，吴登盛总统签发了《通信法》，为缅甸通信服务和网络运营提供了法律框架。2014 年 1 月 29 日，缅甸政府按新通信法向两家公司颁发了许可证。[①]

9 月 28 日电力部部长吴钦貌梭说，2015 年预计全国电力需求量将达到 4900 兆瓦，但目前的装机容量仅为 2000 兆瓦，电力部正在实施 9 个电厂项目，建成后将获得 1807 兆瓦装机容量，从而改善民众的用电需求。

在采矿业方面，截至 2013 年 10 月 10 日，缅甸全国可供开采的煤矿储量约 5.4016 亿吨，年产量达 70 多万吨。缅甸矿业部鼓励私人企业投资开采，与 48 家公司签署了开采合同。据缅甸国家计划与经济发展部统计，2013 年 4~12 月，缅甸玉石出口额达 9.2 亿美元，比 2012~2013 财年全年出口额增长了 3 倍，主要出口地区为中国大陆、香港和印度。

在交通业方面，从 2012~2013 财年开始，缅甸政府重点对曼德勒—密支那铁路、仰光—卑缪铁路、莫谷—毛淡棉—耶城—土瓦铁路、仰光环城铁路、勃生—享达大—章景铁路进行了升级改造。从 2013~2014 财年开始，缅甸政府计划利用日本协力机构和官方发展援助，对仰光—曼德勒铁路进行改造升级，并计划对其他铁路段设备现代化更新项目进行招投标。

---

① "Myanmar's Telecom Revolution Bogs Down," *The Wall Street Journal*, October 25, 201, http://online.wsj.com/news/articles/SB10001424052702303615304579156981214121584.

三　外交形势

随着缅甸改革进入深水区，西方加大了对缅投资和援助力度，中国仍然保持着与缅甸高层的友好关系，两国民间交流也进一步加深。

（一）与中国的关系

1. 政治关系

2013 年两国政府高层保持了互访。2013 年 4 月 5 日，吴登盛总统抵达海南三亚参加博鳌亚洲论坛，并会见中国国家主席习近平，两国政府发表了中缅联合新闻公报。6 月 23～24 日，中国国务委员杨洁篪访问缅甸，会见了吴登盛总统、吴瑞曼议长和昂山素季，就促进中缅友好关系、双边合作等事宜交换了意见，两国签署了《中缅全面战略合作伙伴关系行动计划》。7 月 23 日，中央军委副主席范长龙访缅，先后会见了吴登盛总统和国防军总司令敏昂莱，就增进两国和两军关系深入交换了意见。9 月 2 日，吴登盛总统抵达南宁参加第 10 届中国 - 东盟博览会暨中国 - 东盟商务与投资峰会，并会见了李克强总理，讨论了两国加强全面战略合作伙伴关系事宜。10 月 16 日，缅甸国防军总司令敏昂莱访问中国，会见了习近平主席。12 月 10 日，中国国务院副总理刘延东访缅，会见了吴登盛总统，双方签署了有关中缅经济技术合作协定、捐赠电脑设备协定和运动会设备使用协定。2014 年 2 月 24 日，中共中央对外联络部副部长艾平访缅，会见了吴登盛总统和吴瑞曼议长，双方就进一步加强两国政府和民众间的实质性合作及民族武装组织事宜等进行了交谈。

2. 经济关系

2013 年 5 月 27 日，吴年吞副总统会见了中石油总经理廖永远一行，双方就中缅油气管道项目环境保护和社会经济发展等交换了意见。7 月 24 日，中国最大的公务船"海巡 01"号到访仰光，与缅甸海事交通局进行了业务和文化交流。8 月 9 日，中国科技部部长万钢会见了缅甸科技部部长顾顾吴，双方签署了中国资源卫星应用中心和缅甸曼德勒理工大学共建遥感卫星数据共享与服务平台合作协议。[①] 8 月 28 日～9 月 3 日，中国海军和平方舟医院船抵达仰光港，与缅甸海军训练学校举行了文化和医学交流。10 月 18 日，中国进出口银行在内比都与缅甸外贸银行签署《缅甸小额农业贷款首期 1 亿美元贷款协议》，与缅甸中央银行签署《缅甸铁路机车厂项目优惠出口买方信贷贷款协议》和《缅甸铁路客车厂项目优惠出口买方信贷贷款协议》。12 月 6～8 日，缅甸商务部副部长班山出席了在瑞丽举行的第 13 届中国缅甸商品交易会并致辞。12 月 18～19 日，孟中印缅经济走廊联合工作组第一次会议在昆明召开，缅甸国家计划与经济发展部副部长杜钦山伊出席了会议，四国就交通基础设施建设、投资和商贸流通、人文交流等方面达成了共识。12 月 23 日，中缅两国打击拐卖人口合作会议在云南陇川章凤举行，双方就合作打击人口拐卖、跨国犯罪达成一致意见。

对于影响中缅关系的莱比塘铜矿项目，由昂山素季担任主席的调查委员会于 2013 年 3 月 12 日提交了最终调查报告，提出了整改意见。7 月 24 日，各方签署了修改后的莱比塘铜矿合同，缅甸政府占股份 51%、缅甸经济控股公司占股份 19%，万宝公司占股份

---

① 《万钢部长会见缅甸科技部长顾顾吴》，中国科技部网站，2013 年 8 月 26 日，http：//www. most. gov. cn/kjbgz/201308/t20130823_ 108073. htm。

30%，万宝公司每年提供 200 万美元用于矿山复垦，投产后年利润的 2% 将用于社会经济发展项目。

（二）与美国和其他西方国家的关系

2013 年 2 月 22 日，美国财政部放松了对美国企业和投资者与四家缅甸银行业务往来的禁令。5 月 19～20 日，吴登盛总统访问美国，会见了美国总统奥巴马，这是 44 年以来缅甸总统首次对美国进行工作访问。8 月 1 日，美国与缅甸关于开展合作打击拐卖人口犯罪研讨会在内比都举行。8 月 7 日，奥巴马总统签署第 13310 号行政令修改令，允许从缅甸进口除玉石和红宝石之外的货物。①

2 月 25 日至 3 月 8 日，吴登盛对挪威、芬兰、奥地利、比利时和意大利展开正式访问，这是吴登盛就任缅甸总统以来第一次访问欧洲。4 月 22 日，欧盟外长会议决定取消除武器贸易外对缅甸所有的制裁。自 6 月 13 日开始，欧盟给予缅甸出口商品最惠国待遇。7 月 14～20 日，吴登盛总统前往英国和法国进行访问，分别会见了英国首相卡梅伦和法国总统奥朗德，就政治改革与和平进程等事宜交换了意见。11 月 15 日，缅甸与欧盟工作组全体会议在内比都举行，双方签署了欧洲投资银行与缅甸的电力合作、农业合作等一系列协定。2014 年 2 月 9 日，德国总统高克访问缅甸，出席了缅甸－德国经贸论坛和缅甸第一个歌德学院落成典礼。

2013 年日本在推动与缅甸关系方面采取了积极行动。2 月 7 日，日本经济团体联合会会长米仓弘昌与缅甸全国工商联合会主席吴温昂在仰光签署了经贸、投资和科技等领域的合作备忘录。5 月 24～26 日，安倍抵达缅甸，这是 36 年来日本首相首次访缅。在与

---

① "Blocking Property of Persons Threatening the Peace, Security, or Stability of Burma," The White House, July 11, 2013, http://www.whitehouse.gov/the-press-office/2012/07/11/executive-order-blocking-property-persons-threatening-peace-security-or-.

吴登盛会见时，他表示日本将全力支持缅甸国家建设，协助其完善基础设施和法律。8月12日，日本国土交通大臣太田昭宏到访缅甸，会见了吴登盛总统，双方讨论了土瓦经济特区建设和仰光—曼德勒高速公路的升级改造事宜。8月22日，吴登盛总统会见了日本经济产业大臣茂木敏充，双方就电力开发合作交换了意见。11月27日，吴瑞曼议长到达日本访问，会见了安倍晋三，双方讨论了投资与经济合作、缅甸电力和道路交通方面援助事宜。12月12~17日，吴登盛总统到达日本，出席日本－东盟40周年峰会和日本－湄公河首脑会议，双方签署了《投资贸易保护协定》和《卫生合作协定》。

2013年8月29日，《2013年度缅甸政府和韩国政府间提供援助框架协议》签字仪式在内比都举行，根据协议，韩国国际合作组织将与缅甸政府部门就缅甸公路发展规划、农业机械化改造项目计划等进行合作。8月29日，吴登盛总统会见了到访缅甸的韩国安全行政部部长刘正福一行。8月11日，缅甸交通部宣布选择韩国仁川国际机场公司在仰光附近的勃固省建设汉达瓦底国际机场。

（三）与东盟及其成员国的关系

4月23日，吴登盛总统会见了来访的印尼总统苏西洛，双方签署了贸易投资框架协议、能力建设和大米贸易谅解备忘录。4月25日，吴登盛参加了在文莱举行的第22届东盟首脑会议，与泰国总理英拉讨论了土瓦经济特区建设和在缅泰边境新开3个安检口岸事宜。5月24~28日，缅甸国防军总司令敏昂莱访问泰国，与泰国军方就加强军事合作交换了意见。7月24日，吴登盛总统会见了到访的越南国会主席阮生雄，双方签署了两国议会间友好合作协定。9月1~4日，缅甸民族院议长吴钦昂敏率缅甸议会代表团对泰国进行友好访问，以加强两国议会的联系。9月10~15日，东帝汶总理古斯芒访问缅甸。9 月 16～18 日，首届缅泰高级委员会会议在曼谷举行，敏昂莱和泰国武装部队最高司令塔纳萨出席会议并讨论了消除边境紧张事宜。10 月 8 日，吴登盛前往文莱出席第 23 届东盟首脑会议，并接替文莱担任 2014 年东盟轮值主席国。10 月 31 日，缅泰边境的缅甸妙瓦底和泰国湄索联合打击拐卖人口联络处正式挂牌。12 月 9～12 日，吴登盛总统会见了来访的老挝国家主席朱马里，双方讨论了两国间通航、教育合作、林业和农业技术交流与合作等。

（四）与印度及其他南亚国家的关系

2013 年 7 月 31 日，缅甸海军司令德瑞访问印度，与印度国防部长克里希那讨论了印度向缅甸提供近海巡逻舰事宜。9 月 3 日，印缅高速公路布勒瓦到拉根路段举行奠基仪式，该项目为两国合作开发卡拉丹河项目的一部分。10 月 30 日，吴登盛总统会见了到访缅甸的印度陆军总司令辛格一行，双方就两国签订两国间边境合作协议、向缅甸军队提供帮助等事宜进行了讨论。2014 年 1 月 15 日，印缅联合禁毒高官会议在仰光举行，双方就联合打击印缅边境跨境贩毒、开设联合禁毒办公室等交换了意见。

11 月 18～21 日，孟加拉国总统哈米德到访缅甸，出席了缅孟两国经济合作论坛。12 月 10 日，缅甸与孟加拉国航线恢复开通首航仪式在仰光国际机场举行。2014 年 2 月 18 日，吴登盛总统会见了到访缅甸的孟加拉国陆军总司令伊格巴尔一行，双方就保持缅孟边境稳定事宜进行了会谈。

（五）与联合国和其他国际组织的关系

2 月 6 日，联合国秘书长负责缅甸事务的特别顾问维贾伊·南比亚尔对缅甸进行了为期 4 天的访问。2 月 10 日，联合国缅甸人权状况特别报告员金塔纳抵达缅甸，访问了若开邦罗兴伽难民营，呼吁结束针对罗兴伽人的歧视行为。4月8日，联合国开发计划署和缅甸政府签署 2013～2015 年项目合同，计划向缅甸提供 1 亿美元的援助。8月11日，金塔纳抵达缅甸开始了为期 11 天的访问，他视察了若开邦、克钦邦等地难民营，称缅甸人权状况依然面临严峻挑战。根据联合国禁毒署的报告，2013 年缅甸全国鸦片产量为 870 吨，同比增长 26%，达 2002 年以来的最高位。2014 年 1 月 27 日，吴登盛总统会见了到访缅甸的联合国副秘书长、亚太经社委员会执行书记海泽（Noeleen Heyzer）一行，讨论了向缅甸提供农业发展援助事宜。

2013 年 6 月 2 日，世界银行驻仰光办事处正式成立。6 月 18 日，国际劳工组织决定取消该组织自 1999 年来对缅甸的制裁。9 月 17 日，缅甸外长吴温纳貌伦和国际原子能机构总干事天野之弥签署到缅甸进行检查的附加议定书。10 月 9～12 日，财政部部长吴温新与央行行长吴觉觉貌出席世行和国际货币基金组织年会及系列会议，吴温新和世界银行行长金墉签署了为孟邦装机容量 106 兆瓦发电厂提供无息贷款的协议。12 月 7 日，吴年吞副总统会见了到访缅甸的国际货币基金组织总裁拉加德，拉加德表示该组织将在促进小型企业的发展和减少贫困方面向缅甸提供帮助。2013 年，国际红十字会共向缅甸提供了 1722 万美元的援助项目，计划在 2014 年向缅甸提供 2441 万美元人道主义援助。2014 年 1 月 26 日，世界银行行长金墉宣布世行将对缅提供 20 亿美元援助，用于卫生和电力发展项目。

四　参与 GMS 合作情况

（一）缅甸参加 GMS 会议情况

2013 年 6 月 5～10 日，第五届 GMS 经济走廊活动周与首届中国－南亚博览会暨第 21 届中国昆明进出口商品交易会在中国昆明举办，同期还先后召开了 GMS 运输商协会能力建设研讨会、GMS 商务理事会第四次会议、GMS 与云台产业合作对接会、GMS 电子商务与供应链大会暨 GMS 供应链联盟 2013 年会以及中缅、中老跨境经济合作区建设协商会议等系列会议和活动，以缅甸工商协会秘书长吴昂钦明为首的缅甸代表团参加了上述活动。缅甸代表指出，《大湄公河次区域客货跨境运输便利化协定》尚未生效，GMS 国家一站式通关未能实现，希望中国推动协定早日生效。

2013 年 6 月 5 日，中国与 GMS 成员国新闻主管部门官员在中国昆明市共同启动首届"中国与大湄公河次区域五国媒体互访"活动，缅甸宣传部副部长吴柏推率缅甸媒体代表团出席了会议。他表示，通过媒体定期互访活动，传媒机构间将建立更加稳固的交流与合作关系，有利于国与国之间建立更深厚的友谊。

6 月 18 ~ 19 日，第十四届 GMS 电力贸易协调委员会会议（RPTCC - 14）在中国昆明举行，会议通过了《GMS 区域投资框架》，并确认了缅甸政府 2013 年 6 月 7 日签署的《关于建立 RPTCC 的政府间备忘录》。

6 月 18 日，第三十一次 GMS 国家旅游工作组会议和 2013 湄公河旅游论坛在桂林召开。来自缅甸旅游部门的官员和旅行社的代表出席了会议，就中国游客对 GMS 国家的影响、保护中国游客及区域安全进行讨论。

7 月 23 日，首届 GMS 国家商务论坛暨第二届 GMS 六国商品展在昆明开幕，缅甸驻昆总领事出席开幕式。本次论坛在经济全球化、区域一体化深入发展的新形势下，围绕"GMS 经济合作新纪元——发展与展望"这一主题展开了讨论。作为论坛的成果，论坛发表了《昆明倡议——关于加强 GMS 经济合作的若干建议》。本届商品展分为国际馆、综合馆、东南亚珠宝馆三大展区，共设立

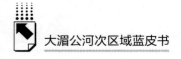

1100 余个展位。

7 月 30 日，第九届 GMS 青年友好交流活动在云南蒙自开幕，来自缅甸的青年组织参与了友好交流活动。本次交流活动在 GMS 六国青年之间架起了一座友谊的桥梁。

9 月 4~5 日，GMS 国家运输便利化委员会高官会议（NTFC SOM）在缅甸内比都举行，讨论了 GMS 六国运输部长联合声明、《联委会未来三年（2013~2016）运输和贸易便利化蓝图规划》等事项。

10 月 12 日，包括来自缅甸农业水利部研究司官员在内的 GMS 国家 90 余位农业专家参加了由云南省农业科学院主办的 GMS 农业科技交流合作组第五届理事会暨农业科技合作交流研讨会，会议一致通过了《关于成立 GMS 农业经济工作组的决定》。该工作组旨在共同搭建跨国农业经济合作交流发展的平台，以提高农业生产技术和可持续发展能力，达到支撑粮食安全、消除贫困、保护环境的目的。

11 月 21~22 日，GMS 国家跨境运输协议（CBTA）联合委员会（联委会）第四次会议在缅甸首都内比都举行，缅甸交通部官员率团与会。会议通过了《联委会未来三年（2013~2016）运输和贸易便利化蓝图规划》，并发表了《联委会第四次会议联合声明》，敦促有关各方继续加快 GMS 六国政府间《便利货物及人员跨境运输协定》（《便运协定》）附件和议定书的批准；推动成员国之间商签和实施《便运协定》的双边或三边合作文件；继续依据市场需求增加运输行车许可证配额；开展完善口岸"单一窗口"和"一站式"检查并扩大应用范围；等等。

12 月 10~11 日，GMS 经济合作第十九次部长级会议在老挝首都万象举行，来自缅甸商务部的官员出席了会议。会议审议通过了 2013~2022 年区域投资框架合作项目规划，规划涵盖了交通、能源、农业、旅游、城镇化、信息通信、环境、人力资源、贸易便利化及经济区建设等领域的 200 多个项目，预计投资总规模超过 500 亿美元。缅甸和其他国家签署了成立 GMS 铁路联盟备忘录，为加强成员国之间的跨境铁路项目合作，推动 GMS 铁路互联互通，促进铁路基础设施资源的优化配置提供了制度性安排。此外，会议还研究了第五次领导人峰会会议筹备有关问题。

12 月 16 ～ 17 日，第十五届 GMS 电力贸易协调委员会会议（RPTCC – 15）在越南岘港举行，缅甸电力部派官员参加了会议。缅甸代表就缅甸目前和未来的电力需求、应对策略做了说明，提出 2013 ～ 2016 年缅甸电力需求年增 15%，因此制定了水电装机容量将增加 602 兆瓦、太阳能电力增加 50 兆瓦、煤电电力增加 300 兆瓦、天然气电力增加 2878.15 兆瓦，建造 35 个输电线路（2387.31 英里）的计划，以实现到 2016 年 34% 的缅甸家庭获得电力的目标。

（二）缅甸参与 GMS 的新进展

2013 年，缅甸继续积极参与 GMS 合作，在各种协调机制中发挥着应有的作用。在 GMS 国家中，缅甸最主要的合作对象是中国和泰国，但近年来越南对缅甸旅游方面的投资也快速增长。

1. 外贸投资领域

2013 ～ 2014 财年外国投资前 4 位分别是：韩国 6.2 亿美元、泰国 4.1 亿美元、新加坡 4 亿美元、中国（含港澳）2.8 亿美元。这使得缅甸利用外资历年累计总额为 436.8 亿美元，其中中国为 141.9 亿美元，占缅甸利用外资总额的 32%。中国仍是缅甸的第一大贸易国，2013 ～ 2014 财年中缅贸易额达 64 亿美元（进口 35 亿美元，出口 29 亿美元），比 2012 ～ 2013 财年增长 31.8%，泰国以 56.6 亿美元居第二位。在边境贸易方面，缅甸与中国、印度和泰国等已开设了 16 个边境贸易口岸，截至 2014 年 1 月边境贸易额已达 30 亿美元，预计全年贸易额可达 40 亿美元。越南计划投资部外国投资局表示，截至 2013 年 5 月 7 日，越南政府已批准对缅甸投资项目 7 个，协议投资额为 4.6 亿美元，Viettel、FPT、黄英嘉莱等越南大企业已经在缅开展项目。缅甸越南投资企业协会称，2015年越南对缅投资总额将达 10 亿美元。

2. 能源合作领域

2013 年，缅甸与中泰两国在能源产业方面的合作取得较大成就。

2 月 7 日，泰国内政部部长乍鲁蓬率泰国电力代表团与缅甸克伦邦妙瓦底地方官员签署购电协议，双方同意泰国电力局向妙瓦底居民及边境驻守部队输送电力，这成为泰国与缅甸在能源方面合作的一个新起点。

4 月 5 日，中国进出口银行行长李若谷和缅甸驻华大使吴丁乌在海南三亚正式签署了中国电建承担的缅甸上耶瓦输变电项目贷款协议。上耶瓦水电站位于缅甸掸邦北部，装机容量为 280 兆瓦（4台 70 兆瓦机组），2013 年底开始筹建，2019 年底投产。贷款协议的签署标志着该项目取得重大进展。

中缅油气管道项目顺利完工，7 月 28 日吴年吞副总统和中方代表出席了皎漂天然气首站送气仪式，来自缅甸瑞气田的天然气从此通过管道进入中国云南、贵州和广西三省区。

10 月 6 日，缅甸电力部与泰国 Gunkul 工程公司、中国三峡集团签署了关于风力发电项目的谅解备忘录。两公司将用一年左右时间就商业风电开发进行可行性研究，Gunkul 公司拟在孟邦、克伦邦、德林达依省和掸邦的 7 个地点建设风电机组，装机容量为2930 兆瓦，三峡集团则计划在钦邦、若开邦、伊洛瓦底省和仰光省建设风电机组，装机容量为 1102 兆瓦。

11 月 23 日，泰国国家石油勘探公司分别与中石油管道局、印度 Larsen&Turbo 公司签署了价值 2 亿美元和 1.8 亿美元的合同，在缅甸近海佐迪嘎天然气 M – 9 和 M – 11 区块进行开发工作。佐迪嘎天然气项目包括近海管道 230 千米、陆地管道 70 千米，是缅甸国家油气公司与泰国国家石油勘探公司的合作项目。

2013 年上半年，缅甸国内干旱，用电供需缺口巨大，瑞丽江一级水电站将电站 70% 以上的发电量输送给缅甸国家电网，使其崩溃事故发生率降低了 50% 以上。截至 2013 年 8 月，瑞丽江一级水电站已累计安全运行 1700 多天，累计向缅方供电 70 多亿千瓦时，其中免费供缅方使用的电量 20 多亿千瓦时，折合电费 4 亿多元人民币，缴纳税收约 3 亿元人民币，支持和带动了缅甸国家经济的发展、人民生活水平的提高。

3. 交通和基础设施建设

2013 年 7 月 17 日，中国机械进出口（集团）有限公司与缅甸国家铁路公司签署项目协议，在缅甸合作建设一座铁路机车厂和一座铁路客车厂。两座工厂建成投产后，预计年产铁路机车 20 台、铁路客车车厢 120 节。中国机械进出口（集团）有限公司负责工厂设计、设备供货、安装调试、散件供货、售后服务及技术转让等。该项目有利于提升缅甸落后的铁路系统，也可以为中缅大通道建设提供支持。

10 月 30 日，中国交通建设集团有限公司宣布，双方正在共同推进中国瑞丽 – 缅甸曼德勒 – 皎漂跨境高速公路项目可行性研究工作，这一项目成为孟中印缅经济走廊最先启动可行性研究的基础设施互联互通项目。

4. 金融合作

缅甸与 GMS 国家积极建立金融合作关系，也取得了一定的成效。

从 2013 年 1 月 1 日开始，中国银联卡用户可通过合作社银行 ATM 机提取款项，这一措施惠及来缅的中国游客。银联卡提款须缴 5000 缅元服务费，提款者一天可提取 3 次，一次最多提取 30 万缅元。

10 月 18 日，中国进出口银行与缅甸银行在缅甸内比都举行贷款协议签字仪式，与缅甸外贸银行签署《缅甸小额农业贷款首期1亿美元贷款协议》、与缅甸中央银行签署《缅甸铁路机车厂项目优惠出口买方信贷贷款协议》和《缅甸铁路客车厂项目优惠出口买方信贷贷款协议》。

5. 禁毒合作

5月9日，包括柬埔寨、中国、老挝、缅甸、泰国和越南在内的东亚次区域禁毒合作谅解备忘录签约六国在缅甸内比都举行会议，缅甸内政部部长吴哥哥率团参加会议。会议发表禁毒合作《内比都宣言》，回顾了签约国在减少毒品需求、防止艾滋病、开展替代种植、执法合作特别是跨境合作、刑事司法及国际协作领域所取得的成就，承诺将在本区域禁毒问题上进一步加强合作。吴哥哥表示，缅甸近年罂粟种植面积有所反弹，新的化学合成毒品也有增长趋势，缅甸将进一步加强禁毒力度，加强地区禁毒合作，努力实现国家禁毒目标。

6. 安全合作

11月13日，中缅第四次执法安全合作部长级会议在中国北京召开。缅甸内政部部长吴哥哥率缅甸代表团参加了会议，会议由国务委员、公安部部长郭声琨与吴哥哥部长共同主持。双方同意在高层互访、机制建设、打击跨国犯罪、反恐和禁毒、维护湄公河流域长治久安、执法能力建设等方面进一步加强合作，共同维护本地区的和平、稳定与繁荣，并签署了有关合作文件。

7. 农业合作

3月26日，瑞丽国家重点开发开放试验区工管委的《中缅现代农业合作示范区战略规划》通过了云南省德宏州评审，规划提出把中缅现代农业合作示范区建设成为我国面向西南开放重要桥头堡的农业合作大平台、亚洲柠檬之都、东南亚地区重要的特色农业基地。

4 月 22 日，由云南大学缅甸研究中心和香港乐施会共同举办的"缅甸农业发展与中缅农业合作学术研讨会"在昆明举行。与会专家学者围绕"缅甸新兴农业产业化发展——扶贫面临的机遇和挑战""中国对缅农业投资企业的社会责任——成效、问题与政策启示"等 7 项议题进行了深入的讨论，总结了缅甸农业发展的主要成就和面临的问题，分析了中国农业发展及国际合作的经验，提出了进一步促进中缅农业合作的政策建议。

12 月 6 日，第十三届中缅边交会在云南瑞丽开幕。在边交会上，中缅双方就现代农业合作达成共识，签订了在缅甸建立 200 亩柠檬种植基地和百亩水稻高产示范区的协议，以共同推进中缅双边农产品贸易。

8. 旅游合作

2013 年，越南对缅甸旅游业投资独占鳌头。2012 年 12 月 18 日，缅甸饭店旅游部与越南黄英嘉莱集团签署了投资 4.4 亿美元兴建占地 8 公顷的"黄英嘉莱缅甸中心"协议，2013 年开始进入正式施工阶段，该项目包括一座五星级大酒店、综合商场和写字楼。

9 月 26 日，缅甸外长吴温纳貌伦与越南外长范平明签署双边普通护照互免签证协议。10 月 15 日，缅甸总统吴登盛会见了来访的越南公安部部长陈大光一行，讨论了合作打击跨国犯罪和毒品交易、加强经贸和国防交流事宜。越南宣布将投资 3 亿美元用于进一步开发缅甸旅游业。

五 2013 年缅甸与 GMS 合作评价与 2014 年展望

随着缅甸于 2013 年 10 月担任东盟轮值主席国，各种地区合作机制会议在缅甸召开，缅甸国际形象大大改善，其参与区域合作的

主动性也有所提高，这是缅甸与 GMS 合作的一个有利因素。在
GMS 范围内，缅甸对外贸易、吸引外资和经济技术合作对象除了
中国和泰国外，与越南的投资合作也日益增多，而由于经济规模和
发展程度的限制，缅甸与老、柬贸易投资往来较少，但在 2013 年
的高层互访中，双方领导人都表达了加大经济合作深度、广度的
愿望。

2014 年，缅甸国内政治主题仍然是修宪和民族和解问题。各
方势力围绕着 2015 年大选角逐，有可能造成国内政治危机，关键
是看各方能否相互妥协。2014 年西方对缅投资力度将逐渐加大。
缅甸的新变化为 GMS 合作带来机遇和挑战。巩发党为了能在 2015
年继续执政，已将改善民生、实现经济增长作为施政重点，因此缅
甸在今后需要依靠包括 GMS 在内的各种经济合作机制来推动合作，
将 GMS 成员国作为其重要的出口市场和资金来源地。

B.13

2013 年泰国形势及其对
大湄公河次区域合作的参与

邹春萌　高　锐*

摘　要：

2013 年上半年，泰国政治局势基本平稳，主要问题依然是上年遗留下来的修宪问题。而下半年因《特赦法案》引发政局更为剧烈的动荡，英拉政府遭遇执政以来最严重的政治危机。政局不稳加大经济发展风险，2013 年泰国经济走势不断下行，增长乏力，外资外贸表现欠佳。不过，泰国的外交表现平稳，对参与 GMS 合作表现积极。

关键词：

2013 年　泰国形势　GMS　区域合作

2013 年，泰国爆发了最大规模的街头政治运动。围绕《宪法修正案》和《特赦法案》，泰国政局再起波澜，特别是 11 月后，反政府势力不断上演街头政治，一度占领国家政府机关、国际机场等场所，并将反政府示威活动从曼谷发展到外府，致使英拉政府面临执政以来最为严重的政治危机。国内政治危机使泰国

---

* 邹春萌，云南大学国际关系研究院东南亚研究所副研究员、博士；高锐，云南大学国际关系研究院硕士研究生。

经济遭受较大影响，特别是第四季度经济增长明显受挫，国内消费、民间投资、工业生产和出口等各项经济指标均出现不同程度的萎缩。2013 年泰国经济仅增长 2.9%。泰国一向"乱内政不乱外交"，2013 年对外关系发展稳定，与中国、美国及周边国家的关系顺利推进；同时，泰国仍然积极参与 GMS 合作，在交通基础设施建设、贸易与投资、能源和旅游等方面的合作取得新的进展。

一　遭遇重大政治危机

近年来，街头抗争几乎成为泰国政治生活的主旋律。2013 年，泰国国内的主要政治活动依然围绕《宪法修正案》和《特赦法案》展开，到 11 月，政治乱象愈演愈烈，政治危机在所难免。

（一）《宪法修正案》持续引发政治较量

修宪曾是英拉竞选时对选民做出的重要承诺之一。反他信势力一直利用宪法法庭、行政法庭、中央选举委员会、肃贪委员会等机构，以某种罪责解职总理、解散政党，人民力量党沙玛和颂猜两届政府都因此而倒台。修改现行宪法，削减这些机构的过大权力，保证民选政府的合法性和稳定性，是英拉政府的重要工作内容。早在 2012 年，围绕着国会审议《政治和解法案草案》及《宪法修正案》第 291 条的三读表决问题，泰国政局曾发生剧烈的动荡。为缓和国内紧张局势，泰国政府最终决定延缓两法案的审议。2012 年 12 月 30 日，英拉总理表示如果因修宪而导致政治纷争，这是政府不愿意看到的结果，修宪必须在和解、没有纷争的氛围中进行。她申明"修改宪法虽然重要但并无时间上的紧迫性，当局还有很多比修改宪法更重要的事情要做，包括加快国家经济的发展，促进民族和解、创造一个没有政治纷争的良好安全环境等"。①《宪法修正案》在国会进行二读表决后就被叫停。

2013 年 5 月 19 日，流亡海外的泰国前总理他信通过网络视频连线向自己的支持者"红衫军"发表讲话，希望修宪继续进行下去，使泰国早日实现民主。当天在曼谷有近 5 万名他信支持者举行集会，纪念 2010 年 5 月 19 日"红衫军"大规模反政府集会被驱散三周年。晚上 8 时 45 分左右，他信的视频连线画面出现在舞台大屏幕上，他信在视频讲话中说，修宪进程应继续推动下去，希望宪法法院不要干涉议会的修宪议程，因为议会代表人民的意愿。② 8 月中旬，泰国议会就《宪法修正案》进行激烈的辩论，当庭发生争执。11 月 20 日，宪法法庭裁定泰执政联盟各党推行的宪法修正案违宪。宪法法庭指出该修正案违反现行宪法第 68 条的规定，上议院的组成人员有可能出现"家族化"的现象，这将打破国家立法机构之间的结构平衡，导致国家民主的倒退。宪法法庭还认为，宪法修正案亦违反现行宪法第 291 条的规定，即修宪程序不当。但执政的为泰党于次日发表声明，表示拒绝接受宪法法庭裁定结果，并声称宪法法庭的裁决是干预国会的权力。宪法法庭的裁决为日后的政局增添了更多的变数。

（二）《特赦法案》进一步激起剧烈的政治动荡

2013 年 8 月，执政党为泰党议员沃拉差提出《特赦法案》引发泰国新一轮政治动荡。该法案提议赦免从 2006 年 9 月 19 日至 2011 年 5 月 10 日因参加政治集会而获罪的普通民众，这使泰国前

---

① 《泰国总理英拉表示政府目前不会急于修改宪法》，中国网，http://www.china.com.cn/international/txt/2012-12/31/content_27552852.htm。

② 《他信表示希望泰国修宪进程继续下去》，新华网，http://news.xinhuanet.com/world/2013-05/20/c_124732719.htm。

总理他信可以从中获益，从而遭到反对党民主党及其支持者的强烈反对，并引发一系列反政府示威活动。因此，此轮的政治动荡仍然体现为反他信与支持他信两大阵营的对立。

11月初，政府着手推动国会下议院通过此项法案，导致泰国政局震荡加剧。之后，反政府力量利用街头抗争和议会斗争双管齐下，要求撤销《特赦法案》，并逼迫英拉下台。反政府势力公然采取占领国家政府机构、国际机场等有损国家形象的方式，不断推高反政府活动，甚至扩散到了曼谷以外，涉及旅游胜地普吉岛、沙敦、春蓬、宋卡等25个府。12月9日，总理英拉被迫解散国会下议院，英拉担任看守总理，并宣布于2014年2月举行大选。但是，反对派似乎并不就此罢休。22日，10万名示威者在曼谷集会，要求英拉下台，泰国政局滑向更深的危机。反政府势力一方面要求英拉下台，另一方面又不同意举行新的大选，而是要求将政权移交给未经选举产生的新政府和"人民委员会"。

这是近三年来泰国爆发的最大规模的街头政治运动，也是总理英拉执政两年多以来面临的最严重的政治危机。从表面上看，泰国政治僵局源于"反他信"与"支持他信"的矛盾，但其根本原因在于阶层利益的对立和政治结构的失衡。贫富差距、城乡差距、精英与平民的冲突等矛盾，赤裸裸地公开博弈，社会几经折腾，一直无法从撕裂后的对立处愈合。对于泰国政局来讲，即使他信家族离开，依然会有代表下层民众的政党上台。泰国政坛上的"红""黄"两派势力形同水火，无论哪方上台执政，都会制定推行一些政策，维护本派阶层的利益，这样便直接或间接地对其他派别的利益构成侵害，从而引起冲突，导致政局动荡。泰国政治似乎陷入了一种恶性循环，"红""黄"两派不断掀起波澜，动荡反复，然后军方介入，最后重新举行大选，泰国政局又进入新一轮的循环。反对派的支持者认为，解散国会下议院并不能解决问题，应该由军队出面，减少对国家的损害。目前军队还保持中立。然而，如果乱局持续时间过长，并出现大规模流血冲突，军队介入的可能性将会增加。[①]

二　经济持续下滑

2013 年，泰国经济在国内外多种因素的冲击下，增长缓慢，其中政治因素的影响从第四季度开始不断升温，使经济发展的风险加大，增长面临困境。

（一）经济增长明显放缓

2013 年英拉政府在继续推行惠民政策的同时，将政府政策转向制定和促进中长期计划的实施。除继续推行最低日薪 300 铢、大米典押和保证农产品价格政策以及降低法人所得税至 20% 等政策外，政府还将投资中长期治水项目，拟划拨 3000 亿铢预算；推动国内大型交通运输基础设施建设项目，尤其是铁路系统的升级换代，投资高铁；投资连接邻国的交通，如缅甸土瓦港项目；进一步改善投资环境，促进良好的投资环境建设，吸引更多新的投资；等等。但是，这些政策的实施无疑会受到国内政局变化的冲击。

2013 年第一季度泰国经济表现尚好，GDP 呈现 5.3% 的增长率，民间消费指数从 2012 年 12 月的 3.5% 升至 6.8%，民间投资指数从 2012 年 12 月的 29.0% 降至 22.0%，资本货物进口量、增

---

① 《泰国政局的三种可能走向》，新华网，http：//news. xinhuanet. com/world/2013 - 12/12/c_ 125845227. htm。

值税征收额以及政府部门的支出总额均加速增长，乘用车及摩托车销售量也持续增长。第一季度经济的增长一方面得益于泰铢的升值，为进口企业带来了巨大的利益，居民收入水平也有所提高；另一方面，政府出台的首次购车优惠计划以及政府部门支出的连续性都在一定程度上刺激了国内消费，保证了国内消费的良好态势。第二季度泰铢持续升值以及世界经济增长缓慢，泰国出口疲软，随着首次购车优惠计划到期，家庭支出开始逐渐降低，私人投资增长也逐步减速。进入 6 月份后，泰国各项经济指标表现疲软，经济增长开始放缓，这一季度经济仅增长 2.8%。第三季度在国内消费和私人投资继续下滑的影响下，泰国经济增长继续下行。9 月份泰国经济指数显示多个领域的经济活动持续低迷，出口、工业生产、农业生产和民间消费月环比分别萎缩 5.5%、2.5%、2.3% 和 1.3%，该季度泰国 GDP 较去年同期增长 2.7%，低于市场预期的 2.9%。随着 11 月、12 月泰国国内政局压力的逐渐增大，国内消费、民间投资、工业生产和出口等各项经济指标全面萎缩，经济走势更不理想，第四季度经济急剧下挫，增长率不足 1%，仅为 0.6%。

综观 2013 年全年的泰国经济，GDP 增长率为 2.9%，明显低于 2012 年的 6.5%；家庭消费出现四年来最低增幅，增长仅 0.2%；申请的投资出现四年来首次萎缩，同比降低 1.9%，金额为 11104 亿铢；政府支出增幅降为 4.9%；受主要贸易伙伴如美国、日本和中国经济放缓的影响，出口也未见起色。

泰国经济增长放缓有多方面的原因，国内政治不稳定是主要因素之一。从要求撤销《赦免法案》的示威到要求总理英拉下台，2013 年下半年泰国政局动荡不断加剧。政局动荡对企业和消费者的信心造成严重打击，对旅游业、外国投资等的负面影响也最为明显，同时对政府政策计划的连续实施也无法提供有效的保障。据泰国《世界日报》11 月 27 日消息，泰国财政部财政经济办事处指出，2013 年经济放缓程度比预期严重，担心国内政局的动荡会影响年底的消费气氛。① 目前，持续动荡不安的政局已经影响到 2014 年的泰国经济。泰国国家经济及社会发展委员会（NESDB）发布的最新经济数据显示了经济的倒退。泰国 2014 年首个季度的经济环比萎缩 2.1%，同比萎缩 0.6%，这是泰国经济自 2011 年第四季度之后首次环比出现负增长。②

（二）外贸外资表现欠佳

1. 对外贸易

2013 年全年，作为泰国经济主要支撑之一的出口表现不佳。农业产品、农业加工产品和工业产品等各类出口均出现萎缩，进而导致出口总额出现四年来首次萎缩，从 2012 年 3% 的增长变为萎缩 0.3%。据泰国中央银行统计，2013 年泰国货物进出口总额为 4444.04 亿美元，较 2012 年减少了 0.58%。其中，出口 2254 亿美元，减少 0.21%；进口 2190.04 亿美元，减少了 0.37%；贸易顺差仅为 63.96 亿美元（见图 1）。③

中国、日本和美国依然是泰国的三大贸易伙伴。2013 年泰国对三国的出口分别是 268.3 亿美元、219 亿美元和 227.1 亿美元，其中对中国和美国的出口分别增长 0.4% 和 0.2%，而对日本的出口下降 6.2%，对三国出口额共计占泰国出口总额的 31.7%。泰国

---

① 《泰国政局危机　恐冲击 2013 年底消费》，中国驻泰国大使馆经济商务参赞处，http://th.mofcom.gov.cn/article/jmxw/201311/20131100405562.shtml，2013－11－27。
② 《泰国经济受动荡政局冲击　首季环比萎缩 2.1%》，中国新闻网，http://www.chinanews.com/gj/2014/05－20/6188084.shtml?_fin，2014－05－20。
③ 与泰国海关统计数据略有不同，2013 年泰国货物进出口额为 4734.2 亿美元，比上年下降 1.3%。其中，出口 2251.8 亿美元，下降 1.3%；进口 2482.4 亿美元，下降 1.4%。贸易逆差为 230.6 亿美元，下降 2.3%。

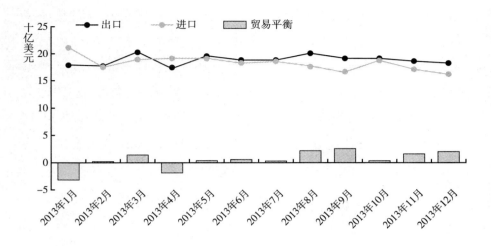

图1　2013 年全年泰国进出口情况

资料来源：泰国（中央）银行，http：//www. bot. or. th/English/Statistics/ Graph/Pages/Intertrade. aspx。

自三国分别进口 376.1 亿美元、410 亿美元和 146.3 亿美元，其中自中国和美国进口增长 0.7% 和 16.1%，自日本进口下降 17.9%，自三国进口额分别占泰国进口总额的 15.2%、16.5% 和 5.9%。泰国最大的贸易顺差来源于中国香港，2013 年顺差额为 113.6 亿美元，增长 2%。此外，对美国的贸易顺差额也较大，2013 年为 80.8 亿美元，下降 19.8%。贸易逆差主要来自日本和阿联酋，2013 年逆差额分别为 191 亿美元和 139 亿美元。2013 年泰国主要的贸易伙伴详见表 1 和表 2。① 中东地区有着丰富的矿产资源，也是泰国重要的贸易对象。除此以外，东南亚各国，如缅甸、印尼、马来西亚等国家与泰国有着天然的地缘关系，同时又具有独特的资源优势，在泰国的对外贸易中也有着举足轻重的地位。

---

① 中国商务部，http：//countryreport. mofcom. gov. cn/record/view110209. asp？ news＿ id＝ 38362。

表 1 2013 年泰国对主要贸易伙伴的出口

	金额（百万美元）	同比（％）	占比（％）
出 口 总 额	225182	− 1.3	100.0
中 国 大 陆	26826	0.4	11.9
美 国	22707	0.2	10.1
日 本	21901	− 6.2	9.7
中 国 香 港	12989	− 0.5	5.8
马 来 西 亚	12805	3.6	5.7
新 加 坡	11058	2.6	4.9
印 度 尼 西 亚	10704	− 4.0	4.8
澳 大 利 亚	10186	4.8	4.5
越 南	7067	9.6	3.1
印 度	5104	− 6.3	2.3
菲 律 宾	4965	2.7	2.2
韩 国	4517	− 5.0	2.0
荷 兰	4447	7.0	2.0
柬 埔 寨	4187	11.2	1.9
德 国	4004	11.5	1.8

资料来源：中国商务部，http：//countryreport. mofcom. gov. cn/record/ view110209. asp? news_ id = 38364。

表 2 2013 年泰国从主要贸易伙伴的进口

	金额（百万美元）	同比（％）	占比（％）
进 口 总 额	248238	− 1.4	100.0
日 本	41002	− 17.9	16.5
中 国 大 陆	37613	0.7	15.2
阿 联 酋	16927	7.4	6.8
美 国	14632	16.1	5.9
马 来 西 亚	13134	− 0.5	5.3
瑞 士	9177	4.3	3.7
韩 国	9042	− 0.3	3.6
新 加 坡	8185	3.7	3.3

续表

	金额(百万美元)	同比(%)	占比(%)
印度尼西亚	7985	-2.1	3.2
沙特阿拉伯	7677	-7.6	3.1
中国台湾	7577	-8.4	3.1
德　　国	6102	1.3	2.5
澳大利亚	5298	-3.3	2.1
法　　国	4154	28.2	1.7
卡　塔　尔	4032	51.2	1.6

资料来源：中国商务部，http://countryreport.mofcom.gov.cn/record/view110209.asp? news_ id=38365。

从泰国出口商品的构成来看，机电产品、塑料橡胶、运输设备排在了前三位。这三类产品占出口总额的 50% 以上，其中机电产品为 658.22 亿美元，占出口总额的 29.2%；塑料橡胶为 291.64 亿美元，占 13%；运输设备为 283.36 亿美元，占 12.6%。机电产品主要的出口国家和地区依次为美国、中国香港、日本、中国大陆和马来西亚，塑料橡胶主要的出口国家有中国、日本、美国、马来西亚、印尼，而运输设备主要的出口国家有澳大利亚、印尼、马来西亚、沙特阿拉伯、新加坡。泰国进口产品的前三位分别是机电产品、矿产、贱金属及其制品，进口额依次为 687.45 亿美元、507.50 亿美元和 300.40 亿美元，分别占进口总额的 27.7%、20.4% 和 12.1%。机电产品主要的进口国家和地区为中国大陆、日本、马来西亚、美国、中国台湾，矿产主要的进口国家有阿联酋、沙特阿拉伯、缅甸、卡塔尔、印度尼西亚，贱金属及其制品主要的进口国家和地区是日本、中国大陆、韩国、中国台湾、英国。

2. 外来投资

据泰国投资委员会公布的数据，2013 年提出促投申请的直接投资项目共 2237 项，总金额为 11104 亿铢，其中外商独资项目 706 项，金额为 2327 亿铢，合资项目 491 项，投资额为 4506 亿铢。获泰国政府批准的直接投资项目达到 2016 项，投资额为 10273 亿铢，其中外商独资 808 个项目，金额为 2353 亿铢，合资项目 531 项，总额为 4565 亿铢。全国总注册资本 1365 亿铢，外资注册资本 606 亿铢。日本依然是泰国最大的投资者，注册资本 418 亿铢，批准的投资项目 710 项。除此之外，主要的投资国家和地区还有欧洲（153 项，注册资本 64 亿铢）、新加坡（111 项，注册资本 20 亿铢）、美国（73 项，8 亿铢）、中国香港（58 项，34 亿铢）、中国台湾（46 项，12 亿铢）。

据泰国 BOI 统计，2013 年外商投资最多的行业是服务业和基础设施建设领域，共计有 557 个项目，投资额为 4555 亿铢；其次是金属加工行业，有 468 个项目，金额达 2107 亿铢；此外，电子产品和农产品加工领域也是外商投资的重要领域。与 2012 年相比，服务业、基础设施建设领域，金属加工，农产品加工，轻工业等领域的投资项目数量虽有所下降，但投资金额不降反增，而电子产品，化工、塑料等领域的投资项目数量和投资额均有所减少（见表 3）。

表 3　2012~2013 年泰国批准的外商投资领域分布

单位：亿铢

	2013 年		2012 年	
	项目数量	投资金额	项目数量	投资金额
农产品加工	298	1060	327	740
矿产和制陶	46	495	47	301
轻工业	83	242	105	236
金属加工	468	2107	558	2047
电子产品	322	1005	331	1268
化工、塑料	242	809	298	1286
服务业、基础设施	557	4555	594	3957

资料来源：泰国投资促进委员会（BOI）。

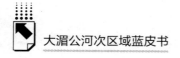

（三）旅游业虽受政局动荡冲击，但仍有不俗表现

大规模的示威游行活动给泰国旅游业显然带来了许多负面影响和经济损失，但全年泰国旅游业仍有不俗表现。2013 年泰国共接待国际游客 2673.56 万人次，超过原本预定的 2610 万人次的旅游目标，比 2012 年增长了 19.6%。东亚地区依旧是泰国最大的客源市场，游客达 1609 万人次，同比增长 28.74%，占泰国接待总客源的 60.18%；欧洲为第二大市场，共有游客达 630 万人次，增长 11.62%；东南亚地区列第三位，游客数量达 134 万人次，增长 4.63%。从国别来看，中国是赴泰旅游人数最多和增长速度最快的国家，总人数达 470 万人次，同比增长 68.83%，其中 1～4 月的旅游旺季，中国赴泰国的游客数量达到 153.29 万人次，比上年同期增长了 92.8%。马来西亚和俄罗斯居第二和第三位，赴泰国旅游人数分别为 299 万人次和 173 万人次。由于泰国政局持续动荡，对 2014 年旅游业的冲击会越来越大。为缓解国内政局的不利影响，2014 年泰国观光局推出了"魅力惊喜泰国：从人开始"（Amazing Thailand：It Begins with the People）为主题的各种观光行推广活动，计划接待 2801 万人次的国际游客。

三　外交发展平稳

2013 年英拉政府的外交关系平稳发展，虽然下半年政局动荡不断升级，但泰国历来"乱内政不乱外交"，政局动荡对其整体外交战略和政策还没有明显影响，泰国与中国、美国以及周边国家的关系发展稳定。

（一）泰中高层互访频繁，经贸关系进展顺利

继 5 月和 8 月外交部部长王毅访泰之后，10 月 11～13 日，国

务院总理李克强对泰国进行正式访问，显示了中国新一届领导人对中泰关系的重视。双方共同发表了《中泰关系发展远景规划》，中方表示有意参与建设泰国廊开至帕栖高速铁路系统，并提出以泰国农产品抵偿部分项目费用，而泰方则表示欢迎中方的提议，将适时在《中泰政府关于泰国铁路基础设施发展与泰国农产品交换的政府间合作项目的谅解备忘录》基础上，进一步探讨相关事宜。这一合作方式曾被形象地形容为"大米换高铁"。不过，由于泰国政局动荡愈演愈烈，这一合作的不确定性增加。

2013 年，泰中双边贸易进展顺利，中国超过日本晋升为泰国第一大贸易伙伴。2013 年双边货物进出口额为 644.4 亿美元，增长 0.5% 。其中，泰国向中国出口 268.3 亿美元，增长 0.4% ，占泰国出口总额的 11.9% ；自中国进口 376.1 亿美元，增长 0.7% ，占泰国进口总额的 15.2% ；泰方贸易逆差 107.8 亿美元，增长 1.4% 。中国成为泰国第一大出口市场和第二大进口来源地，首次超过日本成为泰国最大的贸易伙伴。塑料橡胶、机电产品是泰国向中国出口的两大重要商品，2013 年的出口额分别达 90.7 亿美元和 57.2 亿美元，其中塑料橡胶出口增长 6.1% ，机电产品出口下降 23.5% ，分别占泰国向中国出口总额的 33.8% 和 21.3% 。化工产品是泰国向中国出口的第三大商品，出口额为 34.1 亿美元，增长 8.6% ，占泰国向中国出口总额的 12.7% 。此外，植物产品、矿产品和木制品也是泰国出口中国的主要商品，2013 年分列泰国出口中国的第四、第五和第六位，出口额分别为 25.6 亿美元、23.8 亿美元和 10.9 亿美元，三类产品合计占泰国向中国出口总额的 22.5% 。机电产品占据泰国自中国进口总额的半壁江山，2013 年进口 189.6 亿美元，下降 3.4% ，占泰国自中国进口总额的 50.4% ；贱金属及其制品、化工产品、运输设备及塑料橡胶分列泰国自中国进口商品的第二、第三、第四和第五位，进口额分别为

49.2 亿美元、29.8 亿美元、20.3 亿美元和 16.9 亿美元，这些商品合计占泰国自中国进口总额的 35.3%。[1] 同年，泰国对华投资 4.83 亿美元，同比激增 389.31%。[2]

（二）与美国建交 180 周年

泰美关系一直是泰国对外关系的重要组成部分，2013 年是泰美建交 180 周年。总理英拉参加在外交部举行的泰美建交 180 周年庆祝宴会，并发表讲话赞赏泰美关系密切，180 年来泰国是美国在亚洲的古老盟友，现在友谊更加紧密，共同恪守民主与人权。2013 年 2 月 11～21 日，代号为"金色眼镜蛇"的美泰联合军事演习如期进行。来自美国、泰国、日本、韩国、印尼、马来西亚、新加坡七国共计 15000 名军事人员参加了这次军演。军演的目的在于通过多国部队演习推进地区安全以及构建东南亚地区安全体系。自 1982 年以来，已经是第 32 次举办联合演习，主要内容包括人员培训、反恐、指挥演习、人道主义援助项目、实弹训练和非作战疏散演习的野战演习，以及维和任务演练等。

在经济合作方面，美国驻泰大使肯尼（Kristie Kenney）向泰国了解加入跨太平洋战略伙伴关系协定（TPP）事宜。[3] 泰国副总理兼商业部部长尼瓦塔隆先生曾指出，泰国考虑是否要加入该协定，并听取大众的意见，向泰国众议院申请批准，所有的过程计划在两个月内结束。泰国要求美国继续支持泰国加入该协定，并要求

---

① 《2013 年泰国货物贸易及中泰双边贸易概况》，中国商务部，http://countryreport. mofcom. gov. cn/record/view110209. asp? news_ id =38362。

② 《2013 年泰国对华投资增长 389.31%》，中国 – 东盟博览会官方网站，http://www. caexpo. org/html/2014/zimaoqudongtai_ 0117/202709. html。

③ 泰国部分学者认为，TPP 的主要竞争国家是中国，而东盟各国与中国有着良好的友谊关系，一旦泰国参加 TPP，有可能会影响其他一些东盟国家，所以建议泰国不能过于积极地参与 TPP。但不参与 TPP 有可能影响到泰美关系。

美国给泰国产品延长关税优惠（GSP）期，因为自 2013 年 7 月 31 日泰国产品已不享有美国 GSP 待遇。另外，泰国要求美国开放鳄鱼皮产品的市场，并要求美国在贩卖人口报告与童工或强迫劳动生产的产品的名单中把泰国删除掉。而美国要求泰国向美国开放猪肉与猪肉产品市场，调整瘦肉精（Ractopamine）的残留限量，使之符合国际食品法典标准（CODEX）。此外，美国愿意为泰国提供农业技术方面的帮助，促进泰国与美国的大学合作进行农业技术的研究。①

2013 年，美国仍是泰国第三大贸易伙伴，泰国对美国出口 227.07 亿美元，较上年增长 0.2%，自美国进口 146.32 亿美元，较上年增长 16.1%。在泰美贸易中，泰国连年都处于贸易顺差状态。

（三）与柬埔寨、老挝、缅甸等邻国关系稳定

2013 年，泰国同缅甸、老挝、柬埔寨邻国关系在稳定中发展，同 3 国在旅游、能源、边境贸易等方面持续加强合作。

2013 年是泰缅建交 65 周年。2013 年 4 月 25 日，泰国总理英拉在文莱首都斯里巴加湾出席第 22 届东盟首脑峰会期间与缅甸总统吴登盛举行双边会谈。英拉对缅甸持续进行的国内改革和发展表示高兴，而泰国也已准备好对缅甸各方面的发展提供支持。双方就推动两国各领域的合作问题展开广泛讨论，包括泰国与缅甸高级委员会会议、边境工业区发展问题、金融形势和泰铢在缅甸境内属于可兑换货币等，以促进两国间投资往来。在泰缅的土瓦深水港及经济特区的合作上，英拉总理于 2012 年率领部长考察团前往缅甸进行实地考察，重申泰国政府推进土瓦经济特区发展的

---

① 《泰国正考虑加入跨太平洋战略伙伴关系协定》，中国驻泰国大使馆经济商务参赞处，http：//th. mofcom. gov. cn/article/jmxw/201310/20131000333627. shtml。

决心，并表示将力促泰国企业到土瓦经济特区进行投资。但实际上，由于政治、经济以及技术等诸多问题的困扰，土瓦经济特区的建设发展缓慢，举步维艰。目前土瓦深水港及经济特区进入第一期招标阶段，但招标情况并不乐观。泰国内政部已在 2013 年 6 月 12 日永久开放北碧府边境检查站 Ban Nam Phu Ron，开放时间为每日 6 时至 20 时。该检查站对应缅甸土瓦市提基村，连接泰国与缅甸的陆路交通网络，目前过境者可在检查站前的办公室申请泰缅边境过境卡。

泰国与老挝的关系也有了新的发展，泰国加强扩展与老挝之间的贸易与投资。在贸易方面，泰国计划在 2015 年内将泰老之间的贸易总额增至 80 亿美元。泰国向老挝出口的商品，主要是计算机设备、柴油、交通运输设备、功能饮料等，泰国从老挝进口的商品主要包括铜矿、无线电发射及接收器、电话和衣服等，产品进出口量最大的口岸是莫达汉、廊开和洛坤帕侬。在投资方面，目前泰国是老挝第三大投资来源国，仅次于中国与越南，泰国有计划地推动企业去老挝投资。泰国在老挝进行投资的项目大多数是矿物、能源、农业、工业、森林与工艺品、酒店与旅游等领域。

2011 年英拉总理上台后，泰柬的关系迅速回暖，两国在经济、政治等方面的合作有了新的进展，在最重要的领土争端问题上，泰柬双方同意为和平解决领土争端而共同努力。2013 年 11 月 11 日，海牙国际法院判定泰国与柬埔寨边境千年古刹柏威夏寺周边争议区域主权归属柬方，泰方必须撤出全部武装力量。双方政府对此裁决表示接受，并保持克制，没有引发任何形式的冲突。2013 年 2 月 21 日，泰国开通了 2 条自曼谷通往柬埔寨的客运路线，分别是曼谷—阿兰亚巴拉贴—波贝—暹粒路线，以及曼谷—阿兰亚巴拉贴—波贝—金边路线。两条客运路线的开通，给泰柬两国带来经济和旅游方面的便利。2013 年 4 月 21~22 日，在柬埔寨首都金边举行的第四届泰柬联合贸易委员会上，两国着重讨论大米贸易区（Rice Trade Zone）事宜。根据泰柬双方协定，泰国将进口柬埔寨稻谷，在贸易区内碾制后出口。另外，泰国还将建立木薯贸易区，以促进两国边贸的发展。5 月 21 日，泰国内阁同意成立泰柬边境地区发展和交通线路连接执行小组。小组成员包括 17 名泰方代表，副总理兼外交部部长素拉蓬担任主席，其主要职责是提交针对不涉及泰老边界设定的交通线路连接和边境地区发展的相关政策，成立各方分小组，追踪项目进展和成果预估等。具体的合作方案包括：（1）在泰柬边境建立特别经济区，初步计划在沙缴府和柬埔寨边境的班迭棉吉省博别地区和达叻府 - 戈公省，建立工业园区；（2）发展 3 种类型的交通网络，包括公路、火车和检查站，公路的连接涉及第 5、第 6 和第 14 号公路，还将在空叻和博别之间修建跨境火车大桥和在阿兰县建立过境站点；（3）发展基础设施建设和能源领域的合作，例如向柬埔寨增加出售电能以及水电项目等；（4）人力资源开发项目，包括卫生领域、柬埔寨劳工技能发展和泰语的学习等，同时还将在柬埔寨边境班迭棉吉省启动贩卖人口受害者和弱势群体关注中心；（5）为柬埔寨国民提供就业机会，创造更多收入。①

泰国央行公布的数据显示，2013 年全年泰国同柬埔寨、老挝和缅甸的双边贸易额分别为 1395.63 亿铢、1552.35 亿铢、2382.15 亿铢，总计达 5330.13 亿铢。其中泰国向柬埔寨、老挝、缅甸出口分别为 1286.43 亿铢、1135.42 亿铢和 1145.25 亿铢，进口分别为 109.20 亿铢、416.93 亿铢和 1236.90 亿铢，泰国与柬埔寨和老挝之间的贸易保持较大的顺差，而与缅甸则为逆差。② 另据泰方统计，泰国与柬埔寨、老挝、缅甸等邻国的边境贸易发展顺利。2013

---

① 《泰国内阁批准成立泰柬边境发展小组》，中国商务部，http://www.mofcom.gov.cn/article/i/jyjl/j/201305/20130500141526.shtml，2013 - 05 - 27。

② 数据来源：泰国中央银行。

年 1~6 月，泰国与邻国的边境贸易额累计达 4569.88 亿铢，与 2012 年同期的 4548.77 亿铢增长 0.46%。其中，出口额为 2803.74 亿铢，同比降低 1.46%；进口额为 1766.14 亿铢，同比增长 3.67%。泰国向柬埔寨出口额为 425.94 亿铢，相比 2012 年的 353.72 亿铢增长 20.42%；泰国向缅甸出口的总额为 394.85 亿铢，相比 2012 年的 348.86 亿铢增长 13.18%。泰国边境主要出口产品为橡胶、汽车与汽车零部件、电脑与电脑零部件、柴油和橡胶制品；主要进口产品有天然气、电脑、磁带与电脑磁带、铜与铜制品及电脑零部件。

四　参与 GMS 合作取得新进展

2013 年，泰国英拉政府继续支持 GMS 合作，积极参与次区域合作的各项事宜，在交通基础设施建设、贸易与投资、能源及旅游等重点领域取得新的进展。

（一）参加 GMS 会议情况

主题为"推进务实合作　促进区域发展"的第五届 GMS 经济走廊活动周于 2013 年 6 月 5~10 日在中国昆明举行，泰国国务部部长桑撒尼·娜蓬女士代表泰国参加了这次活动周。活动周的目的是充分发挥 GMS 商务理事会、GMS 运输商协会及 GMS 供应链联盟的引领作用，利用这一平台，促进 GMS 与云南和中国台湾的产业合作，搭建中国台湾企业西进东盟的桥梁，同时推动 GMS 物流行业、电子商务行业、园区建设和文化传播行业等合作，加快 GMS 各领域互联互通的步伐。活动周期间先后举办了 GMS 运输商协会能力建设研讨会、GMS 商务理事会第四次会议、GMS 与云南和台湾产业合作对接会、GMS 电子商务与供应链大会暨 GMS 供应链联盟 2013 年会及中缅、中老跨境经济合作区建设协商会议等系列会议和活动。在 GMS 电子商务与供应链大会暨 GMS 供应链联盟 2013 年会上，首次将"GMS 合作机制""电子商务"和"供应链"有机结合，代表们提出，希望 GMS 各国政府能为发展区域性电子商务平台与供应链提供更多的政策支持和保障，如为企业提供电商"天使基金"和"电商股权基金"等融资服务，由政府牵头、企业参与建立大型电商公共服务平台和交易平台，为小微电商企业精简行政审批手续，提供"孵化"支持和专项扶持政策等。

2013 年 11 月 22 日，在亚洲开发银行的支持和协调下，GMS 国家便利运输联合委员会第四次会议在缅甸首都内比都举行，泰国交通主管领导率团与会。① 会议回顾了自 2010 年联委会第三次会议以来，GMS 各国在交通基础设施互联互通和跨境运输便利化方面取得的进展，共同发表了《联委会第四次会议联合声明》，并通过了《联委会未来三年（2013～2016）运输和贸易便利化蓝图规划》。会议敦促各方继续加快 GMS 国家政府间《便利货物及人员跨境运输协定》附件和议定书的批准，推动成员国之间商签和实施该协定的双边或三边合作文件，继续依据市场需求增加运输行车许可证配额，开展完善口岸"单一窗口"和"一站式"检查并扩大应用范围，确定推行海关过境制度的瓶颈并研究对策，加强各边境主管

---

① 在亚行倡导下，老挝、泰国、越南三国于 1999 年率先签署了《便利货物及人员跨境运输协定》，柬埔寨、中国和缅甸分别于 2001 年、2002 年和 2003 年先后加入该协定。根据协定，为保证各项便利运输措施的协调执行，各国须成立国家便利运输委员会，并由各国委员会组成联委会，负责协调处理该协定执行中出现的问题，原则上每 3 年举行一次联委会会议。联委会下设高官会机制，并设有运输与海关、边防、检验检疫和担保机构 4 个分委会。在亚行的技术和资金支持下，联委会机制下促成了 GMS 部分成员国之间双边和三边运输权益交换协议的达成，以及在 GMS 各国指定出入境站点实施"一站式"检查和"单一窗口"等过境便利化安排等，为实现 GMS 各国间货物和人员跨境运输便利化做出了积极贡献。

机关能力建设，鼓励私营部门和运输协会的积极参与，等等。①

2013 年 12 月 10～11 日，GMS 经济合作第十九次部长级会议在老挝万象举行。会议审议通过了 2013～2022 年区域投资框架合作项目规划，规划涵盖了交通、能源、农业、旅游、城镇化、信息通信、环境、人力资源、贸易便利化及经济区建设等领域的 200 多个项目，预计投资总规模超过 500 亿美元。为加强成员国之间跨境铁路项目合作，推动次区域内铁路互联互通，并为促进铁路基础设施资源的优化配置提供制度性安排，GMS 六国签署了成立 GMS 铁路联盟备忘录，拟建立 GMS 铁路联盟。此外，会议还就 GMS 经济合作机制定位及区域投资框架合作项目的有效实施等议题进行了讨论，研究了第五次领导人峰会会议筹备有关问题。②

（二）参与 GMS 合作的新进展

1. 交通基础设施建设

2013 年 12 月 11 日，连接泰国清孔和老挝会晒的第四座泰老友谊大桥正式开通运营，使得昆曼公路进一步完善，实现泰、中、老三国公路互通，三国之间的货运时间约需 30 小时，降低了货物运输成本。大桥建成后彻底改变了清孔－会晒口岸通过渡船进行摆渡的历史，加快了通关速度，使昆曼公路运输便利化再次得到提升。

泰国国际运输协会主席颂萨表示："泰国 62060 千米的省级公路大部分为双向两车道，完全封闭的高速公路只有 313 千米，政府计划在 7 年内使所有主要公路都升级为四车道或以上，并将升级约 2000 千米的老旧公路，修缮连接缅甸、老挝的公路，还将修建 3

---

① 《大湄公河次区域联委会第四次会议提出：推动便运协定双边或三边合作》，中华人民共和国交通运输部，http://news.163.com/13/1122/19/9EAEJNLH00014JB5.html。

② 《大湄公河次区域（GMS）经济合作第十九次部长级会议在老挝万象举行》，国家发改委，http://www.sdpc.gov.cn/gzdt/t20131219_571128.html。

条新的高速公路,这将大幅度提高泰国公路运输能力,使其真正成为连接东盟和亚洲地区的交通枢纽。"① 同时,泰国积极制定现代化铁路发展计划,布局建设一个以首都曼谷为中心、辐射全国、连通中国的高速铁路网络,搭建中国与东盟"黄金走廊"。自 2011年英拉总理上台以来,政府决心改变泰国落后的轨道交通状况,着手制定现代化铁路发展计划。2013 年 9 月,泰国国会批准一项资金为 2.2 万亿泰铢(约合 700 亿美元)的基础设施投资计划,以全面建设和升级全国陆路交通网络,其中至少 70% 的资金拨给了备受瞩目的高铁项目。根据泰国运输部第一期高铁建设规划,未来 7年内泰国将完成 4 条高速铁路的建设,形成首都曼谷与北部清迈府、东北部呵叻府、西部华欣和东部帕塔亚相连的高铁网络。届时,泰国将成为首个拥有高铁的东盟国家。这 4 条高铁线路中,最受泰国国内关注的是东北线,因为这条线路最终将穿过老挝与中国相连,有望成为泛亚铁路网的"枢纽线路",无论从经济效益,还是地区战略地位来讲都最为重要。泰国大多数分析人士认为应该优先修建东北线。目前,泰国相关部门仍在对高铁项目进行环境影响评估。泰国交通部部长察差表示,将于 2014 年第三季度启动高铁项目国际招标程序。多国企业已向泰方表达竞标意向,其中中、日是最大热门。②

2013 年 10 月 28 日,泰国清迈到中国昆明再到中国天津的航班开通,且每天一班,中国内地经昆明前往泰国等周边国家航线密度增至新水平。昆明—清迈航班于 2010 年 9 月 10 日开航,初期每周执行 2 班,在昆明长水国际机场投入运营后,增加为每天一班,

① 《2013 年多国在能源、基础设施建设领域投资增加》,中国对外承包工程商会,http://www.chinca.org/cms/html/main/col151/2013-09/25/20130925090653836841673_1.html。

② 《2013 年泰国铁路网或将得到全面升级》,中国行业研究网,http://www.chinairn.com/news/20131024/152531464.html。

并在旺季及黄金周时执行每天 2 班。目前,泰国与中国昆明通航点共计 4 处,即曼谷、清迈、清莱、普吉。[①]

2. 贸易与投资合作

泰国《经济论坛报》2013 年 5 月 9 日报道泰国商业部将促进泰国与马来西亚、缅甸、老挝与柬埔寨的边贸发展。为了实现该计划,泰国商业部已推出五项战略:一是扩展边境检查站的面积,把之前的一些边境检查站提升为永久性边境检查站,调整泰国边境检查站的开放时间,以符合邻国的开放时间;二是促进泰国与邻国交通运输的发展,促进 R8 与 R12 公路的使用,修建泰缅友谊大桥;三是建立泰国边境贸易特区;四是与邻国就贸易壁垒问题进行谈判;五是促进泰国服务业的对外投资,例如促进保健、医疗、教育、娱乐等行业在邻国进行投资。

3. 能源合作

2013 年 2 月 8 日,泰国地方电力局与缅甸妙瓦底省签署购电协议。按照协议,泰国地方电力局将发送电力至妙瓦底以及缅甸美拉玛县边境驻守部队。虽然泰缅双方都能从该购电协议中获利,但更重要的是该协议为缅甸进入东盟经济共同体迈出了一大步。泰国内政部部长乍鲁蓬表示,该购电协议是泰国与缅甸在能源方面合作的起始点,泰方将继续把能源合作项目扩展至其他邻国。

10 月 8 日,泰国能源部部长蓬萨透露,泰国和缅甸正在准备签署一份新的购电协议,希望将购电总量提高到 10000MW,其中水电 7000MW、煤电 3000MW。通过此次合作,进一步深化了泰缅两国的能源合作。缅甸作为泰国邻国正处在经济改革开放阶段,需要大力发展电能以满足国内发展的需要,而泰国则在电能需求方面

---

① 《昆明至泰国航线加密,打造国际空中门户》,中国驻泰国大使馆经济商务参赞处,http://th.mofcom.gov.cn/article/jmxw/201310/20131000368485.shtml。

缺口很大，因而两国在电力能源方面具有广阔的合作空间。

12 月 16 日，在越南召开的大湄公河次区域经济合作会议上，泰国作为 3 个提交组建 GMS 电力协调中心国之一，将与中国和老挝展开竞争。亚洲开发银行亚太能源开发主管 Chong Chi Nai 强调，需要尽快落实 GMS 电力协调国。一旦成立协调中心，电力合作项目推进更为迅速，才能获得实质性进展。建立更完善的电力交易机制，可以保证 GMS 成员国之间的电力能源安全，进一步促进次区域各国国内经济的持续发展和社会的长久稳定。

4. 旅游合作

从 8 月 28 日起，泰国与缅甸的三个边境口岸湄索、阁松和美赛正式启动 "持护照或有效签证" 通关边境口岸制度，取代以前使用的通关临时证明制度，意味着泰国及外国游客可在泰缅边境任何一个口岸持护照及有效签证入境，并可在原口岸或其他口岸出境，此举为游客带来便利，有利于加强泰缅两国边贸及旅游业的发展。另外，泰国国家旅游局对中国景洪 – 孟腊旅游线路进行考察，以推动将清莱发展成为泰缅旅游热线。

5. 发展趋势

2014 年，泰国的政治和经济发展充满变数。2014 年伊始，泰国反政府示威者发起 "封锁曼谷" 行动，反他信和支持他信的两派之间的政治对决掀开新的一幕，示威者不断扰乱大选，致使宪法法庭裁定 2 月 2 日的大选无效，泰国政治乱局的平息显得遥遥无期，预示着军队干政的可能性越来越大。受政局的影响，2014 年泰国经济发展不容乐观。2014 年第一季度经济增长率环比和同比均出现萎缩。开泰研究中心已将 2014 年泰国经济可望增长 3.0% 的预测值（预测区间为 2.2% ～ 3.7%）下调为 1.8%（预测区间下调至 1.3% ～ 2.4%），并预计国内消费和投资也难以出现明显复苏。

B.14

2013年越南形势及其参与
大湄公河次区域合作的新进展

毕世鸿　李实丰*

摘　要：

2013年，越南政治上全面加强党的建设，提高党的行政管理能力，加大反腐倡廉力度，同时通过新宪法进一步推进政治民主化改革与经济改革。经济上，越南政府采取积极的宏观调控政策，使经济恢复良性增长。外交上，继续积极、主动地推行全方位、多样化的外交政策，以大国外交为主线，重视周边外交，大力推进多边外交和经济外交，参与GMS经济合作也取得了诸多成果。

关键词：

2013年　越南形势　GMS　区域合作

　　2013年是越南实现五年计划（2011～2015年）的关键年。虽然世界经济复苏缓慢，但越南政治、经济和社会发展仍取得许多重要成果。政治上，越南继续加强民主和完善体制，政治改革稳步推进。外交上，越南重视与大国及周边各国关系，尤其是与重要合作

---

　*　毕世鸿，云南大学国际关系研究院东南亚研究所教授，博士；李实丰，云南大学国际关系研究院硕士研究生。

伙伴国的关系，大力推动与各国的合作。经济上，尽管面临许多挑战，但及时灵活的宏观经济调控政策使越南经济逐步走出困境，通胀率下降，银行利率稳定，外汇储备、外国投资增大。越南与有关国家在 GMS、"发展三角"等机制内保持务实合作，完善基础设施建设，推进服务自由化、便利化及区域一体化，为区域发展和建设东盟共同体做出积极贡献。

一　加强民主建设，深化政治改革

2013 年，越南政局稳定，党和政府继续推进政治改革，深化民主政治制度建设，各级政府加大了监管监督力度，反腐建设取得初步成效，行政管理逐步走向透明化，政府官员也以更加务实的态度面对社会热点问题。

（一）发布新宪法，推进多领域改革

2013 年 11 月 23 日，第十三届越南国会第六次会议通过了《越南社会主义共和国宪法（修正案）》（以下称"新宪法"）。新宪法修订了关于经济和社会、文化和教育、科学技术和环境的相关规定，这充分体现了越南在经济、社会、环境三大支柱的基础上实行全面革新，全面融入国际社会和实现可持续发展的方针、路线与愿景。

新宪法明确规定了可持续发展目标，包括经济发展与文化发展、实现社会进步和公平正义以及环保等密切相关。与之前通过的各部宪法不同，新宪法表达了涵盖各种经济成分的新思维，没有把国家经济（包括国家预算和国家其他经济财政资源）和国有企业混为一谈，并明确指出是国家经济而不是国有企业起着主导作用。此外，新宪法还首次将商人和企业的地位与作用列入条款，规定国家在市场经济体中根据市场规律建立并完善经济体制，发挥经济调控作用。越南国家为所有权代表，对自然资源和全民所有财产进行统一管理，为人民谋利益。关于所有权制度，新宪法规定尊重多种所有制形式，保护私有财产权和继承权。个人、投资组织、生产经营企业的合法财产受到越南法律保护，不会被国有化。

关于金融和货币领域，新宪法补充一些新条款，规定由国家统一管理的国家预算、国家储备、国家财政基金和其他公共财政等必须有效、公平、公正、公开、高度透明，并按照法律规定使用。

关于劳务、就业、卫生和社会保障问题，新宪法规定公民拥有工作以及选择职业、就业和工作单位等权利；任何人都享有受到健康保护与照顾的权利，平等使用医疗卫生服务，并有义务接受预防和疾病治疗；公民享有社会保障权利。

关于文化、教育和科技领域，新宪法明确指出越南国家和社会担负建设并发展富有浓郁民族特色的越南先进文化，吸收人类文化精华等任务；公民有权利和义务学习，并继续肯定发展教育事业是越南的首要国策之一；肯定发展科技事业是越南首要国策之一，科技在越南国家经济社会发展事业中起着关键作用。[①]

（二）国会促改革、谋发展

2013 年，越南国会认真履行职责，在推动改革和民主监督方面继续发挥着重要的作用。4 月，越南召开第十三届国会常务委员会第 17 次会议，就政府关于协助生产经营的若干税务措施、2013年法律和法令制定计划调整草案与 2014 年法律和法令制定计划、国会办公厅革新提案等一些重要问题进行讨论并提出意见。5 月，

---

① 〔越南〕《越南 2013 年宪法　越南全面革新的新进展》，越南通讯社，2014 年 1 月 20日，http：//cn. vietnamplus. vn/Home/越南 2013 年宪法越南全面革新的新进展/20141/32088. vnplus。

越南召开第十三届国会第 5 次会议。会议期间国会议员对国会批准任命的包括国家主席、国会主席和政府总理在内的 49 名国家高级官员进行了信任投票。①

8 月，国会召开常务委员会会议，对《1992 年宪法修宪草案》及 7 项法律草案等提出修改意见，并提出促进经济社会发展和确保国防安全的各项措施。11 月，国会召开第 6 次会议。此次会议出现了许多新气象，首先，质询时间由两天半延长至三天，并且讨论高度开放，一些部委领导人就舆论关注的问题公开进行解释。其次，应议员的要求，总理对有关经济、社会领域和施政工作中存在的问题明确提出了解决措施。② 此次会议还通过了新宪法，为越南各领域发展打开了新的篇章。12 月，国会召开会议，就开展新宪法实施计划提出意见，要求有关部门和机构主动确定自己的具体责任和工作内容，确保新宪法实施工作及时、同步、全面、统一和有效进行。

（三）加强监管，推进反腐机制建设

2013 年，直属越共中央政治局的中央反贪反腐指导委员会的各项工作取得了一定成果。越南反贪反腐机构从中央到地方以重新设立中央内政部而得到健全。七个工作组前往包括中央司法机关在内的各部门、行业和地方，检查舆论关心的重大贪污案件的调查、起诉与审判工作。中央反贪反腐指导委员会指导职能机关对 4 家越南国有企业的 8 大严重复杂腐败案件和两起相关案件进行立案、调

---

① 如果被投票人得票率低于 50%，将会进行二次投票或者直接免职。具体参见《越南第 13 届国会 5 次会议召开》，人民网，2013 年 5 月 21 日，http：//world. people. com. cn/n/2013/0521/c1002 - 21558727. html。

② 〔越南〕《越南 13 届国会 6 次会议质询活动：努力革新》，越南之声，2013 年 11 月 22 日，http：//vovworld. vn/zh - CN/时事评论/越南 13 届国会 6 次会议质询活动努力革新/196805. vov。

查、提起公诉和审理，其中包括越南农业与农村发展银行旗下的第二金融租赁公司腐败案、越南航海总公司腐败案、亚洲股份商业银行腐败案等，多名被告被判死刑。

同时，中央政治局成立了 18 个检查工作组，对中央直属的 31 个党组织贯彻越共十一届四中全会决议和政治局三号指示的落实工作予以检查。各级检查委员会还对土地、自然资源、矿产、国家财政、基础设施建设、银行、司法等领域进行了集中检查和监督，对违反党纪和政治思想的党员、干部和组织进行了严肃处理。[①]

二 宏观调控初见成效，经济平稳复苏

2013 年，尽管房地产市场坏账、呆账增加，企业经营困难等，继续给越南经济带来不良影响，但越南政府制定及时灵活的宏观经济调控政策初见成效，越南经济逐步走出困境。总体上，2013 年越南宏观经济基本稳定，并呈现逐步复苏、增长趋势，通货膨胀得到有效控制，消费价格指数微增，商品供求基本得以确保，国内市场稳定。

（一）宏观调控政策不断完善

2013 年，在重组经济结构总体计划中，越南政府着重于完善经济结构重组体制和政策，革新增长模式，并集中于重组以公共投资为重点的投资结构，以商业银行为重点的财政金融结构，以国有企业为重点的企业结构。2013 年也是越南工贸部落实政府关于重

---

① 〔越南〕《2013 年回顾：检查和监督工作有助于加强党内统一意志和行动》，人民报网，2014 年 1 月 2 日，http：//cn. nhandan. org. vn/political/national_ news/item/1593401。

组国有总公司、企业集团结构决议的第一年。按照这一进程，工贸部进行了检查，重新确定主营业务和任务，坚决从非主营业务撤资。国有企业的经营效益逐步得到了改善，国有企业基本完成了任务，符合市场经济体制和融入国际社会的要求。在以公共投资为重点的投资结构重组领域，政府已指导调整投资结构和资金使用机制，优先投向重点和急需工程项目以及官方发展援助项目。此外，严格管理新动工建设项目，克服投资效益低和不集中的状况。完善投资分级管理机制，确保中央统一管理，提高地方和投资者的责任感，吸引更多社会投资。关于金融信用机构重组，目前配套采取了信贷组织系统重组措施并初见成效。国家对经营效益低、差的银行进行了重组，对 4 家国有商业银行进行了股份制改造，初步抑制了坏账的增加。上述经济结构重组计划大大改善了宏观和微观经济。①

（二）宏观经济实现稳定增长

2013 年越南经济发展取得了可喜成绩，具体表现为：第一，宏观经济稳定，通货膨胀率得以控制。越南经济逐渐好转：第一至第四季度 GDP 分别增长 4.67%、5%、5.54% 和 6.04%，全年越南 GDP 增长 5.42%，高于 3 年来的平均水平，虽然低于国会既定目标（5.5%），但仍表明经济出现复苏迹象。并且，越南通胀率从 2011 年的 18.13% 下降至 2013 年的 6.04%，创 10 年来的新低。②

---

① 〔越南〕《重组经济结构——2013 年越南经济走出困境的亮点》，越南之声，2013 年 12 月 11 日，http：//vovworld. vn/zh - CN/越南经济/重组经济结构 2013 越南经济走出困境的亮点/201402. vov。

② 〔越南〕《2013 年越南国内生产总值增长 5.42%》，《越共电子报》2013 年 12 月 24 日，http：//www. dangcongsan. vn/cpv/Modules/News_ China/News_ Detail_ C. aspx? cn_ id = 627756&co_ id = 7338662。

第二，有效落实货币政策执行措施。央行有效开展了 2013 年货币政策和银行活动执行措施。利率下降，越南盾兑主要外币汇率稳定，外汇储备快速增长。央行首次对黄金进行投标，从而提高对黄金市场的管理质量。民众对越南盾的信心增加。

第三，吸引外国直接投资（FDI）资金远远超过预定目标。2013 年越南吸引 FDI 资金逾 200 亿美元。截至 2013 年 12 月 15 日，FDI 注册和增资资金达 216 亿美元，同比增长 54.5%，远远超过既定目标（130 亿～140 亿美元）。其中，新增投资项目 1257 个，增长 0.7%，合同金额 143 亿美元，增长 70.5%；472 个项目增资 73 亿美元，增长 30.8%。2013 年外资到位金额约 115 亿美元，同比增长 9.9%。加工制造业以引进外资额 166 亿美元、占越南引进外资总额的 76.9%，稳居外国投资者最关注投资领域宝座。其次是电力、天然气等能源的生产和销售环节，吸收外资 20 亿美元，占 9.4%。

2013 年，对越投资的国家和地区已达 54 个。其中，韩国投资 37.5 亿美元，占越南新批准外资总额的 26.3%；其次是新加坡，投资 30 亿美元，占 21.1%；中国投资 22.7 亿美元，占 16%；日本投资 12.9 亿美元，占 9.1%；俄罗斯投资 10.2 亿美元，占 7.2%。韩国由此取代日本成为越南最大的外国直接投资来源地。[1]

第四，商品进出口额创历史新高。2013 年全年累计出口额为 1322 亿美元，同比增长 15.4%；累计进口额为 1313 亿美元，同比增长 15.4%。继 2012 年越南自 1993 年首次实现贸易顺差 2.84 亿美元后，2013 年再次实现贸易顺差 8.63 亿美元。其中，内资企业

---

[1] 〔越南〕《2013 年越南吸引外资增长较快》，中国驻胡志明市总领馆经商室，2013 年 12 月 25 日，http://hochiminh.mofcom.gov.cn/article/jmxw/201312/20131200438051.shtml。

贸易逆差 131 亿美元，外资企业贸易顺差近 140 亿美元。[①]

第五，继续扩大对外投资。2013 年，越南对外投资项目达 742 个，合同金额为 155 亿美元。其中，工业采矿项目 99 个，占对外投资项目总数的 13.3%，合同金额为 46 亿美元，占投资总额的 46%；农林水产加工业项目 80 个，占 10.8%，投资总额为 19 亿美元，占 12.6%；工业用电投资 18 亿美元，占 12.1%。

第六，股市大幅增长。截至 2013 年 12 月 24 日，越南债券指数（Vn - Index）同比增长 22.2%、河内债券指数同比增长 19.32%。外资流入增长 54%。越南股市成为世界上较活跃的股市之一。股市的大幅上涨让投资者更有信心。[②]

（三）重视医保、住房、人力资源的发展

2013 年，越南继续实施扶贫减贫、创造就业等一贯政策，全国贫困户比例保持在 1.7% ~ 2%。社会保险覆盖救助对象范围得到扩大，向少数民族学生和贫困学生提供学费与大米的政策得到实施。就业方面，全国共为 150 万名劳动者创造就业岗位。全国各地和企业输出劳务 9 万人，同比增长 10%。[③]

医疗保险方面，卫生网络不断扩大，医疗水平有所提高。2013 年越南约有 6230 万人参加社会保险和医疗保险，同比增长 3%，医保基金保持稳定状态，离实现全民医保的目标只有一步之遥。为实现全民医保，越南政府提出 3 个目标：到 2020 年医疗保

---

① 〔越南〕《2013 年越南吸引外国直接投资猛增》，《越共电子报》2013 年 12 月 25 日，http：//cn. cpv. org. vn/Modules/Preview/PrintPreview. aspx？ cn _ id = 627880&co _ id = 7338497。

② 〔越南〕《盘点 2013 年越南经济九大亮点》，《越共电子报》2013 年 12 月 31 日，http：//www. cpv. org. vn/cpv/Modules/News_ China/News _ Detail _ C. aspx？ CN _ ID = 629017&CO_ ID = 7338662。

③ 〔越南〕《越南一贯保障社会民生》，越南之声，2014 年 1 月 15 日，http：//cn. vietnamplus. vn/Home/越南一贯保障社会民生/20141/31924. vnplus。

险覆盖率达80%，有效使用并保持长期社会保险基金以及医疗保险基金的稳定状态，建立现代、专业且有效的社会保险和医疗保险体系，以满足工业化、现代化及国际化的需求。①

保障性住房方面，越南政府投资15亿美元用于社会福利房项目，目前，越南全国实施社会福利房项目共计124个，约78700套。其中用于低收入人群安置的项目为85个，共51895套，总投资约12亿美元；用于工业区住宅的项目为39个，约27000套，投资约3亿美元。②

教育方面，越共十一届八中全会通过关于根本、全面革新越南教育培训的重要决议，旨在满足发展需求，成功实现全面、根本革新越南教育事业的目标，以满足国家工业化、现代化及融入国际社会的要求。

（四）继续推进"三农"建设

2013年，越南的农林水产品出口额达274.69亿美元，同比增长0.7%。其中，主要农产品出口额达131亿美元，同比下降11.9%；水产品出口额达67亿美元，增长10.1%；林产品出口额达56.5亿美元，增长15.1%。从主要农产品看，大米出口量达661万吨，同比下降17.4%，出口额达29.5亿美元，同比下降19.7%；咖啡出口量达132万吨，同比下降23.6%，出口额达27.5亿美元，同比下降25.1%；橡胶出口量达107.8万吨，同比增长5.3%，出口额达25.2亿美元，同比下降11.6%。

2013年，越南继续深入推进新农村建设，关注"三农"问题。

---

① 〔越南〕《越南力争实现全民医保目标》，越南通讯社，2013年12月24日，http：//cn. vietnamplus. vn/Home/越南力争实现全民医保目标/201312/31228. vnplus。
② 《越南政府现投资15亿美元用于社会福利房项目》，中国驻越南大使馆经济商务参赞处，2013年12月20日，http：//vn. mofcom. gov. cn/article/jmxw/201312/20131200433274. shtml。

到 2013 年底，各乡新农村规划完成率达 93%，9000 个乡中有 8000 个乡（占 79.2%）批准了新农村建设方案，有 225 个科研机构、智库团体参与新农村建设的规划设计。[①] 同时，近几年来（2010~2012 年），"三农"信贷以年均 24.5% 的速度增长。截至 2013 年 9 月 30 日，"三农"信贷约 646 万亿越南盾（约合 300 亿美元），同比增长 15.17%，约占全国信贷总额的 19.58%，是 2009 年"三农"信贷的 2.2 倍。[②] 此外，通过中央及地方预算，以及企业和社会等渠道，越南新农村建设 2013 年筹集了 41.365 万亿越南盾。针对农业结构调整和新农村建设，越南大力促进科学技术在农业领域的应用，集中向深度发展农业，形成各个专耕地区、农产品加工系统，形成生产链，提高经济效益、农产品附加值和出口额，确保可持续发展，力争 2011~2015 年农业部门年均国内生产总值增长率达到 2.6%~3%，2016~2020 年达到 3.5%~4%，到 2020 年完成全国 50% 的新农村改造建设目标。通过农业结构重组切实提高农民收入和生活水平，减少贫困户，保障当前和长期粮食安全。

（五）完善基础设施建设

2013 年，越南政府依旧重视基础设施的建设和完善。5 月，越俄两国签署了《关于投资修建平福—巴地头顿铁路的三方全面合作协议》。7 月，交通运输部审批通过了河内—谅山高速公路投资建设项目，计划投资 14 亿美元。8 月，越南交通运输部向计划投资部申请批准 5 个大型交通项目，总投资额为 64.1 亿美元，包括

---

① 〔越南〕《2013 年越南筹集 41 万亿越盾用于推进新农村建设》，越南政府门户网站，2013 年 12 月 31 日，http：//cn. news. chinhphu. vn/Home/2013 年越南筹集 41 万亿越盾用于推进新农村建设/201312/13889. vgp。
② 《2013 年越南"三农"信贷约占全国信贷总额的 20%》，中国驻胡志明市总领馆经商室，2013 年 12 月 24 日，http：//hochiminh. mofcom. gov. cn/article/jmxw/201312/20131200437049. shtml。

边和—头顿高速公路、忠良—美顺高速公路、龙城国际机场、油曳—潘切高速公路和宁平—拜武高速公路。① 同时，越南政府还对多条国道进行了升级改造。道路交通的完善一定程度上满足了农产品、原材料、燃料和消费品的运输需求。

能源方面，越南电力集团继续落实一系列电力工程和电网项目建设。2013 年初，板扎（Ban Chat）水电站一号机组投入使用，并与国家电网并网发电。3 月，宜山热电站项目一号机组首次实现点火发电，并在 4 月实现一号机组并网发电。8 月，越南国家电力规划指导委员会确定了优先投资、升级南方电力及电网系统项目的计划，如波来古—美福—蓬桥的 500 千伏线路、得农—福隆—平龙 220 千伏线路以及永新二期、沿海一期、沿海二期等电力工程项目。②

此外，德国 Enercon 工业集团承诺投资 10 亿欧元，向越南朔庄风电厂提供设备。另外，日本丸红株式公社、新加坡能源总公司、印度塔塔集团、美国电力公司、韩国浦项钢铁能源公司及中国投资有限责任公司（中投公司）也积极参与越南电力项目的投资建设。

三　外交取得新进展

2013 年是"越南外交积极主动融入国际"的重要年，越南积极参加各项双边和多边自由贸易协定的谈判，高层领导密集出访，与 7 个国家建立了五个战略伙伴关系和两个全面伙伴关系。同时，

---

① 《越南拟投资建设 5 个大型交通项目》，中国驻越南大使馆经济商务参赞处，2013 年 8 月 14 日，http://vn.mofcom.gov.cn/article/jmxw/201308/20130800245100.shtml。
② 《越南将集中优先发展南方各电力项目》，中国驻越南大使馆经济商务参赞处，2013 年 8 月 9 日，http://vn.mofcom.gov.cn/article/jmxw/201308/20130800238410.shtml。

越南还首次当选联合国人权理事会会员、联合国教科文组织委员会成员和国际原子能机构理事会轮值主席国。截至目前，共有 43 个国家承认越南完全市场经济地位，越南在国际上的地位和影响力日益提高。

（一）以大国外交为主线，与各大国关系全面发展

2013 年，越美关系真正进入了新的时期。7 月，越南国家主席张晋创对美国进行正式友好访问。两国领导人发表了建立全面伙伴关系的联合声明，强调将致力于在互相尊重和基于共同利益基础上开创两国关系"新阶段"，而全面伙伴关系将为两国在政治和外交、贸易和经济、科学和技术、教育和培训、环境和卫生、战争遗留问题、防务和安全、人权、文化、体育和旅游等领域开展合作确立机制。双方还签署了经济、国防、科技、医疗、教育等领域的多个协议。[①]

2013 年，越俄两国高级代表团互访频繁，两国全面战略伙伴关系不断巩固和发展。3 月，越南国会主席阮生雄出访俄罗斯，为两国全面战略伙伴关系不断向前发展注入新活力。越俄两国合作机制，尤其是越俄政府间经贸与科技委员会，越俄外交、国防、安全年度战略对话，两国外交部定期政治磋商等机制继续有效开展。在联合国和亚太经合组织会议、东盟、亚欧峰会、东亚峰会等地区性论坛上越俄两国紧密配合。经贸合作方面，越俄两国关系进一步发展。越南与俄白哈关税同盟于 2013 年第一季度启动了建立自由贸易区的谈判，越俄两国在能源领域的合作达成多项共识。11 月，俄罗斯总统普京访问越南，双方同意推进越俄自由贸

---

① 〔越南〕《2013 年越美关系迈出新发展步伐》，越南之声，2014 年 1 月 16 日，http://cn. vietnamplus. vn/Home/2013 年越美关系迈出新发展步伐/20141/31978. vnplus。

易区建设，力争使两国贸易额在 2015 年增加一倍，并于 2020 年突破 100 亿美元。①

2013 年是越日两国建交 40 周年，越南和日本在政治、外交、经济、贸易、投资、发展援助、人力资源开发、科技、文化、民间交流等领域已成为各自日益重要的合作伙伴。政治方面，越日友好合作关系不断得到巩固，两国高层领导保持频繁互访和接触，双方已在多个合作领域建立了对话机制，双方各部门日益扩大务实合作，在联合国、东盟、亚太经合组织、GMS 等地区和国际平台上保持积极协调。8 月，在越日建交 40 周年纪念活动上，日本国际协力机构（JICA）理事长田中明彦表示，日本将继续向越南提供官方发展援助（ODA），主要在促进经济增长、通过基础设施建设提高竞争力、国家管理和改善民生三个领域向越提供援助，帮助越南实现"到 2020 年基本实现工业化"的目标。此外，JICA 希望在国企改革、应对气候变化等方面继续对越提供援助。② 经济合作方面，日本已成为越南的头等重要伙伴。2013 年，日本对越直接投资项目 2103 个，总投资额近 350 亿美元，双边贸易额达 290 亿美元。日本也是向越南提供 ODA 的最大援助国。自日本 1992 年恢复对越 ODA 以来，日本向越南提供 ODA 累计达 210 亿美元，占国际社会向越南提供 ODA 的 30%。③ 12 月，越南总理阮晋勇访问日本期间，日本首相安倍晋三又承诺向越南提供约 10 亿美元的 ODA。

---

① 〔越南〕《将越俄全面战略伙伴关系推上新高度》，人民报网，2013 年 5 月 12 日，http：//cn. nhandan. com. vn/index. php/political/national_ review/item/785401 - 社论：将越俄全面战略伙伴关系推上新高度. html。

② 《日本将继续向越提供 ODA 援助》，中国驻越南大使馆经济商务参赞处，2013 年 8 月 28 日，http：//vn. mofcom. gov. cn/article/jmxw/201308/20130800271952. shtml。

③ 《日本对越投资近 350 亿美元》，中国驻胡志明市总领馆经商室，2013 年 12 月 9 日，http：//hochiminh. mofcom. gov. cn/article/jmxw/201312/20131200417206. shtml。

2013 年是越印两国建交 40 周年和建立战略伙伴关系 5 周年，两国成功举办越印友好年活动。两国在原有基础上继续巩固、扩大并深化战略伙伴关系，并更加注重国防安全、经贸等领域的合作。同年前 9 个月，越印双边贸易额达 39.4 亿美元，同比增长 39.2%，相当于 2012 年全年的水平。11 月，越共总书记阮富仲访印，双方决心发展务实有效的经济关系，力争于 2015 年将双边贸易额提升为 70 亿美元。[①] 同时，双方强调了国防安全对战略伙伴关系的重要性，并筹划拓展两国在国防工业领域的合作。两国领导人签署了贸易、金融、能源、交通运输、教育培训、民间交流等领域的 8 份合作协议，越印战略伙伴关系在经贸、防务安全、科技、人文四大支柱领域得以深化。

（二）大力推进周边外交和多边外交

2013 年，越南积极开展经济外交、周边外交和多边外交，与东盟各成员国和其他伙伴国的关系也取得许多新进展。同年，新加坡对越 FDI 总额达 43.7 亿美元，同比增长 153%，在越投资项目达 1219 个，注册资金总额达 293.1 亿美元。在对越南投资的 101 个国家和地区中，新加坡居第二位。2013 年前 11 个月，越南和马来西亚贸易额达到 83.1 亿美元，同比增长 13.83%。截至 2013 年 11 月 20 日，马来西亚在越南的投资项目共有 450 个，协议资金为 103.2 亿美元，在对越投资国家和地区中排第八位。此外，越南还同东盟其他伙伴国紧密配合，不断推动东盟与其他国家及地区关系的发展，不仅为东盟有效和如期实施优先重点任务做出积极努力，还积极参与起草和发表东盟有关社会民生、妇女与儿童、预防疫情和灾害管理等领域的宣言，为东盟制定重大决策做出重要贡献。

---

① 〔越南〕《社论：推动新时期越南－印度战略伙伴关系发展》，人民报网，2014 年 11 月 24 日，http://cn.nhandan.org.vn/political/national_review/item/1453001－。

2013 年，在实现东盟共同体建设目标过程中，越南成为完成目标、进度、工作量居前列的国家。

2013 年，越南与欧盟关系也有新发展。6 月，欧盟驻越大使表示，2013 年欧盟及各成员国承诺向越南提供 7.43 亿欧元援助，这还不包括欧盟通过亚行、联合国和世行提供的资金。其中，44% 为无偿援助。[①] 10 月，欧盟驻越南代表团团长表示，欧盟正在考虑提高 2014～2020 年阶段对越 ODA 水平，这与欧盟正在减少对其他国家的援助形成鲜明对比。11 月，第五次越南 – 欧盟自贸区谈判在越南举行，此次谈判主要围绕为国企和私企提供发展平台、知识产权保护和可持续发展等重要内容进行。[②] 同月，由欧盟代表团和法国工商会合作设立的"欧洲中小企业支持中心"在越南胡志明市正式挂牌。该中心旨在对首次赴越投资经营的欧洲中小企业提供支持。这些都为越南吸收更多来自欧盟的外商投资创造了有利条件。

截至 2013 年底，越南签署了多项双边和多边自由贸易协定（FTA）。目前，尽管越南唯一签署的一项双边 FTA 是越日全面经济合作伙伴协定（VJEPA）。但在多边范围内，越南与东盟签署并开展实施东盟自由贸易区协定（AFTA）、东盟 – 中国自由贸易协定（ACFTA）、东盟 – 韩国自由贸易协定（AKFTA）三项 FTA。跨太平洋伙伴关系协定（TPP）、越欧 FTA 等也处于谈判或准备启动谈判的阶段。FTA 为加快越南经济结构调整和增长方式转变发挥了积极作用。[③]

---

① 《欧盟将为越提供近 10 亿美元援助》，中国驻越南大使馆经济商务参赞处，2013 年 6 月 20 日，http://vn.mofcom.gov.cn/article/jmxw/201306/20130600170002.shtml。

② 《第五次越南 – 欧盟自贸区谈判在越举行》，中国驻胡志明市总领馆经商室，2013 年 11 月 11 日，http://hochiminh.mofcom.gov.cn/article/jmxw/201311/20131100385447.shtml。

③ 〔越南〕《FTA 为改变越南经济面貌做出贡献》，人民报网，2014 年 2 月 9 日，http://cn.nhandan.org.vn/economic/economy_intergration/item/1700301 – fta 为改变越南经济面貌做出贡献.html。

（三）积极争取国际金融组织的资金支持

2013 年，越南得到了国际金融组织和发达国家大量的资金和技术援助，对越南国企改革、基础设施建设、刺激经济发展、改善民生等方面都起到了积极作用。2013 年头三个月越南共签署 19 个 ODA 项目，资金总额为 24. 17 亿美元。其中，优惠贷款为 24. 16 亿美元，无偿援助为 100 万美元，包括乌门 3 号热电站项目、北义安水利系统改造项目、河内轻轨一号线一期工程等项目。① 3 月，世行审批了向越南提供首笔协助越南提升经济管理和竞争力的贷款协议（EMCC1），总额为 2. 5 亿美元，主要用来完善越南财政、行政、国企管理、公共投资管理、经营环境等 7 个领域的政策。② 5 月，世行和越南国家银行签署关于援助越南三个项目的协议，总额为 4 亿美元，包括越南竞争力提升与管理援助项目（EMCC）、第三期大学教育发展政策项目（HEDPO3）、提高幼儿入学率项目（SRPP）。7 月，亚行拟向越南"南部沿海走廊一期项目"提供 2500 万美元优惠贷款，期限为 32 年，含宽限期 8 年。10 月，亚行与越国家银行签署总额为 6. 24 亿美元的贷款协定和无偿援助协定，用于连通湄公河平原中心项目和服务西原各省生产的基础设施项目。11 月，亚行向越南政府提供 90 万美元无偿援助，用于提高国企经营和管理水平。③

此外，美国、英国、法国、中国、韩国、新加坡等国也在各个

---

① 《2013 年头三个月越南签署 19 个 ODA 项目》，中国驻越南大使馆经济商务参赞处，2013 年 4 月 10 日，http：//vn. mofcom. gov. cn/article/jmxw/201304/20130400084243. shtml。

② 《世行将向越南提供 2. 5 亿美元援助贷款以提升经济竞争力》，中国驻越南大使馆经济商务参赞处，2013 年 3 月 22 日，http：//vn. mofcom. gov. cn/article/jmxw/201303/20130300064231. shtml。

③ 《亚洲发展银行向越南提供 90 万美元援助》，中国驻胡志明市总领馆经商室，2013 年 11 月 13 日，http：//hochiminh. mofcom. gov. cn/article/jmxw/201311/20131100389925. shtml。

领域为越南提供了 ODA。目前，越南有 51 个国际资助方，20 年来越南接受 ODA 累计高达 800 亿美元，已到位 580 亿美元。其中，日本是越南最大的双边 ODA 援助国，世界银行是最大的多边 ODA 援助组织。欧盟是越南的第二大 ODA 资金来源地，也是越南最大的无偿援助提供方。

四 继续深化与 GMS 各国的合作

2013 年，在多边及双边合作机制内，越南通过外交、经贸等多种方式积极参与 GMS 合作，促进与 GMS 各国关系的全面发展。

（一）中越关系稳步发展

2013 年，中越高层互访频繁，双方致力于进一步巩固与深化中越全面战略合作伙伴关系。5 月，中越双边合作指导委员会第六次会议在北京举行，双方就推进中越全面战略合作深入交换意见，达成广泛共识，并签署了《中越文化协定 2013 ~ 2015 年执行计划》《中越 2012 ~ 2016 年经贸合作五年发展规划》重点合作项目清单谅解备忘录。

6 月，越南国家主席张晋创访华。其间，两国领导人就以下五个方面达成一致意见。一是保持两国高层交往，加强战略沟通。二是继续发挥中越双边合作指导委员会机制的重要作用，执行好《中越两国政府落实中越全面战略合作伙伴关系行动计划》。三是加强两国经济发展战略协调，抓紧落实《中越 2012 ~ 2016 年经贸合作五年发展规划》，采取有效措施，推动双边贸易平衡稳定增长，争取提前实现 2015 年双边贸易额达到 600 亿美元的目标。四是扩大友好交往，拓展文化、教育等领域的合作，加大中越友好宣传，为两国关系发展营造良好的氛围。五是加强多边合作，维护共同利益。①

10 月，中国总理李克强访越。其间，李克强阐述了中方关于三大领域合作的基本考虑，并得到越方领导人的完全赞同。一是积极推进中越海上共同开发，坚持通过友好协商和对话谈判解决争议。二是加强战略规划，进一步推进两国互联互通。三是加强金融合作，研究签订双边本币互换协议和结算协定。② 双方还签署了《两国政府关于互设贸易促进机构的协定》《中国商务部与越南工贸部关于建设跨境经济合作区的谅解备忘录》《两国政府关于共同建设水口—驮隆中越界河公路二桥的协定》《关于开展中越北部湾海洋与岛屿环境管理合作研究的协议》《关于开展长江三角洲与红河三角洲海域全新世沉积演化对比研究项目的协议》和《孔子学院总部与越南河内大学关于合作设立河内大学孔子学院的协议》等多项协议。③其中，《中国商务部与越南工贸部关于建设跨境经济合作区的谅解备忘录》的签订标志着中越跨境经济合作区建设取得重大突破。

12 月，中越举行政府边界谈判代表团全体会议。双方宣布正式成立中越海上共同开发磋商工作组，进一步密切两国高层交往，平行推进海上、陆上、金融三线合作，统筹推进其他各领域务实合作，加强在国际与地区事务中的合作。④

关于南海问题，双方高层领导在多次互访中均强调中越双方要

① 《习近平同越南国家主席张晋创会谈时强调中越双方要朝着友好合作的道路坚定不移往前走》，中国外交部，2013 年 6 月 19 日，http://www.fmprc.gov.cn/mfa_chn/zyxw_602251/t1051627.shtml。
② 《李克强与越南总理阮晋勇举行会谈》，中国外交部，2013 年 10 月 13 日，http://www.fmprc.gov.cn/mfa_chn/zyxw_602251/t1088778.shtml。
③ 《中越两国签署一系列重要合作协议》，中国驻胡志明市总领馆经商室，2013 年 10 月 15 日，http://hochiminh.mofcom.gov.cn/article/jmxw/201310/20131000349265.shtml。
④ 《中越举行政府边界谈判代表团全体会议》，中国外交部，2013 年 12 月 11 日，http://www.fmprc.gov.cn/mfa_chn/wjbxw_602253/t1107840.shtml。

管控和解决好在南海问题上的分歧，防止干扰双边关系的发展与相互合作，双方同意两党两国领导人就中越海上问题保持经常性的沟通和对话，在符合包括 1982 年《联合国海洋法公约》在内的国际法原则和《南海各方行为宣言》精神以及两国人民利益的基础上，认真落实越中两国领导人于 2011 年 10 月签署的《关于指导解决越中海上问题基本原则协议》，通过和平方式妥善解决争端。但越方离切实履行以上共识还有一定的差距。例如，9 月，越南著名系列漫画书《越南神童》的最新一部面世，其主题是越南对南沙群岛和西沙群岛拥有"主权"。越南教育培训部也表示官方将加强宣传及教育，提高越南青年的南海主权意识。10 月，为了强化越南的海上力量，隶属于越南国防部的海警局更名为"海警司令部"，运作经费由国家财政预算支付。2014 年 1 月，为了凸显越南所谓"捍卫南海主权的决心"，越南信息通信部主办了"黄沙与长沙属于越南及其历史依据"资料展，展出资料包括 200 张越南地图、中国地图和若干西方国家地图，以及越南早期对西沙和南沙群岛进行所谓"主权管辖"的 8 张册封等。由此可见，在对华关系上，越南采取"政经分离"，即把经贸合作与海上问题分开进行，在南海问题上说一套、做一套的做法在短期内仍难以改变。

（二）越老特殊关系持续加强

2013 年，越老两国传统友好、特殊团结和全面合作关系不断得到巩固，其中包括双边贸易合作关系。自 2000 年起，越老贸易关系逐步蓬勃发展，双边贸易额不断迅速增长，年均增长速度达 20% ~ 30%。双方通过举行贸易展览会、商务会议、实行税收优惠政策、为边贸发展创造便利条件等措施，使经贸关系不断向前发展。2013 年前七个月，越老进出口总额达 5.613 亿美元，越南对老挝出口近 2.765 亿美元，同比增长 16.65%。其中，电线和电缆的出口增长率较高，同比增长300%以上。越南主要从老挝进口木材、普通金属和玉米。目前，越南和老挝力争实现双边贸易额2015年达到20亿美元的目标。两国政府同意加大交通基础设施投资，实现两国物流运输互联互通，通过建设边境地区市场、商务中心、口岸经济开发区等方式加强商业贸易往来，深化两国边境地区合作，促进两国边贸发展。① 此外，越老双方表示将于2014年完成越老边界全线界碑的加密改造工程，并提出关于解决越老边境地区自由移民和非法婚姻问题协议（2014～2016年）的具体计划，为建设一条和平、友好、合作与发展的越老边界线做出贡献。

（三）越缅传统友好合作关系得到巩固

2013年，越缅双方继续维护和巩固两国友好团结和传统友好合作关系，推进双方的经贸合作。3月，吴登盛当选缅甸总统后首次访越时表示，两国在经贸、国防领域的合作不断扩大，并取得积极成果，缅甸将为越南企业投资缅农业、旅游、通信、油气等领域提供便利。② 目前，越南已累计对缅甸投资近6亿美元，已组织近1500家越南企业、50多个工作代表团赴缅甸考察市场并与缅甸职能机构商谈投资事宜。

（四）越柬各领域合作不断深化

2013年，越柬两国在经贸、投资、交通运输和旅游业等领

---

① 〔越南〕《为越老贸易往来加速提出四个建议》，人民报网，2013年9月15日，http://cn. nhandan. com. vn/economic/commercial/item/1196801－为越老贸易往来加速提出四个建议.html。

② 《缅甸总统访问越南》，人民网，2013年3月20日，http://world. people. com. cn/GB/1029/42354/17342502. html。

域的合作继续深化发展。2013 年，越南在柬投资项目共 126 个，注册金额达 30 多亿美元。投资总额和项目数量较 2010 年分别增长五倍和两倍。越南在对柬投资国家中居第五位。12 月，柬埔寨首相洪森连任后选定越南为首访国，双方决心进一步深化两国全面友好合作关系并促其迈上新台阶。双方同意继续合作，互创便利条件以发挥各自现有优势和进一步深化各领域尤其是边贸、旅游、通信、航空、银行、油气、经济作物、农业等具有优势领域的合作，力争 2015 年双边贸易总额提升到 50 亿美元。双方签署了 10 项合作文件，同意继续在国防安全领域保持密切合作，加强打击恐怖主义、跨国犯罪、走私、贩毒、人口拐卖等活动的合作。①

（五）越泰积极构建战略伙伴关系

2013 年，越泰两国在政治、外交、安全、经济、文化、民间交流等方面继续深化合作。6 月，越共总书记阮富仲访泰。双方一致同意促进越泰两国政党间更加密切的交流与合作，其中包括交换和分享领导、管理信息和经验，加强各级别政治对话，尤其是最高级别的政治对话，继续推动民间交流，其中包括两国青少年的交流。两国领导人承诺进一步深化两国合作关系，扩大政治、国防安全、经贸、投资等各领域合作，并决定将两国关系提升为战略伙伴关系，以政治合作、国防安全合作、经济合作、社会文化合作、地区和国际合作为五大支柱。两位领导人也同意加强伊洛瓦底江－湄南河－湄公河经济合作战略峰会、GMS、东亚峰会、联合国、WTO、APEC、亚欧峰会等地区和国际多边论坛上的磋商与合作，

---

① 〔越南〕《越南柬埔寨决心推动全面友好合作关系迈上新台阶》，《越南画报》2014 年 1 月 9 日，http：//vietnam. vnanet. vn/vnp/zh－CN/13/77/77/54397/default. aspx。

为可持续发展而利用和保护好湄公河水资源，共同维持和促进本地区乃至世界的和平、稳定、合作、发展和繁荣。①

（六）继续推动越老柬"发展三角"合作

2013 年 3 月，在老挝首都万象举行了第 6 次柬老缅越合作与发展峰会（CLMV）以及第 7 届越老柬"发展三角"峰会。越老柬三国领导人发表联合声明，希望越老柬"发展三角"不断加强合作、促进发展。4 月，在柬埔寨蒙多基里省（Mondulkiri）举行主题为"国会在助推越老柬'发展三角'中的作用"的第 5 届越老柬国会对外委员会会议。会上，越老柬三国代表团团长签署联合声明，承诺将继续加强越老柬三国立法机构的合作，协助三国政府推动"发展三角"的各项行动计划，确保越老柬"发展三角"经济快速增长、贫困户比率日益下降、社会文化进步等。② 12 月，在越南举行了"西宁省－越老柬边境贸易发展窗口"国际研讨会，会议就如何促进越老柬边贸发展进行了深入探讨，旨在不断完善商品分销系统，简化边境贸易程序，制定越老柬三国多方合作机制，推动边贸活动日益发展。③ 目前，越老柬"发展三角"区内 13 个省份的合作已取得可喜的成就。通过举办区域贸易博览会和展销会，建设边境地区市场、关口经济开发区，加大交通基础设施投资，越老柬"发展三角"正稳步向前发展。

---

① 〔越南〕《越南与泰国发表联合声明》，越南通讯社，2013 年 6 月 27 日，http：//cn. vietnamplus. vn/Home/越南与泰国发表联合声明/20136/25031. vnplus。

② 〔越南〕《第 5 届越老柬国会对外委员会会议在柬埔寨召开》，越南通讯社，2013 年 4 月 27 日，http：//cn. vietnamplus. vn/Home/第 5 届越老柬国会对外委员会会议在柬埔寨召开/20134/23349. vnplus。

③ 〔越南〕《促进越老柬边贸向前发展》，人民报网，2013 年 12 月 13 日，http：//cn. nhandan. com. vn/economic/item/1529601 － 。

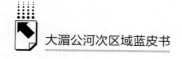

（七）积极参与 GMS 合作

近年来，越南在 GMS 框架多个机制内提出有效发挥合作的若干倡议，不断推进 GMS 国家在交通、教育、旅游、卫生等诸多领域的合作。通过各项活动，越南在 GMS 合作中发挥着日益重要的作用。

2013 年 6 月，越南参与了在昆明举行的"第五届 GMS 经济走廊活动周"以及 GMS 商务理事会第四次会议、GMS 电子商务与供应链大会等系列活动。越方建议各国加强合作，及时化解困难，大力实施招商引资政策，鼓励各国企业到东西经济走廊开展贸易与投资活动，推动东西经济走廊沿线地区经济社会的发展。同月，第 31 次大湄公河次区域旅游工作组会议在桂林召开。越南提出希望在大湄公河次区域实施"一个签证"政策，通过这一便利化措施促进各国旅游业的发展。7 月，越南参加了在昆明举行的第二届 GMS 商品博览会，促进了各国间的商品流通与贸易往来。10 月，越南参加 GMS 农业科技交流合作组第五届理事会。会议决定成立 GMS 农业经济工作组。越南表示将加强与 GMS 各国间农业经济信息共享，推动人力资源交流及平台搭建，提高区域农业生产技术和可持续发展能力。11 月，GMS 国家便利运输联合委员会（联委会）第四次会议在内比都举行。会议通过了《联委会未来三年（2013～2016）运输和贸易便利化蓝图规划》，并发表了《联委会第四次会议联合声明》，越南表示将积极推进交通基础设施互联互通和跨境运输便利化，为实现 GMS 各国间货物和人员跨境运输便利化做出贡献。12 月，越南参与了在万象举行的 GMS 经济合作第十九次部长级会议。会议审议通过了 2013～2022 年区域投资框架合作项目规划，规划涵盖了交通、能源、农业、旅游、城镇化、信息通信、环境、人力资源、贸易便利化及经济区建设等领域的 200

多个项目，投资总规模超过 500 亿美元。[①]

为加快经济走廊建设，越南计划在 GMS 经济合作第十九次部长级会议后与 GMS 各国签署成立 GMS 铁路联盟备忘录，加强成员国之间的跨境铁路项目合作，推动次区域内铁路互联互通。另外，越南还投资 20 万亿越南盾，积极推进内排—老街高速公路项目建设，力争 2014 年全面通车，这将使昆明至海防的公路运输实现全程高速的目标。

2014 年，越南继续保持宏观经济稳定、抑制通胀、协助企业化解困难、为企业生产经营创造便利条件、推进经济结构重组、提高经济增长效益，力争 2014 年的经济增长率高于 2013 年的增长水平，并竭尽全力完善社会主义定向市场经济体制，将农业结构重组与新农村建设相结合，不断改善民生、提高人民的生活水平。越南还集中制定和修改各项法律法规，核查与补充相关政策机制，健全国家机构，加强监管与反腐，促进法制国家建设，充分发挥人民当家作主的权利。外交方面，在平等独立的基础上，越南继续开展政治外交、经济外交，积极主动融入国际社会，参与 GMS 合作及其他双边和多边的地区性合作，深化与世界各国、各国际组织的合作，通过国外资金和技术援助，提升越南的国际竞争力和影响力，在国际舞台上发挥更大的作用。

---

① 《大湄公河次区域（GMS）经济合作第十九次部长级会议在老挝万象举行》，中国国家发展和改革委员会，2013 年 12 月 19 日，http://dqs.ndrc.gov.cn/gzdt/t20131219_571081.htm。

权威报告　　热点资讯　　海量资源

当代中国与世界发展的高端智库平台

皮书数据库　　www.pishu.com.cn

　　皮书数据库是专业的人文社会科学综合学术资源总库，以大型连续性图书——皮书系列为基础，整合国内外相关资讯构建而成。该数据库包含七大子库，涵盖两百多个主题，囊括了近十几年间中国与世界经济社会发展报告，覆盖经济、社会、政治、文化、教育、国际问题等多个领域。

　　皮书数据库以篇章为基本单位，方便用户对皮书内容的阅读需求。用户可进行全文检索，也可对文献题目、内容提要、作者名称、作者单位、关键字等基本信息进行检索，还可对检索到的篇章再作二次筛选，进行在线阅读或下载阅读。智能多维度导航，可使用户根据自己熟知的分类标准进行分类导航筛选，使查找和检索更高效、便捷。

　　权威的研究报告、独特的调研数据、前沿的热点资讯，皮书数据库已发展成为国内最具影响力的关于中国与世界现实问题研究的成果库和资讯库。

皮书俱乐部会员服务指南

1. 谁能成为皮书俱乐部成员？

- 皮书作者自动成为俱乐部会员
- 购买了皮书产品（纸质皮书、电子书）的个人用户

2. 会员可以享受的增值服务

- 加入皮书俱乐部，免费获赠该纸质图书的电子书
- 免费获赠皮书数据库100元充值卡
- 免费定期获赠皮书电子期刊
- 优先参与各类皮书学术活动
- 优先享受皮书产品的最新优惠

社会科学文献出版社　皮书系列
SOCIAL SCIENCES ACADEMIC PRESS (CHINA)

卡号：2741861503346910
密码：

3. 如何享受增值服务？

（1）加入皮书俱乐部，获赠该书的电子书

　　第1步 登录我社官网（www.ssap.com.cn），注册账号；

　　第2步 登录并进入"会员中心"—"皮书俱乐部"，提交加入皮书俱乐部申请；

　　第3步 审核通过后，自动进入俱乐部服务环节，填写相关购书信息即可自动兑换相应电子书。

（2）免费获赠皮书数据库100元充值卡

　　100元充值卡只能在皮书数据库中充值和使用

　　第1步 刮开附赠充值的涂层（左下）；

　　第2步 登录皮书数据库网站（www.pishu.com.cn），注册账号；

　　第3步 登录并进入"会员中心"—"在线充值"—"充值卡充值"，充值成功后即可使用。

4. 声明

　　解释权归社会科学文献出版社所有

皮书俱乐部会员可享受社会科学文献出版社其他相关免费增值服务，有任何疑问，均可与我们联系
联系电话：010-59367227　企业QQ：800045692　邮箱：pishuclub@ssap.cn
欢迎登录社会科学文献出版社官网（www.ssap.com.cn）和中国皮书网（www.pishu.cn）了解更多信息

"皮书"起源于十七、十八世纪的英国，主要指官方或社会组织正式发表的重要文件或报告，多以"白皮书"命名。在中国，"皮书"这一概念被社会广泛接受，并被成功运作、发展成为一种全新的出版形态，则源于中国社会科学院社会科学文献出版社。

皮书是对中国与世界发展状况和热点问题进行年度监测，以专业的角度、专家的视野和实证研究方法，针对某一领域或区域现状与发展态势展开分析和预测，具备权威性、前沿性、原创性、实证性、时效性等特点的连续性公开出版物，由一系列权威研究报告组成。皮书系列是社会科学文献出版社编辑出版的蓝皮书、绿皮书、黄皮书等的统称。

皮书系列的作者以中国社会科学院、著名高校、地方社会科学院的研究人员为主，多为国内一流研究机构的权威专家学者，他们的看法和观点代表了学界对中国与世界的现实和未来最高水平的解读与分析。

自 20 世纪 90 年代末推出以《经济蓝皮书》为开端的皮书系列以来，社会科学文献出版社至今已累计出版皮书千余部，内容涵盖经济、社会、政法、文化传媒、行业、地方发展、国际形势等领域。皮书系列已成为社会科学文献出版社的著名图书品牌和中国社会科学院的知名学术品牌。

皮书系列在数字出版和国际出版方面成就斐然。皮书数据库被评为"2008~2009 年度数字出版知名品牌"；《经济蓝皮书》《社会蓝皮书》等十几种皮书每年还由国外知名学术出版机构出版英文版、俄文版、韩文版和日文版，面向全球发行。

2011 年，皮书系列正式列入"十二五"国家重点出版规划项目；2012 年，部分重点皮书列入中国社会科学院承担的国家哲学社会科学创新工程项目；2014 年，35 种院外皮书使用"中国社会科学院创新工程学术出版项目"标识。

法律声明

　　"皮书系列"（含蓝皮书、绿皮书、黄皮书）由社会科学文献出版社最早使用并对外推广，现已成为中国图书市场上流行的品牌，是社会科学文献出版社的品牌图书。社会科学文献出版社拥有该系列图书的专有出版权和网络传播权，其 LOGO（🖼）与"经济蓝皮书"、"社会蓝皮书"等皮书名称已在中华人民共和国工商行政管理总局商标局登记注册，社会科学文献出版社合法拥有其商标专用权。

　　未经社会科学文献出版社的授权和许可，任何复制、模仿或以其他方式侵害"皮书系列"和 LOGO（🖼）、"经济蓝皮书"、"社会蓝皮书"等皮书名称商标专用权的行为均属于侵权行为，社会科学文献出版社将采取法律手段追究其法律责任，维护合法权益。

　　欢迎社会各界人士对侵犯社会科学文献出版社上述权利的违法行为进行举报。电话：010-59367121，电子邮箱：fawubu@ ssap. cn。

社会科学文献出版社